Escaparatismo y diseño de espacios comerciales

Paraninfo

COMERCIO Y MARKETING

Escaparatismo y diseño de espacios comerciales

M.ª Begoña Marín Martínez

Paraninfo

Escaparatismo y diseño de espacios comerciales
© M.ª Begoña Marín Martínez

Gerente Editorial
María José López Raso

Equipo Técnico Editorial
Alicia Cerviño González
Paola Paz Otero

Editora de Adquisiciones
Carmen Lara Carmona

Producción
Nacho Cabal Ramos

Preimpresión
Montytexto

Diseño de cubierta
Ediciones Nobel

1.ª edición, 2016, reimpresión, 2018

C/ Velázquez, 31, 3.° D / 28001 Madrid, ESPAÑA
Teléfono: 902 995 240 / Fax: 914 456 218
clientes@paraninfo.es / www.paraninfo.es

ISBN: 978-84-283-3553-9
Depósito legal: M-10803-2016

(17694)

Impreso en España / *Printed in Spain*

Gráficas Eujoa (Meres, Asturias)

A Javier

Índice

Presentación

Este libro desarrolla los contenidos del módulo profesional de Escaparatismo y Diseño de Espacios Comerciales, del Ciclo Formativo de grado superior de Gestión de Ventas y Espacios Comerciales, perteneciente a la familia profesional de Comercio y Marketing, según el Real Decreto 1573/2011, de 4 de noviembre, de enseñanzas mínimas, y la Orden ECD/320/2012, de 15 de febrero, por la que se establece el currículo de dicho ciclo.

El libro también sirve para los alumnos del módulo formativo de Escaparatismo Comercial (MF0504_3), del Certificado de Profesionalidad de Implantación y Animación de Espacios Comerciales, y al mismo tiempo, está enfocado a aquellas personas que necesitan actualizar sus conocimientos y su cualificación en varios campos tanto para su puesto de trabajo como para estar preparadas para la movilidad laboral

La primera imagen que percibe una persona de un punto de venta es su escaparate, de ahí la importancia que adquiere este módulo en la formación de los alumnos y futuros profesionales. Los contenidos desarrollados en esta obra les permitirán conocer las técnicas necesarias para desarrollar espacios creativos que potencien la exposición de cualquier conjunto de productos.

La materia se ha distribuido en seis unidades. En la **Unidad 1** se explica la distribución y la organización de un espacio comercial. En la **Unidad 2** se introduce la implantación de elementos interiores y exteriores en un punto de venta. En la **Unidad 3** se desarrolla el proyecto de implantación de escaparatismo. La **Unidad 4** versa sobre la composición y el montaje de escaparates. La **Unidad 5** desarrolla el diseño de un escaparate. Por último, la **Unidad 6** detalla el montaje de un escaparate.

Al mismo tiempo, la explicación de los contenidos se alterna con actividades propuestas, que permiten ir llamando la atención sobre los conceptos más importantes e ir trabajándolos, y casos prácticos, que muestran la resolución de cuestiones importantes relacionadas con los conceptos expuestos en ese momento de la explicación. Al mismo tiempo, a lo largo de la unidad se van ofreciendo "píldoras" de información importante o adicional, junto con pequeños cuadros de vocabulario profesional.

Al final de cada unidad, se ofrece un práctico mapa conceptual, con el que el alumno puede repasar de manera muy visual y práctica la estructura de la unidad y los conceptos clave para, a continuación, poner a prueba lo aprendido con las actividades finales de comprobación, de aplicación y de ampliación. Estas actividades están diseñadas para ser realizadas de manera individual o en grupo. De esta forma, el profesor podrá comprobar, antes de pasar a la siguiente unidad, que los alumnos han asimilado la materia.

Finalmente, los enlaces web de interés que se proponen como cierre de las actividades de ampliación, permitirán al alumno completar el cometido de ampliar individualmente su aprendizaje con internet como herramienta para ello.

No quiero terminar esta presentación sin mostrar mi gratitud a todas las personas y empresas que me han facilitado imágenes de los escaparates de sus establecimientos comerciales (Pedro Joyeros, Mercería *La Palma,* Farmacia *Camp Nou,* etc.), al equipo técnico editorial de Paraninfo, a la revista de Marketing+Ventas, a mis compañeras del Departamento de Comercio y Marketing del IES Alfonso VIII de Cuenca, que muy generosamente me han facilitado imágenes de sus talleres, a mis alumnos de grado superior del Ciclo Formativo de Gestión de Ventas y Espacios Comerciales y, muy especialmente, a Jorge que ya no se encuentra entre nosotros.

La autora

La editorial recomienda que el alumno realice las actividades sobre su cuaderno y no sobre el libro.

1

Distribución y organización de un espacio comercial

CONTENIDOS

OBJETIVOS

- Comprender cómo influyen factores internos y externos en el comportamiento del consumidor.
- Analizar la información de la empresa, el comportamiento del consumidor y el proceso de compra del producto o servicio, datos que resultan relevantes para la definición de un espacio comercial.
- Utilizar las fuentes de información internas y externas, *online* y *offline*, necesarias para la realización de un proyecto de implantación.
- Identificar los diferentes tipos de compra y las principales técnicas de distribución de espacios interiores y exteriores comerciales.
- Determinar los efectos psicológicos que producen en el consumidor.
- Conocer la normativa aplicable en el diseño de espacios comerciales.

INTRODUCCIÓN

La implantación, distribución y organización de un espacio comercial empieza con un análisis detallado del público objetivo al que va destinado. El estudio y conocimiento del cliente permite recoger información útil a la hora de satisfacer las necesidades del cliente, no solo con una oferta adecuada del bien o servicio, sino con un punto de venta comercial acorde a las expectativas que el consumidor espera, con el objetivo de conseguir que el espacio comercial se convierta en una experiencia de compra.

En la presente unidad se van a desarrollar los conceptos clave sobre el comportamiento del consumidor, proceso de compra, técnicas de marketing y merchandising, teniendo presente la normativa aplicable en el diseño de espacios comerciales.

1.1. Comportamiento del consumidor

El comportamiento del consumidor consiste en un **conjunto de actividades que lleva a cabo una persona u organización desde que reconoce una necesidad hasta que la satisface mediante la adquisición de un bien o servicio y su consumo.**

Analizar el comportamiento del consumidor es necesario para poder identificar las necesidades actuales y futuras del cliente potencial; mejorar la capacidad de comunicación con los clientes; obtener su confianza; planificar de modo más efectivo la acción comercial y asegurar su fidelización. Desde esta perspectiva es importante conocer el proceso de formación de decisiones y el fenómeno del cambio.

El análisis del comportamiento del consumidor va a permitir contestar a las preguntas de la Figura 1.1.

La información obtenida en un proceso de detección de necesidades del consumidor facilita el diseño de una propuesta comercial acorde a los resultados obtenidos.

Figura 1.1. Detección de las necesidades del consumidor.

1.1.1. Estudio y conocimiento del cliente

El estudio y conocimiento del cliente tiene como principal objetivo: «captar al consumidor». Por lo tanto, es necesario realizar un estudio del consumidor/cliente y de sus motivaciones y hábitos de compra. Es importante diferenciar los conceptos: «consumidor» y «cliente», ya que aunque parecen similares son diferentes.

> **Consumidor:** persona que necesita satisfacer cierta necesidad a través de la compra de un bien o servicio, a nivel general.

El consumidor de un bien o servicio no asegura la adquisición del mismo en un establecimiento concreto. Este concepto requiere un análisis en profundidad a la hora de estudiar el diseño de la distribución y organización de un espacio comercial, ya que el consumidor de un bien o servicio tiene que encontrar una satisfacción en el proceso de compra para pasar a ser un cliente del punto del espacio comercial objeto de estudio.

> **Cliente:** persona que adquiere un producto o servicio para satisfacer una necesidad en una empresa concreta.

Un cliente sí se relaciona directamente con el espacio comercial en el que adquiere el bien o servicio objeto del proceso de compra. El objetivo que persigue un empresario consiste en que los consumidores de un bien o servicio que oferta su punto de venta pasen a ser sus clientes.

El proceso de conocimiento de un cliente pasa por las siguientes fases:

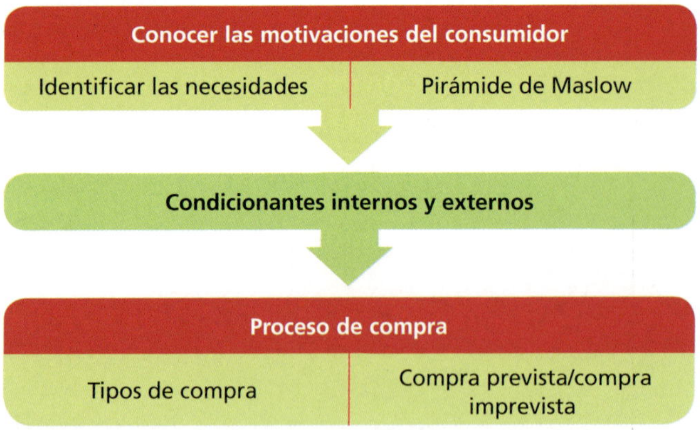

Figura 1.2. Proceso de conocimiento de los clientes.

Vocabulario

Necesidad: sensación de carencia unida al deseo de satisfacerla.

Motivación: estímulo para llevar a cabo la acción que permite satisfacer una necesidad.

Conocer las motivaciones y hábitos de compra

Para determinar las motivaciones que llevan a una persona a realizar una compra determinada es importante hacer referencia a la pirámide de Maslow, el cual estableció una jerarquía de necesidades que ayudan a situar la motivación de compra del consumidor según el nivel en que se encuentre dentro de la pirámide.

Maslow, en su obra *Una teoría sobre la motivación humana,* formula una jerarquía de necesidades defendiendo que, conforme se satisfacen las más básicas (parte inferior de la pirámide), los seres humanos desarrollan necesidades y deseos más elevados (parte superior de la pirámide).

Figura 1.3. Pirámide de Maslow.

La motivación de compra viene determinada por el nivel de necesidad en el que se encuentre el consumidor:

- Nivel 1 (base de la pirámide): son necesidades fisiológicas básicas: alimentación, descanso, vestimenta, etc.
- Nivel 2 o nivel de seguridad: necesidades que surgen cuando las básicas están cubiertas, son las que se relacionan con la seguridad personal; es decir, trabajo, necesidad de una vivienda y de recursos que aporten protección.
- Nivel 3: en él se lleva a cabo la integración; es decir, cubrir las necesidades sociales, las referentes a la amistad y a estar dentro de un colectivo social.
- Nivel 4 o de reconocimiento: cubre la necesidad de estima, de sentirse reconocido; se busca la diferenciación y el reconocimiento dentro del grupo.
- Último nivel o nivel de autorrealización: se alcanza cuando están satisfechas el resto de necesidades y consiste en la satisfacción personal.

Debemos centrar la oferta comercial del punto de venta en función del nivel en el que se encuentren los posibles clientes potenciales.

1.1.2. Condicionantes internos y externos

Los **factores internos** son variables que influyen en el comportamiento de compra del consumidor. Los principales factores internos se pueden clasificar en dos grandes bloques:

1. **Factores psicológicos:** son elementos clave en la identificación del comportamiento del consumidor y entre ellos podemos destacar los siguientes:
   - **Motivación:** es un estímulo para llevar a cabo la acción que permite satisfacer ciertas necesidades de la persona mediante una compra, ya sea de forma consciente o inconsciente. La empresa debe tener en cuenta el nivel de necesidad en el que se encuentra su cliente objetivo según la pirámide de Maslow (véase apartado anterior).
   - **Percepción:** modo personal de interpretar y de dar respuesta a los estímulos a los que uno se expone. En principio, todos los seres humanos partimos de unas estructuras básicas similares, sin embargo la percepción individual de un mismo comportamiento puede ser radicalmente diferente de unos individuos a otros. La percepción incita al consumidor a realizar el proceso de compra basándose en lo que percibe más que en los elementos objetivos expuestos. Una buena percepción de un producto por parte de un consumidor garantiza el éxito de su compra.
   - **Experiencia:** se puede interpretar desde dos puntos de vista: por un lado, supone una retención en la memoria de los bienes y servicios que han proporcionado la satisfacción deseada en el consumidor y que provoca una fidelización hacia ese bien o servicio, objetivo último de un establecimiento; y, por otro lado, una forma de compra en sí; es decir, el cliente no encuentra la satisfacción únicamente en el bien o servicio que consume, sino en todo lo que rodea a la

compra: ambiente, trato, decoración, etc. que transmiten un «experiencia de consumo» única. El ejemplo más socorrido para referirse al impacto que tiene la gestión eficaz de la experiencia de los clientes es el de la cadena de cafeterías Starbucks. En pruebas a ciegas, el café preparado en McDonald´s y en Dunkin Donuts fue calificado por los consumidores como mejor que el servido en Starbucks. Es decir, que Starbucks cobra hasta cinco veces más por un café simple y llanamente por la experiencia que ofrece a sus clientes. Lo que hace mejor que todos los demás es planificar cuidadosamente lo que ocurre mientras se bebe el café: el ambiente, la decoración relajada que invita a una larga conversación, el aroma a café en todo el local, el acceso inalámbrico a Internet, el servicio y las actitudes del personal, los otros clientes, etcétera. Todos estos elementos crean la atmósfera que le permite a Starbucks distinguirse del resto de las cafeterías.

Vocabulario

Prueba a ciegas: técnica de investigación comercial cuyo objetivo es identificar si un consumidor es capaz de reconocer una marca al ofrecerle tres pruebas del mismo producto.

- **Aprendizaje:** conocimiento adquirido a lo largo de la vida de un consumidor que le permite posicionarse por un bien o servicio concreto. El aprendizaje es un cambio relativamente permanente de la conducta. Desde la perspectiva del marketing, podemos hablar de cuatro tipos de aprendizaje:
  - *Aprendizaje básico:* es el que se desarrolla en los primeros años de vida, generando hábitos de consumo que suelen arraigarse en el individuo.
  - *Aprendizaje cognitivo:* mediante una información permanente y continua, el consumidor va desarrollando un conocimiento y unos hábitos de compra.
  - *Aprendizaje basado en actitudes:* las actitudes adquiridas le llevarán a enfrentarse a las situaciones que se le presenten de manera lógica.
  - *Aprendizaje basado en comportamientos:* es el que se adquiere con la suma de los aprendizajes anteriores, es decir: aprendizaje básico + aprendizaje cognitivo + aprendizaje basado en actitudes, permitiendo al consumidor establecer diferentes patrones de consumo.

Los conceptos de experiencia y aprendizaje van muy unidos: una experiencia positiva en el consumo de un bien provocará en el consumidor la repetición de la compra del mismo bien en el mismo establecimiento.

¿Sabías que?

El *consumer insight* es personal contratado por la empresa para obtener un mayor conocimiento de los consumidores, realizando un seguimiento exhaustivo de las tendencias producidas en ellos, sus actitudes, sus percepciones y sus comportamientos.

2. **Características del comprador:** influyen sobre las distintas fases del proceso de decisión de compra. Las variables internas que caracterizan al consumidor son la personalidad y el estilo de vida, se trata de variables subjetivas y difíciles de medir.
   - La **personalidad** de un individuo es la suma de sus rasgos personales (carácter, autonomía, confianza...) y las características del ser humano que determinan las formas de comportamientos individuales y nos hace únicos. Estas características tienen mucha importancia a la hora de analizar el comportamiento del consumidor. Algunos autores clasifican a los individuos en función de su personalidad: complacientes, agresivos, pacíficos, independientes, autoritarios o conservadores. Un consumidor con una fuerte personalidad es más insensible ante técnicas de merchandising, mientras que un consumidor con una personalidad menos definida es muy sensible ante los estímulos de compra de un producto en un espacio comercial.
   - El **estilo de vida** representa la forma de vivir de una persona, la empleabilidad de su tiempo, sus centros de interés y opiniones. Cada estilo de vida cuenta con unas pautas de consumo características, así como cada decisión de consumo por parte del individuo sirve para reforzar su estilo de vida o para modificarlo. El estudio del estilo de vida de un segmento poblacional concreto permite identificar unas pautas de consumo determinadas que proporcionan la información que necesita el espacio comercial que quiere satisfacer a un colectivo concreto.

Los **factores externos** del comportamiento del consumidor son aquellos elementos que conforman el entorno del consumidor y que ejercen una influencia sobre él y sobre sus hábitos de consumo. Los más importantes son:

- **Macroentorno:** los factores económicos, políticos, legales, etc., influyen de una forma general sobre todos los consumidores. Ejemplo: la ley antitabaco cuya medida más importante es la extensión de la prohibición de fumar en cualquier tipo de espacio de uso colectivo o local abierto al público, que no esté al aire libre, (con algunas excepciones), además de prohibirlo también en algunos lugares abiertos, limitando lo que se entiende por espacio cubierto, condiciona a nivel nacional el consumo de un bien afectando, por tanto, a los hábitos de consumo de este colectivo.

  Las variables demográficas influyen a la hora de planificar un espacio comercial, siendo fundamentales en la segmentación del mercado e identificación de mercados-meta. Analizar las variables demográficas permite obtener información para planificar escenarios futuros con unos hábitos de compra determinados. El análisis de la población actual nos indica que el Estado español presenta una disminución de la tasa de crecimiento, un envejecimiento de la estructura piramidal de la población, un aumento de los movimientos migratorios y un incremento de la educación en los distintos niveles del sistema español.

  Hay que recordar que el análisis de las variables demográficas es fácilmente cuantificable, aunque no proporciona una información suficiente para explicar el comportamiento del consumidor.

Vocabulario

Segmentación de mercado: la *American Marketing Association*, define la ***segmentación del mercado*** como «el proceso de subdividir un mercado en subconjuntos distintos de clientes que se comportan de la misma manera o que presentan necesidades similares. Cada subconjunto se puede concebir como un objetivo que se alcanzará con una estrategia distinta de comercialización».

Mercado-meta: sector de la población (segmento de mercado) al que está dirigido un bien o servicio.

- **Nuevas tecnologías:** se pueden considerar dentro del macroentorno. Las nuevas tecnologías, Internet y redes sociales, hacen al consumidor cada día más fuerte en la influencia que genera en los hábitos de consumo y en el proceso de compra de un bien o servicio. El nuevo consumidor quiere ser mucho más protagonista en la difusión del consumo de un producto o servicio. Con este fin, no duda en comentar, comprar y valorar todo lo que le parece destacable que sea positivo o negativo. Las nuevas tecnologías están generando líderes en la red, cuyos seguidores quieren imitar sus hábitos de consumo.
- **Variables socioeconómicas:** determinan el modo de vida del consumidor. Son, entre otras, la clase social, los grupos de referencia, los roles sociales y la familia.

  La clase social es un sistema de estratificación de la población que clasifica grupos con características similares basados en criterios de renta, ocupación, educación, etc. Todas las personas se engloban en una determinada clase social, que viene marcada por unos hábitos de consumo, y en un grupo de referencia, son grupos que influyen en las ideas y en la conducta del consumidor. Podemos clasificar tres tipos de grupos de referencia:

  - *Grupo aspiracional:* grupo al que la persona no pertenece, pero al que intenta acercarse mediante algunos de sus hábitos de compra.
  - *Grupo de pertenencia:* aquel del que la persona forma parte: familia, amigos, vecinos. Los hábitos de compra del grupo de pertenencia tienden a imitarse por el resto del grupo.
  - *Grupo disociativo:* aquel al que la persona no quiere pertenecer y, por tanto, los hábitos de consumo no son relevantes dentro del grupo.
- **Cultura:** Sherry define cultura como «todo complejo que incluye conocimiento, creencia, arte, ley, moral, costumbre y cualquier otro tipo de capacidades y hábitos adquiridos por el hombre como miembro de una sociedad». La cultura se va asimilando a lo largo de la vida, afectando tanto a elementos tangibles, como por ejemplo la casa, la ropa, los hábitos de consumo, etc., como a elementos intangibles: valores, creencias y estilo de vida. El entorno cultural de cada individuo condiciona sus hábitos de consumo; de ahí la importancia de su estudio y de las conclusiones que el mismo implica en todos los aspectos relacionados con el marketing.

  No se debe olvidar que la cultura no es una variable estática, sino dinámica; las nuevas tendencias culturales van acompañadas de nuevas tendencias de consumo. Su identificación supone una ventaja competitiva en el mercado.

- **Familia:** el consumo de un individuo viene determinado por el ciclo de la vida familiar en que se encuentre. En los primeros años de vida, el 100 % de las decisiones de consumo las llevan a cabo los familiares o tutores. Progresivamente, conforme va creciendo una persona empieza a desarrollar pautas de consumo independientes hasta el momento en el que alcanza la edad adulta y forma otro núcleo social con el que se inicia otro ciclo de consumo. La influencia de los grupos es informativa, normativa y de identificación, representando la familia el grupo referencial más importante y con más influencia en el individuo.

Actividad propuesta 1.1

¿Existe relación entre motivación y percepción? En caso afirmativo, razona la respuesta y pon un ejemplo.

Actividad propuesta 1.2

Los programas de fidelización de los establecimientos comerciales, ¿modifican los hábitos de compra del consumidor? ¿A qué clase social van dirigidos?

Actividad propuesta 1.3

Busca cinco programas de fidelización que se estén realizando en tu municipio y analiza los factores internos en los que pretenden incidir.

1.2. Proceso de compra

Una vez entendido cómo influyen los factores internos y externos en el comportamiento del consumidor, el merchandiser debe conocer la realización del proceso de compra para satisfacer las necesidades del cliente.

Vocabulario

Merchadiser: profesional responsable del merchandising en un punto de venta, cuya función principal es promover las ventas, es decir, gestionar el lineal para conseguir situar el producto en el lugar más interesante, mejorando su presentación, utilizando el material PLV (publicidad en el lugar de venta) y realizando tanto animaciones, como degustaciones, demostraciones, etcétera.

1.2.1. La realización del proceso de compra

El proceso de decisión en la realización de una compra consta de seis etapas (Bernan y Evans, 1989), que son:

1. **Estímulo:** el consumidor se encuentra expuesto a numerosas situaciones que le provocan la sensación de tener que satisfacer una necesidad (consciente o inconscientemente) mediante el consumo.

   El proceso comienza cuando un consumidor reconoce la existencia de una diferencia entre su situación real y la ideal (ya sea consciente o inconscientemente). El motivo puede venir provocado por factores internos o por el entorno.

   El espacio comercial se diseña con múltiples mensajes (objetivos y subjetivos) para provocar impulsos sobre el consumidor con el objetivo de incitar a la compra del bien o servicio.

2. **Reconocimiento del problema:** el consumidor alcanza la segunda fase del proceso de compra cuando es consciente de que necesita adquirir un bien o servicio concreto para satisfacer una necesidad creada. El motivo puede variar según el problema y el tipo de consumidor: insatisfacción, reposición o una nueva necesidad.

3. **Búsqueda de información:** este proceso tiene una duración diferente en función del bien o servicio que se necesita. No es lo mismo buscar información para la compra de un coche (bien duradero y con un coste elevado) que decidir un cambio de gel (bien de consumo habitual y coste reducido).

   La búsqueda de información supone:

   - La determinación de bienes y servicios que resuelvan el problema.
   - El estudio de las características de cada alternativa.

   La estructura y forma de presentación del bien o servicio en el establecimiento comercial es fundamental en esta fase, ya que un surtido amplio supondrá una oferta variada para satisfacer un mayor número de necesidades.

4. **Evaluación de alternativas:** con toda la información recopilada en el punto anterior, el consumidor debe valorar cada una de las posibilidades de consumo. El tiempo y las variables que influyen en su toma de decisiones dependerán del tipo de bien. Algunos productos pueden suponer una evaluación difícil, como por ejemplo, bienes o servicios de elevado coste o con alta tecnología; otros en cambio tendrán una evaluación inmediata, tal y como sucede en el caso de consumidores

con gran experiencia de compra ante un bien de uso habitual.

5. **Compra:** una vez elegido el producto, se produce la decisión de compra. El siguiente paso es: ¿dónde realizar la compra? La evaluación del punto de venta tiene la misma relevancia que la elección del bien o servicio, por tanto, el consumidor estudiará:
   - Los diferentes puntos de venta donde puede adquirir el bien o servicio.
   - Las características de cada punto de venta.

   En este apartado el consumidor tendrá en consideración variables como ubicación, aparcamiento, precios, horario, asesoramiento, área infantil, etc. Cuando el consumidor valore las diferentes alternativas efectuará la compra.
6. **Comportamiento posterior a la compra:** el consumo y uso del producto o servicio van a permitir valorar al consumidor la satisfacción que le ha reportado el mismo. La evaluación del consumo realizado será óptima si conlleva una recompra (según el tipo de producto) y una recomendación de consumo del bien o servicio al entorno del consumidor: familiares, amigos, compañeros de trabajo, vecinos, etc.

Según Berman y Evans (1989), existen tres formas de recorrer este proceso:

1. **Extendida:** la toma de decisiones extendida sucede cuando el consumidor recorre los seis puntos descritos anteriormente en su proceso de decisión de compra y dedica un tiempo considerable a cada uno de los pasos. Ejemplos: compra de coches, equipos informáticos, vivienda, etcétera.
2. **Limitada:** la toma de decisiones limitada sucede cuando el consumidor recorre los seis puntos descritos anteriormente en su proceso de decisión de compra, pero no necesita mucho recorrido temporal en cada uno de ellos. Ejemplos: compra de textil, material escolar, bienes de consumo, etcétera.
3. **Rutinaria:** la toma de decisiones rutinaria sucede cuando el consumidor se salta los puntos intermedios, es decir, detecta una necesidad mediante un estímulo y realiza la compra. Se trata de la compra de los bienes que adquirimos para consumo diario como, por ejemplo, pan, leche, etcétera.

Caso práctico 1.1

Juan e Isabel, estudiantes del ciclo formativo de Gestión de Ventas y Espacios Comerciales, están planificando el viaje de fin de curso ¿Qué proceso de decisión desarrollarán hasta comprar el producto final?

Respuesta:

1. Estímulo	• Un cartel publicitario de costas provoca un impulso que motiva a Isabel a interesarse por viajes a las costas de España. • Una tarde viendo una película con amigos provoca en Juan un impulso a interesarse por viajes a Italia.
2. Reconocimiento del problema	• Isabel reconoce su deseo de que el viaje de fin de curso sea en una playa de España. • Juan renconoce su deseo de realizar un viaje cultural a Italia.
3. Búsqueda de información	• Isabel opta por utilizar Internet para obtener diferentes alternativas con sus correspondientes características. • Juan opta por ir a una agencia de viajes donde le dan diferentes folletos informativos con las características de cada itinerario.
4. Evaluación de las alternativas	• Isabel valora: precio, días, servicios adicionales, etc. de cada uno de los viajes seleccionados y comparte toda la información con sus compañeros de clase para tomar una decisión. • Juan valora: precio, días, servicios adicionales, etc. de cada uno de los viajes seleccionados y comparte toda la información con sus compañeros de clase para tomar una decisión.
5. Compra	• Tras evaluar todas las opciones presentadas, la alternativa que más se adapta a las necesidades del grupo es la de Isabel y se realiza la compra por Internet de un viaje a Tenerife de cinco días.
6. Comportamiento posterior a la compra	• La satisfacción obtenida al volver del viaje de fin de curso hace que estos/as alumnos/as recomienden esta actividad a sus amigos.

1.2.2. Tipos de compra

Las técnicas de merchandising realizan una función relevante en las primeras fases del proceso de decisión. El escaparate, la colocación de productos en el punto de venta, la publicidad, etc., son técnicas de merchandising cuya función principal es llamar la atención del consumidor e influir en su proceso de toma de decisiones. Estos elementos incitan a la compra, influyendo en el comportamiento del consumidor y guiándolo en la realización del proceso de compra, unas veces será mediante un comportamiento previamente planificado y racional y otras mediante un impulso que le incitará a adquirir un bien o servicio.

Vocabulario

Merchandising: conjunto de técnicas basadas principalmente en la presentación, la rotación y la rentabilidad de los productos en el punto de venta.

Los tipos de compra realizados por el consumidor serán los siguientes:

- **Compras previstas:** son todas aquellas que responden a una decisión previa del comprador y que se realizan, en mayor o menor medida, de acuerdo a dicha planificación; el comportamiento es totalmente racional.

  Las compras previstas se dividen en:

  a) *Compras realizadas:* son las efectuadas según la previsión inicial por producto y marca.

  b) *Compras necesarias:* son las efectuadas según la previsión inicial por producto, pero sin tener planificada la marca concreta del producto que se va a adquirir.

  c) *Compras modificadas:* son las planificadas según un producto y marca concreta, pero cuya realización modifica la previsión inicial. Bajo la influencia del punto de venta, el consumidor adquiere otra marca diferente o con unas características diferentes a las planificadas en un primer momento.

- **Compras no previstas o impulsivas:** son todas aquellas que no responden a una decisión previamente planificada por el comprador, el comportamiento viene determinado por los estímulos que recibe de las técnicas de merchandising del establecimiento comercial.

  Las compras por impulso se dividen en:

  a) *Compras planificadas:* son efectuadas cuando el consumidor tiene una previsión inicial de adquirir un producto, pero espera el momento adecuado. Cuando encuentre el momento oportuno, motivado por el precio, la presentación o la promoción realizará la compra. Esta compra no es al 100 % impulsiva, ya que conlleva un margen de planificación.

  b) *Compras recordadas:* son efectuadas cuando el consumidor no tiene prevista la compra pero, al recorrer el punto de venta, recuerda la necesidad de adquirir el producto.

  c) *Compras sugeridas:* son efectuadas cuando el consumidor no tiene prevista la compra pero, al ver el producto no conocido, decide probarlo para satisfacer una necesidad creada al visualizarlo.

  d) *Compras puras:* es la compra totalmente imprevista, novedosa, tanto en producto como en marca. Esta compra es al 100 % impulsiva.

Las compras por impulso representan un porcentaje elevado de las compras realizadas por los consumidores. Este hecho refuerza la importancia que tienen las técnicas de merchandising para incitar la compra en un espacio comercial concreto.

A la hora de realizar una compra, el consumidor se verá influido por el tipo de compra y producto que necesita, así como por la disponibilidad de tiempo para poder llevarla a cabo.

Diversos estudios confirman que la compra por impulso está directamente relacionada con los ingresos del individuo e inversamente relacionada con la edad y el tamaño del hogar.

Actividad propuesta 1.4

Lee atentamente estas dos situaciones y determina el tipo de compra que se desarrolla:

1. Isabel acude con su hijo (4 años) a la frutería de su barrio a comprar un kilo de manzanas. El establecimiento, autoservicio, cuenta con una gran exposición de fruta y diversas promociones: degustación de la fruta del día (melón) y, por cada 15 euros de compra, una barra de pan gratis. Tras probar la degustación del día, decide adquirir un melón, el kilo de manzanas y una piña, obligada prácticamente por su hijo, ya que tienen un cartel publicitario de Bob Esponja entrando en su casa (una piña). Al llegar a pagar a la caja la compra asciende a 12,50 euros y comenta:

   Isabel: ¡Vaya! No llego a la promoción del pan.

Vendedor: Llévese usted unas fresas a 2,50 euros que son de temporada.

Isabel: Venga, póngamelas con la barra de pan gratis, ¡por supuesto!

2. Juan, empresario, acude a una conocida tienda de moda a comprarse un traje. El establecimiento tiene el siguiente lema con sus vendedores: «Si un hombre entra a comprar una camisa, hay que venderle una corbata haciendo juego o unos gemelos; si entra a comprar unos zapatos hay que venderle unos calcetines y un cinturón que combinen con los colores... ».

Tras recorrer el establecimiento y ser atendido por un vendedor que le sugiere varias corbatas a juego con el traje elegido, Juan adquiere el traje que necesita para trabajar.

1.3. Distribución y marketing

El comportamiento del consumidor, así como la evolución de los mercados, ha provocado una transformación en la distribución comercial de las empresas, considerándolo un elemento estratégico de las mismas.

La evolución de la distribución viene representada en la Figura 1.4.

La distribución comercial se define como el **conjunto de tareas destinadas a organizar el intercambio entre la oferta (productores) y la demanda (consumidores).**

El objetivo de la distribución comercial es poner en contacto a los productores con los consumidores. La distribución es uno de los componentes del marketing, relacionado directamente con la logística comercial. Logística es la función de la empresa encargada de satisfacer las necesidades del cliente, proporcionándole los productos en el momento, lugar y cantidad en que los demande, todo ello al mínimo coste.

1.3.1. Funciones de la distribución

Las funciones de la distribución están directamente relacionadas con la definición de logística comercial. Las principales funciones son:

- Satisfacer las necesidades del cliente.
- Transportar; es decir, desplazar los productos desde el lugar de fabricación o distribución hasta el punto de venta o el lugar pactado con el cliente.
- Almacenar los productos. Las empresas y, en concreto, los supermercados e hipermercados, cada vez apuestan más por una política de mantenimiento *Just in Time* (inventario mínimo), lo que implica que las empresas de distribución tienen que contar con centros logísticos para asegurar una distribución eficiente que entregue justo lo necesario en el momento adecuado.
- Proporcionar los productos en el momento en el que se ha acordado su entrega.
- Enviar el bien o servicio al lugar solicitado por el cliente.
- Entregar la cantidad exacta demandada y con las condiciones previamente pactadas.
- Respetar el precio acordado en el pedido previamente realizado.

Comercio tradicional

- Comercio independiente, con presencia de vendedor.
- Barreras físicas (mostrador) entre el vendedor y el consumidor.
- Poca o nula visibilidad del producto. Gran espacio destinado al almacén en el establecimiento comercial (50 % de la superficie).
- Las compras compulsivas son prácticamente inexistentes.
- Tímido inicio del merchandising de tipo intuitivo o basado en la experiencia (diseño de escaparates más atractivos, carteles de oferta, expositores de fabricantes).

Libre comercio o autoservicio

- Eliminación de barreras: el consumidor pasea libremente por el punto de venta, teniendo prácticamente todo el surtido a su disposición.
- Surtido amplio y variado, con reducción considerable del almacén (reposición).
- Incremento de la rotación de los artículos.
- Plena visibilidad de los artículos, precios, promociones y técnicas de merchandising.
- Aplicación de nuevas tecnologías.
- Las compras por impulso son habituales.
- Reducción en el tiempo de realización de la compra.

Figura 1.4. Evolución de la distribución comercial.

- Simplificar y diversificar los intercambios. Permite que los fabricantes no tengan que establecer intercambios directamente con cada uno de los consumidores y, a la vez, los distribuidores ofertan productos y servicios de varios fabricantes.
- Financiar el pago. Tanto fabricantes como puntos de venta gestionan formas de pago diferidas con el objetivo de poder pagar la mercancía una vez que esta ya está vendida.
- Recopilar información. El proceso de distribución actual no se puede basar en el concepto tradicional de intercambio de mercancía. Hoy en día a la distribución se le presenta el reto de tener que hacer frente a las nuevas tendencias sociales lo que supone un estudio constante del comportamiento del consumidor.
- Asumir riesgos. Todas las funciones descritas conllevan un riesgo implícito en las funciones desarrolladas que debe minimizarse.

Las tendencias sociales y económicas deben estar presentes en el proceso de distribución, de tal manera que el sector sea capaz de anticiparse a los cambios previstos.

1.3.2. Canales de distribución

El producto final llega del fabricante al consumidor final mediante los diferentes canales de distribución. Los canales de distribución son las vías que se seleccionan para que el producto llegue al consumidor final, ya sea desde fábrica o desde otro punto de distribución. La elección de los diferentes canales de distribución es un proceso relevante en el que se tienen en cuenta diversos factores destacando, entre otros, precio, características del producto y externalización del servicio.

El punto de partida del canal de distribución es el productor y el punto final, el consumidor. Este proceso puede desarrollarse directamente, por ejemplo en una panadería, o puede desarrollarse mediante un conjunto de personas u organizaciones que actúan como intermediarios. Los intermediarios son empresas de distribución situadas entre el productor y el consumidor final; según las características del bien o servicio que se va a ofertar al consumidor, estos canales serán más largos o más cortos. La longitud del canal de intermediarios está directamente relacionada con el número de empresas intermediarias existentes.

Los **elementos que conforman el canal de distribución** son los siguientes:

- **Fabricante:** produce un bien o servicio.
- **Agente:** intermediario que facilita las ventas a los fabricantes buscándoles clientes. Cuando se trata de una franquicia, el agente solo comercializa la marca objeto de la franquicia.
- **Mayorista:** intermediario comercial entre fabricante y otros intermediarios, ya sean mayoristas o minoristas, nunca al consumidor final.
- **Minorista:** intermediario comercial entre el fabricante o mayorista y el consumidor final.
- **Consumidor** final del producto.

Clasificación de los canales de distribución

En función de la propiedad del canal, existen dos tipos de canales de distribución:

- **Canal propio:** la empresa productora llega al consumidor directamente, sin intermediarios. El productor es el encargado de la distribución del bien o servicio que va a ofrecer.
- **Canal externo o ajeno:** la empresa productora llega al consumidor mediante una o varias empresas intermediarias. La empresa distribuidora es una empresa independiente de la empresa productora que mediante un proceso de negociación se encarga de llevar el producto al consumidor final: directamente o utilizando a su vez una o varias empresas intermediarias.

En función de la longitud del canal, primero hay que recordar que un bien pasa de un canal a otro cuando cambia la titularidad del bien o servicio. Así dependiendo de las etapas de propiedad que recorre el bien o servicio hasta llegar al cliente, podemos diferenciar los siguientes canales de distribución:

- **Canal directo:** el fabricante no utiliza intermediarios. La longitud del canal es cero.
- **Canal corto:** del productor o fabricante a los minoristas para llegar al consumidor final.
- **Canal largo:** del productor o fabricante a los mayoristas, de estos a los detallistas y de estos a los consumidores.
- **Canal muy largo:** del productor o fabricante a los agentes intermediarios, de estos a los mayoristas, de estos a los detallistas y de estos a los consumidores.

Según la relación que existe entre las empresas que participan en la distribución:

- **Canal de conexión horizontal:** se establece entre empresas que realizan la misma función en la cadena de distribución; por ejemplo, un centro comercial con multitud de minoristas.
- **Canal de conexión vertical:** se establece entre empresas que realizan distintas funciones dentro de la distribución.

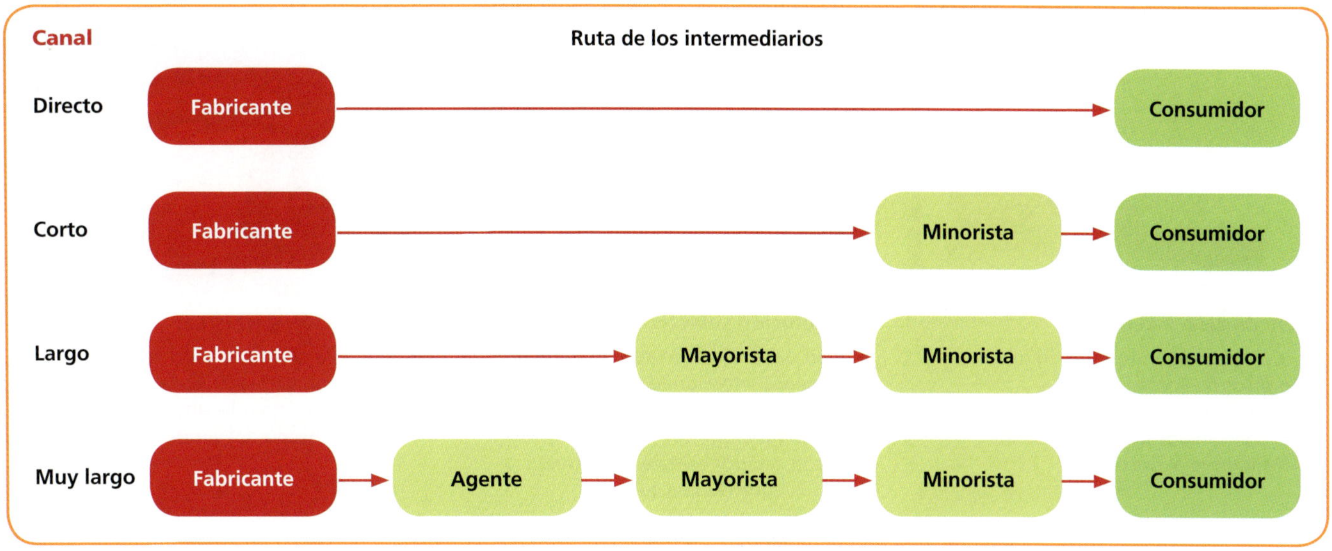

Figura 1.5. Clasificación del canal de distribución en función de la longitud.

Los cambios continuos de consumo, así como el avance de las nuevas tecnologías están modificando la actual distribución comercial. El comercio electrónico, nueva estrategia de distribución comercial, posiciona Internet como canal propio e independiente en la estrategia comercial de marketing *online*. El ordenador, la tableta y el móvil se están convirtiendo cada vez más en los protagonistas de los dispositivos utilizados para realizar las compras, sobre todo en *retail*, utilizando como canal de distribución Internet.

¿Sabías que

El *trade marketing* es una técnica de marketing que pretende ajustar la oferta del productor a la demanda del consumidor final. Para ello se realizan alianzas entre el productor y el distribuidor.

Actividad propuesta 1.5

¿Qué canales de distribución presentan las siguientes empresas: franquicia, grandes almacenes, hipermercado, comercio de barrio, empresa de seguros, entidad financiera, quiosco, supermercado?

Actividad propuesta 1.6

¿Qué espacios comerciales conoces con canales de distribución especializados? Utiliza Internet e investiga sobre los conceptos *hard discount* y *category killers.*

1.3.3. Tipos de distribución

El fabricante de un producto o la empresa que oferta un servicio tiene que pensar a la hora de darlo a conocer en qué establecimientos comerciales ofrecen las características idóneas para su venta. Hay bienes y servicios que solo los podemos encontrar en determinados puntos de venta o, al revés, hay bienes y servicios que están presentes en multitud de establecimientos. Esta decisión es la que va a determinar el tipo de distribución elegida.

Existen tres tipos de estrategias de distribución:

1. **Distribución intensiva:** según define Santesmases, es la estrategia en la cual el fabricante busca el mayor número de puntos de venta posible, múltiples centros de almacenamiento para una máxima cobertura y una elevada cifra de ventas. Requiere normalmente de canales de distribución largos. La principal ventaja de esta estrategia es el número elevado de usuarios a los que llega y el aumento de ventas. El principal inconveniente es que el fabricante no controla al 100 % los puntos de venta dónde se oferta el bien o servicio por lo que es difícil controlar la imagen del mismo y cuenta con márgenes menores.
2. **Distribución selectiva:** es la estrategia de distribución que cuenta con un número reducido de distribuidores. El bien o servicio se encuentra en puntos de venta determinados.
3. **Distribución exclusiva:** es la estrategia de distribución que cuenta con un único distribuidor para vender el producto. Este tipo de distribución se utiliza

Distribución intensiva:

- Bien o servicio ofertado en muchos puntos de venta.
- Bien o servicio de gran consumo.
- El consumidor potencial accede fácilmente al producto.

Distribución selectiva:

- Bien o servicio ofertado en puntos de venta seleccionados por zona.
- Bien o servicio de calidad. Precio medio-alto.
- El consumidor accede al producto en los puntos especializados.

Distribución exclusiva:

- Bien o servicio ofertado en un único punto de venta por zona o municipio.
- Bien o servicio diferenciado.
- Protagonismo del vendedor.

Figura 1.6. Tipos de distribución.

para bienes de lujo y con alto coste. El fabricante controla al 100 % los puntos de venta y la imagen y cuenta con márgenes muy elevados. El principal inconveniente es que son artículos accesibles para un número muy reducido de la población.

1.3.4. Estrategias de distribución

La distribución comercial ha sufrido una auténtica revolución, pasando de las pequeñas tiendas de barrio a las grandes superficies comerciales. El producto ha pasado a tener un gran protagonismo, de ahí todas las técnicas de venta que surgen con el concepto de «merchandising».

En España, la distribución comercial supone aproximadamente el 14 % del PIB. Ante esta cifra y el comportamiento cambiante del consumidor que provoca nuevas pautas de consumo a las que debe adaptarse tanto el fabricante como el distribuidor, se hace evidente la importancia del estudio de las tendencias de consumo.

Entre las **estrategias de distribución** que están demostrando buenos resultados, destacan:

1. **Realizar estudios de investigación comercial,** bien cada empresa de forma individual o mediante la asociación de varios comercios, que proporcionen a las distintas organizaciones la información necesaria para la correcta toma de decisiones ante las nuevas expectativas futuras.
2. **Utilizar el comercio electrónico** como canal de distribución.
3. **Recurrir a canales especializados** como los *hard discount* y los *category killers.* Los puntos de ventas especializados se basan en canales cortos gestionando directamente la oferta del punto de venta con el fabricante, evitando así intermediarios.
   - *Hard discount:* consiste en la venta de productos a un precio muy reducido. Las «tiendas de descuento» no tienen competencia vía precios, su estrategia consiste en adquirir grandes cantidades directamente de fábrica, evitando intermediarios y ofertarlas a un precio más reducido que la competencia o creando su propia marca basada en políticas de descuento. Estas características se pueden observar en supermercados como Lidl o Aldi.

Info

A través del siguiente enlace www.euromonitor.com puedes obtener diferentes investigaciones estratégicas para los mercados de consumo.

Sabías que

Las *estrategias B2B* son una modalidad de comercio electrónico orientado al negocio entre empresas a través de Internet, que incluye solicitud de presupuestos, negociación de precios, cierre de ventas, despacho de pedidos, etc. Todo lo que una empresa compra en el canal de Internet a otra empresa se considera B2B.

- *Category killers:* o gran distribución especializada hace referencia a espacios comerciales de gran tamaño cuya oferta comercial se basa en una categoría de productos, su estrategia es la especialización, ofreciendo un surtido de productos muy amplio pero basado en una categoría: deportes, electrónica, muebles, etc. Ejemplos: Decathlon, Media Markt, Ikea, etcétera.

4. **Integrarse:** la distribución comercial es más eficiente en estructuras integradas donde se mejoran las condiciones comerciales prestando más servicios a un mejor precio.
5. **Asociarse:** el asociacionismo se ha convertido en una estrategia muy útil para el pequeño comerciante: realizar acciones de publicidad, promociones, técnicas de merchandising, etc. de forma conjunta con establecimientos de la misma zona atrae a los consumidores y permite compartir gastos.
6. **Observar y estudiar** lo que hacen las mejores empresas comerciales y ponerlo en práctica en nuestra compañía: *Benchmarking*. Spendolini define el *Benchmarking* como «el proceso continuo y sistemático de evaluar los productos, servicios o procesos de las organizaciones que son reconocidas por ser representativas de las mejores prácticas para efectos de mejora organizacional».
7. **Rentabilizar el punto de venta:** disminuir el margen comercial mediante la bajada de precios con el objetivo de ser más barato que la competencia, aumentando el espacio comercial para mantener beneficios.
8. **Ampliar los servicios adicionales en el punto de venta** resaltados con las técnicas de merchandising adecuadas para que el consumidor considere el espacio comercial único. Hay establecimientos comerciales que ofertan garantías adicionales al consumidor, el cual considera el espacio comercial como único. Ejemplo: El Corte Inglés.
9. **Optar por las franquicias:** es un sector que se ha consolidado, para ello ha de potenciar la gestión profesional de sus protagonistas o actores del sector.
10. **Recurrir a la fabricación por terceros:** el éxito de la cadena de muebles IKEA hace presagiar una potenciación de la fórmula consistente en crear marcas comerciales de distribución, cuya fabricación sea dada a terceros en régimen de *outsourcing*, principalmente en el mercado asiático.
11. Por último, y frente a la globalización de mercados no hay que olvidar una de las más importantes máximas del marketing: **«piensa global, actúa local»**.

1.4. Merchandising

El concepto de merchandising aparece ligado a la aparición del libre servicio (Francia, 1852). El producto aparece ahora expuesto en el punto de venta, ante el cliente sin ningún vendedor que explique sus características y, en el caso de sectores como por ejemplo el de la alimentación, rodeado de artículos con características similares a la espera de la toma de decisión del consumidor.

El libre servicio no solo ha supuesto una auténtica revolución en los sistemas de venta sino que también ha provocado una profunda transformación en la política comercial de las empresas de distribución, que se han visto obligadas a aplicar nuevas técnicas de gestión del establecimiento para conservar y aumentar la rentabilidad de su negocio. Este hecho provoca profundas modificaciones en el consumidor, el producto y el distribuidor:

- **Consumidor:** tiene toda la mercancía al alcance de su mano, con la eliminación de barreras (mostrador) gana en libertad respecto a la elección del bien o servicio que necesita para satisfacer sus necesidades.
- **Productor:** debe asegurarse de que el bien o servicio que ha producido está situado en una posición atractiva para la venta en la sala, a la vista y con los atributos adicionales pactados para no pasar desapercibido por parte del consumidor. Para poder desarrollar estas necesidades del productor aparece la nueva figura denominada *merchandiser*, cuya función principal es asegurar el posicionamiento deseado por el productor del bien o servicio en el punto de venta.
- **Distribuidor:** modifica sus funciones pasando de ser un intermediario entre el productor y el consumidor a un auténtico negociador del bien o servicio, respecto a las condiciones financieras del mismo.

Figura 1.7. El punto de venta debe ofrecer un lineal atractivo que facilite el proceso de compra al cliente.

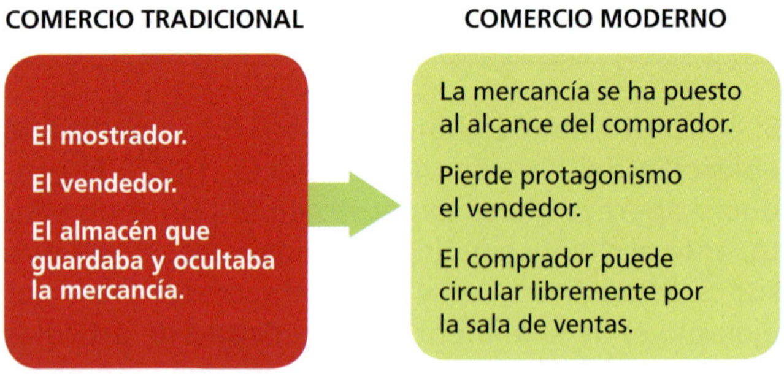

Figura 1.8. Cuadro comparativo de los principales elementos de un comercio tradicional y un comercio moderno (autoservicio).

Recuerda que

Se puede confirmar que existe merchandising desde que existe venta visual.

1.4.1. Definición, objetivos y funciones

Definición

La definición más sencilla de merchandising es la derivada del análisis de la propia palabra que se muestra a continuación en la siguiente figura:

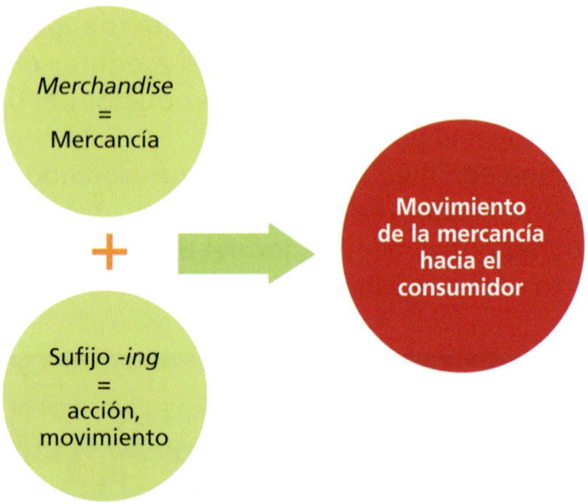

Figura 1.9. Definición de merchandising.

Existen múltiples definiciones de **merchandising,** una de las más aceptadas es la de la *American Marketing Association*: **conjunto de técnicas basadas principalmente en la presentación, la rotación y la rentabilidad,** comprendiendo un conjunto de acciones llevadas a cabo en el punto de venta destinadas a aumentar la rentabilidad, colocando el producto en el lugar, durante el tiempo, la forma, al precio y en la cantidad más conveniente.

Objetivos

El merchandising se basa en la presentación óptima del producto intentando impactar en el consumidor para conseguir su objetivo último: su adquisición. Estas técnicas fomentan las compras impulsivas, ya que la presentación del producto intenta captar la atención del consumidor propiciando adquirir bienes y servicios que en un principio no estaban en la mente del comprador al pasar por el establecimiento.

El objetivo fundamental del merchandising es **vender más y vender mejor;** es decir vender más cantidad, con una mayor rentabilidad, proporcionando un ambiente de compra en el que el cliente se sienta satisfecho. Para lograrlo, el merchandiser se fija los siguientes objetivos:

- Dotar de vida al producto: mediante una presentación adecuada, destacándolo y realzándolo.
- Captar la atención del consumidor: publicidad, ubicación del producto, color, envase, precio adecuado, presentación, variedad, demostración, etc. hacen variar o fijar el sentido de compra en el establecimiento comercial.
- Animar el punto de venta: lineales ordenados, colocación atractiva del producto, diseño de una circulación cómoda y adecuada en el punto de venta, ofertas llamativas, etc., todo ello acompañado de una temperatura y música agradable harán del espacio comercial un lugar perfecto para la compra.
- Facilitar la atracción del producto sobre el cliente: que se pare, observe y compre (objetivo último del merchandising).
- Gestionar de manera eficiente el stock: superficie de venta, almacén, espacio del producto en el lineal, etcétera.
- Incrementar la rotación. A mayor rotación, mayor rentabilidad del punto de venta.
- Liquidar de forma adecuada el stock obsoleto, con fecha de caducidad próxima o poca venta.

Funciones

Las funciones básicas del merchandising, planteadas por Cook, Harris y Walters, son las siguientes:

- **Reforzar el posicionamiento de la empresa en su entorno competitivo.** El espacio comercial de muchas marcas ofrece al cliente una diferenciación única del punto de venta desde el primer momento en que se accede al establecimiento; de tal forma que el consumidor se mueve con perfecto conocimiento del espacio independientemente del punto geográfico donde esté el establecimiento. Por ejemplo, las tiendas de telefonía móvil suelen identificarse con un color determinado, una estructura similar en el espacio interior, etc. lo que favorece el reconocimiento de las mismas por parte del consumidor. Es importante que el espacio comercial de una marca concreta o cadena se diferencie de la competencia mediante técnicas de merchandising que evidencien el punto de venta como único, objetivo que se cumple cuando se logra la fidelización del cliente.

- **Provocar el interés, fomentar la comparación y mover al cliente hacia un compromiso de compra.** Las técnicas de merchandising nunca olvidan su objetivo último: rentabilizar el espacio comercial mediante el aumento de las ventas; es decir, son un conjunto de estrategias que incitan al consumidor a entrar en el establecimiento, llamar su atención hacia los productos o servicios expuestos y, por último, incitar a la compra de los mismos. Es lo que se conoce como estrategia AIDA:
  - **A:** atención hacia el producto.
  - **I:** interés mediante la demostración de las ventajas del producto.
  - **D:** deseo de adquirirlo, hay que mostrarlo acompañado de una publicidad atractiva.
  - **A:** acción de compra.
- **Coordinar y comunicar la estrategia global del surtido al grupo objetivo de clientes** asegurándose de que el mensaje final presentado sea compatible con sus expectativas. Para que la política de merchandising sea efectiva debe actuar de forma coordinada sobre todos los elementos presentes en el punto de venta con el fin de evitar cualquier tipo de incoherencia.

1.4.2. Tipos de merchandising

Desde el origen del merchandising hasta la actualidad, el concepto ha ido evolucionando, incorporando nuevas técnicas que han dado lugar a diferentes tipos de merchandising:

1. **Merchandising de gestión:** el objetivo del merchandiser es rentabilizar el punto de venta, para ello utiliza técnicas de gestión basadas en datos estadísticos sobre la recogida y análisis de información del consumidor y técnicas de rentabilidad de la superficie: distribución de la superficie de venta, cálculo de la rentabilidad por metro cuadrado de suelo, cálculo de la rentabilidad del lineal, el desglose en diferentes familias o el número de referencias, marcas y caras del producto expuestas. La finalidad no es otra que asegurar una oferta permanente teniendo en cuenta las variaciones de la demanda.
2. **Merchandising de presentación o visual:** consiste en la presentación adecuada de los productos determinando su ubicación en el punto de venta. El fin es optimizar la circulación de la clientela en el espacio comercial intentando que los consumidores recorran el establecimiento, planificando los circuitos que deben seguir, facilitando sus compras al realzar los productos más rentables y ayudando a la visualización del conjunto de bienes y servicios que se ofertan. Es necesaria una adecuada señalización, iluminación y ordenación de los productos ya que es esencial que el cliente no dude de su localización para evitar que renuncie a la compra. El merchandising de presentación está controlado fundamentalmente por el fabricante.
3. **Merchandising de seducción:** trata de transformar el acto de compra en actividades de ocio, convirtiendo el punto de venta en una zona de espectáculo y diversión. Para ello se utilizan técnicas de animación (degustaciones, promociones especiales y estímulos publicitarios) creando una atmósfera especial en el establecimiento a través de la decoración, el mobiliario, la iluminación, etcétera.

   El punto de venta debe seducir al potencial cliente, para ello es fundamental cuidar los siguientes elementos:

   - Escaparate.
   - Aspecto interior del establecimiento.
   - Surtido adecuado a las expectativas del cliente: en el lugar adecuado, con la cantidad necesaria y con el precio correcto y visible.
   - Ofertas bien señalizadas y acordes con el precio que marca en caja.
   - Circulación óptima en el interior del establecimiento: dividido en secciones con espacio suficiente para realizar el recorrido cómodamente y optimizar la venta visual.
   - Ambiente de compra acorde al producto que se expone. Por ejemplo, hay puntos de venta de moda juvenil donde el espacio comercial se transforma en una especie de discoteca: modelos de dependientes, intenso olor a colonia (de la marca del establecimiento), luz tenue, música alta, etcétera.
   - Publicidad bien señalizada.

- Trato al cliente y servicio posventa en la compra presencial así como un buen funcionamiento de entregas y devoluciones en la compra *online*.

4. **Merchandising de fidelización:** consiste en aportar estímulos positivos a los clientes, busca la satisfacción total del cliente, ofertando un bien o servicio que aporta un valor añadido superior al inicialmente esperado o percibido. Se trata de una técnica destinada a consumidores que confían en un establecimiento concreto y para los que la compra supone una experiencia.

   El merchandising de fidelización persigue instaurar un establecimiento comercial como único para su cliente objetivo, el cual no considera ningún tipo de competencia otros establecimientos que ofertan un surtido similar ya que considera su proceso de compra como «único».

Los tipos de merchandising desarrollados en este apartado pueden implementarse de forma independiente o conjunta, en función de las necesidades que presente el establecimiento comercial.

1.4.3. Técnicas de merchandising

Las técnicas de merchandising resaltan un bien o servicio en el punto de venta, pero hay que aclarar que para que un producto nos resulte atractivo en el punto de venta, antes fabricantes y distribuidores han tenido que trabajar conjuntamente para conseguir que el bien o servicio resulte atractivo para el consumidor.

El profesional que desarrolla las técnicas de merchandising se denomina **merchandiser.**

El merchandiser tiene, en consecuencia, funciones bien diferenciadas de las del vendedor tradicional. Mientras que el vendedor tradicional tiene por misión principal vender al intermediario o a un consumidor industrial, el responsable de merchandising intenta valorar su producto y estimular las compras del consumidor final.

El merchandiser no sustituye al vendedor tradicional, aunque este último ve disminuir sus atribuciones por la evolución que lleva la distribución.

Las funciones que estudia y sobre las que trabaja el merchandiser en el punto de venta son las siguientes:

- La ubicación del punto de venta y su zona de influencia.
- La superficie y configuración física del punto de venta.
- El surtido.
- El ambiente y la imagen.
- El tipo de mobiliario y su disposición sobre la sala de ventas.
- El personal.
- El stock.
- El lineal total.
- El número de cajas.
- La publicidad en el lugar de venta (PLV).
- Los precios.
- Las cabeceras de góndola.
- Las promociones.
- Las animaciones.
- Los servicios.
- La colocación de los productos en el lineal.
- La publicidad.
- El escaparate.

Acciones de merchandising del fabricante

El merchandiser del fabricante se encarga de gestionar la política comercial y de marketing de la empresa y de las características del punto de venta. Es tan importante el tener un buen producto como que el producto esté al alcance del consumidor.

Recuerda que

El merchandiser del fabricante y el merchandiser del distribuidor tienen funciones comunes, pero cada uno de ellos tiene sus características y diferentes objetivos definidos.

Las principales funciones del merchandiser del fabricante se dividen en dos ámbitos:

- **Planificadoras:** es el fabricante el que decide la política de marketing del producto que está elaborando; es decir, producto, precio, promoción y distribución
- **Operacionales:** es el proceso de negociación que el fabricante desarrolla con el distribuidor, tomando decisiones sobre el espacio en el lineal, la promoción en el punto de venta, etcétera.

Concretamente, se pueden establecer como **funciones del merchandiser del fabricante** las siguientes:

- Definir y elaborar las políticas de merchandising: el fabricante es un especialista que conoce a la perfección su producto y los atributos del mismo por lo que será el encargado de elaborar todo el informe del producto referente a las técnicas de merchandising a seguir.

- Negociar con el distribuidor: uno de los aspectos que se negociará con el distribuidor será el lugar que va a ocupar el producto. Hoy en día se desarrolla la colocación exacta del producto en el lineal mediante programas informáticos para obtener la máxima rentabilidad.

Figura 1.10. Colocación de productos en el lineal. La utilización de medios informáticos facilita la labor de presentación del merchandiser.

Una variedad del merchandising es el geomerchandising, utilizado para optimizar surtidos por categorías socio-demográficas presentes en el área de influencia del establecimiento comercial. El merchandiser del fabricante realiza, mediante medios informáticos, un estudio de la representación que más le interesa en el punto de venta y lo presenta al distribuidor para su negociación.

- Realizar el seguimiento del proceso de venta: el fabricante debe conocer la evolución de su producto en el punto de venta, así como la evolución de los productos similares en el mismo punto de venta y en establecimientos de la competencia. Para ello desarrolla la denominada «ficha de merchandising» que sigue la evolución de las «3P» del producto: precio, presentación y presencia.

  Si se detecta alguna anomalía, se debe comunicar inmediatamente. El informe del seguimiento del proceso de venta debe aportar datos sobre el surtido del lineal dentro del comercio.
- Conocer los métodos de implantación y de optimización del lineal y saber utilizar eficazmente las nuevas referencias.
- Ser capaz de planificar y aplicar las técnicas de animación adaptadas a los diferentes establecimientos.
- Conocer los ratios de rentabilidad para asesorar al distribuidor, ya que, en definitiva, fabricante y detallista persiguen un mismo objetivo: aumentar las ventas.
- Coordinar actividades de diversos ámbitos geográficos e integrarlas de la mejor manera posible en las acciones de cada establecimiento concreto.
- Implantar un sistema de información y formación para los detallistas, conseguir trabajar conjuntamente con los gerentes de los puntos de venta, jefes de secciones, etcétera.

Acciones de merchandising del distribuidor

El merchandiser del distribuidor es la persona capaz de adaptar la política comercial del establecimiento a las políticas comerciales de los distintos fabricantes.

Las principales funciones del merchandising del distribuidor se dividen también en dos ámbitos:

- **Planificadoras:** encargadas de estudiar las implantaciones, disposiciones en el punto de venta.
- **Operacionales:** colocación de productos, modificaciones, rentabilidad, etcétera.

Las **funciones concretas del merchandiser del distribuidor** serán:

- Realizar estudios de mercado que le permitan conocer a fondo la política comercial del establecimiento.
- Conocer los fabricantes, sus productos y sus políticas comerciales.
- Conocer las técnicas de merchandising, el comportamiento del consumidor que habitualmente acude al punto de venta, todo el surtido, los proveedores, los criterios de distribución de la superficie de ventas, los métodos de implantación y de optimización del lineal y las técnicas de gestión del establecimiento.
- Definir las políticas de merchandising del punto de venta.
- Poner en práctica las técnicas de merchandising planificadas, especialmente la gestión en el lineal y las técnicas de animación en el lugar de venta.
- Elaborar los manuales de formación que recogen las políticas de merchandising del establecimiento.

Trade marketing

Trade marketing es el marketing que se ocupa de aumentar la demanda del producto en el canal de distribución, no en el consumidor. Este concepto supone un nuevo enfoque del fabricante para generar negocio, consiguiendo que el canal de distribución colabore en beneficio mutuo, haciendo que sus productos sean atractivos y rentables.

Por tanto, constituye una herramienta fundamental en la relación fabricante-consumidor. Sus objetivos principales son:

- Mejorar la rotación en el punto de venta.
- Impulsar y acelerar las ventas mediante la planificación y coordinación de promociones.
- Desarrollar las técnicas de merchandising.

Actividad propuesta 1.7

La exhibición de los productos en el lineal forma parte del merchandising visual. Busca en Internet exposiciones llamativas en diferentes puntos de venta de alguno de los tipos de merchandising vistos en la unidad.

Actividad propuesta 1.8

Visualiza el vídeo que encontrarás en el enlace: https://www.youtube.com/watch?v=Sia7C4lkvRw. A continuación, identifica diferentes técnicas de merchandising que aparecen en él (será necesario visualizarlo varias veces).

1.5. Normativa aplicable al diseño de espacios comerciales

La apertura de un establecimiento comercial requiere el cumplimiento de unos requisitos legales marcados por la Administración Pública a nivel nacional, autonómico y municipal.

Según la **Ley 7/1996, de 15 de enero, de Ordenación del Comercio Minorista:**

1. Tendrán la consideración de establecimientos comerciales los locales y las construcciones o instalaciones de carácter fijo y permanente, destinados al ejercicio regular de actividades comerciales, ya sea de forma continuada o en días o temporadas determinadas.
2. Quedan incluidos en la definición anterior los quioscos y, en general, las instalaciones de cualquier clase que cumplan la finalidad señalada en el mismo, siempre que tengan el carácter de inmuebles de acuerdo con el artículo 334 del Código Civil.
3. Las comunidades autónomas establecerán los requisitos, en virtud de los cuales se otorgará la calificación de gran establecimiento. En todo caso, tendrán esta consideración, a efectos de las autorizaciones y de lo establecido en la normativa mercantil, los establecimientos comerciales que, destinándose al comercio al por menor de cualquier clase de artículos, tengan una superficie útil para la exposición y venta al público superior a los 2.500 metros cuadrados.

La definición legal es muy generalista y queda, por tanto, en manos de las comunidades autónomas y de los ayuntamientos la normativa concreta específica sobre los establecimientos comerciales.

El diseño de espacios comerciales tiene que tener en cuenta la siguiente normativa:

1. **El Plan General Urbanístico** (PGU) del municipio donde se va a establecer.

   El PGU es un instrumento que define la ordenación urbanística de todos los terrenos que se encuentran dentro del término municipal, clasificando el suelo y estableciendo las determinaciones para su ordenación con criterios de desarrollo sostenible. El PGU difiere de un municipio a otro, cumpliendo siempre la normativa publicada al respecto a nivel autonómico y nacional.
2. **Licencia de actividad**

   El ayuntamiento de cada municipio donde se establezca un espacio comercial solicitará la correspondiente licencia de actividad, apertura y obra, en su caso, para acreditar que cumple con los requisitos técnicos, urbanísticos y arquitectónicos establecidos.

   La Ley 12/2012, de 26 de diciembre, de medidas urgentes de liberalización del comercio y de determinados servicios, tiene por objeto «el impulso y dinamización de la actividad comercial minorista y de determinados servicios mediante la eliminación de cargas y restricciones administrativas existentes que afectan al inicio y ejercicio de la actividad comercial, en particular, mediante la supresión de las licencias de ámbito municipal vinculadas con los establecimientos comerciales, sus instalaciones y determinadas obras previas».

Info

A través del siguiente código QR puedes obtener las diferentes tasas autonómicas para tramitación de licencias comerciales.

Los requisitos necesarios para poder acogerse a esta medida son:

a) Superficie útil de exposición y venta al público no superior a 750 m^2.

b) Que la actividad comercial desarrollada esté dentro de las establecidas en el anexo de la presente Ley:

Info

A través del siguiente código QR puedes ampliar la información sobre la normativa de medidas urgentes de liberalización del comercio y de determinados servicios: http://noticias.juridicas.com/base_datos/Admin/l12-2012.html#cpa2.

También puedes consultar y descargar la Ley 12/2012 desde la web del Boletín Oficial del Estado en http://www.boe.es.

3. **Normativa de seguridad e higiene**

El **Real Decreto 486/1997,** de 14 de abril, es la normativa por la que se establecen las disposiciones mínimas de seguridad y salud en los lugares de trabajo.

La **Ley 31/1995,** de 8 de noviembre, de Prevención de Riesgos Laborales es la norma legal por la que se determina el cuerpo básico de garantías y responsabilidades preciso para establecer un adecuado nivel de protección de la salud de los trabajadores frente a los riesgos derivados de las condiciones de trabajo, en el marco de una política coherente, coordinada y eficaz.

De acuerdo con el artículo 6 de dicha ley serán las normas reglamentarias las que fijarán y concretarán los aspectos más técnicos de las medidas preventivas, a través de normas mínimas que garanticen la adecuada protección de los trabajadores. Entre estas se encuentran necesariamente las destinadas a garantizar la seguridad y la salud en los lugares de trabajo, de manera que de su utilización no se deriven riesgos para los trabajadores.

También hay que considerar los **acuerdos ratificados con la Organización Internacional del Trabajo (OIT).** En concreto, con carácter general, el Convenio número 155 de la OIT, relativo a la seguridad y salud de los trabajadores, de 22 de junio de 1981, ratificado por España el 26 de julio de 1985, y en particular, el Convenio número 148 de la OIT, relativo al medio ambiente de trabajo, de 20 de junio de 1977, ratificado por nuestro país el 24 de noviembre de 1980.

Asimismo, hay que tener en cuenta la normativa de seguridad e higiene establecida a nivel europeo. Concretamente, la **Directiva 89/654/CEE,** de 30 de noviembre, establece las disposiciones mínimas de seguridad y de salud en los lugares de trabajo.

Info

A través del siguiente código QR puedes ampliar información sobre la normativa de seguridad e higiene en el trabajo: http://www.insht.es.

Instituto de Seguridad e Higiene en el Trabajo.

Los aspectos más relevantes que afectan al diseño de espacios comerciales son los reflejados en la Tabla 1.1:

Tabla 1.1. Elementos que afectan al diseño de los espacios comerciales

Elemento	Condiciones mínimas de seguridad
Seguridad estructural	Solidez y resistencia necesaria.
Espacios de trabajo y zonas peligrosas	Dimensión del espacio de trabajo: 3 metros de altura desde el piso hasta el techo. No obstante, en locales comerciales, de servicios, oficinas y despachos, la altura podrá reducirse a 2,5 metros. 2 metros cuadrados de superficie libre por trabajador. 10 metros cúbicos, no ocupados, por trabajador.
Suelos, abertura y desniveles	Fijos, estables y no resbaladizos, sin irregularidades ni pendientes peligrosas.
Tabiques, ventanas y vanos	Los tabiques acristalados deben estar claramente señalizados; las ventanas deben tener un perfecto ajuste y sistema de cierre y apertura correcto. Los vanos de iluminación cenital deben poder limpiarse sin que suponga un riesgo la acción.
Vías de circulación	Los pasillos y zonas de acceso deberán tener una anchura adecuada a la circulación del público para la cual se ha diseñado.

(Continúa)

Elemento	Condiciones mínimas de seguridad
Puertas y portones	Las puertas transparentes deberán tener una señalización a la altura de la vista. Puerta y portones con las medidas y señalización adecuadas a la normativa.
Rampas, escaleras fijas y de servicio	Los pavimentos de las rampas, escaleras y plataformas de trabajo serán de materiales no resbaladizos o dispondrán de elementos antideslizantes. Las rampas tendrán una pendiente máxima del 12 % cuando su longitud sea menor de 3 metros, del 10 % cuando su longitud sea menor de 10 metros o del 8 % en el resto de los casos. Las escaleras tendrán una anchura mínima de 1 metro, excepto en las de servicio, que será de 55 centímetros. Los peldaños de una escalera tendrán las mismas dimensiones. Las escaleras mecánicas deberán tener las condiciones de funcionamiento y dispositivos necesarios para garantizar la seguridad de los trabajadores que las utilicen. Sus dispositivos de parada de emergencia serán fácilmente identificables y accesibles.
Vías y salidas de evacuación	Las vías y salidas de evacuación, así como las vías de circulación y las puertas que den acceso a ellas, se ajustarán a lo dispuesto en su normativa específica: Real Decreto 485/1997, de 14 de abril, sobre disposiciones mínimas de señalización de seguridad y salud en el trabajo.
Instalación eléctrica	La instalación eléctrica no deberá entrañar riesgo de incendio o explosión. Los trabajadores deberán estar debidamente protegidos contra los riesgos de accidente causados por contactos directos o indirectos. La instalación eléctrica y los dispositivos de protección deberán tener en cuenta la tensión, los factores externos condicionantes y la competencia de las personas que tengan acceso a partes de la instalación.
Minusválidos	Los lugares de trabajo y, en particular, las puertas, vías de circulación, escaleras, servicios higiénicos y puestos de trabajo utilizados u ocupados por trabajadores minusválidos deberán estar acondicionados para que dichos trabajadores puedan utilizarlos.

Figura 1.11. Los espacios comerciales están diseñados cumpliendo la normativa en materia de comercio, seguridad e higiene.

4. **Ley de protección contraincendios**

   Los lugares de trabajo deberán ajustarse a lo dispuesto en la normativa que resulte de aplicación sobre condiciones de protección contraincendios. En todo caso, y salvo disposiciones específicas de la normativa citada, dichos lugares deberán satisfacer las condiciones que se señalan en los siguientes puntos de este apartado.

   - Según las dimensiones y el uso de los edificios, los equipos, las características físicas y químicas de las sustancias existentes, así como el número máximo de personas que puedan estar presentes, los lugares de trabajo deberán estar equipados con dispositivos adecuados para combatir los incendios y, si fuere necesario, con detectores contraincendios y sistemas de alarma.
   - Los dispositivos no automáticos de lucha contraincendios deberán ser de fácil acceso y manipulación. Dichos dispositivos deberán señalizarse conforme a lo dispuesto en el Real Decreto 485/1997, de 14 de abril, sobre disposiciones mínimas de señalización de seguridad y salud en el trabajo. Dicha señalización deberá fijarse en los lugares adecuados y ser duradera.

5. La ordenación de comercio establece la siguiente **normativa a nivel nacional respecto a comercio interior:**

   - Legislación consolidada del BOE de la **Ley 12/2012,** de 26 de diciembre, de medidas urgentes de liberalización del comercio y de determinados servicios (mencionada anteriormente).

Dentro del marco definido por esta ley y por el que, en su caso, desarrollen las comunidades autónomas, cada comerciante determinará con plena libertad el horario de apertura y cierre de sus establecimientos comerciales de venta y distribución de mercancías, así como los días festivos de apertura y el número de horas diarias o semanales en los que ejercerá su actividad. En el ejercicio de sus competencias, corresponderá a las comunidades autónomas la regulación de los horarios para la apertura y cierre de los locales comerciales, en sus respectivos ámbitos territoriales, en el marco de la libre y leal competencia y con sujeción a los principios generales sobre ordenación de la economía que se contienen en la presente Ley.

El objetivo de la presente regulación básica es promover unas adecuadas condiciones de competencia en el sector, contribuir a mejorar la eficiencia en la distribución comercial minorista, lograr un adecuado nivel de oferta para los consumidores y ayudar a conciliar la vida laboral y familiar de los trabajadores del comercio. Esta norma permitirá que cada comunidad autónoma adecue su régimen de horarios a las características y al modelo de comercio de cada una de ellas.

Info

A través del siguiente código QR puedes acceder a las normas de comercio interior de las diferentes comunidades autónomas: http://www.comercio.gob.es.

Ministerio de Economía y Competitividad.

- El **Real Decreto Ley 20/2012**, de 13 de julio, de medidas para garantizar la estabilidad presupuestaria y de fomento de la competitividad modifica, a través de su Título V, «Medidas de liberalización comercial y de fomento de la internacionalización empresarial», la Ley 1/2004, de 21 de diciembre, de Horarios Comerciales incrementando el número de domingos y festivos de apertura de doce a dieciséis que las comunidades autónomas tienen que habilitar para el comercio.

  Las comunidades autónomas, en atención a sus necesidades comerciales, podrán incrementarlos o rebajarlos, sin que puedan fijarlos por debajo de un mínimo de diez domingos y festivos.

- La **Ley 34/2002**, de 1 de julio, de servicios de la sociedad de la información y de comercio electrónico es la ley reguladora del comercio electrónico y de otros servicios de Internet cuando formen parte de una actividad económica.

  En ella se establecen determinadas obligaciones de información para aquellas empresas que realicen comercio electrónico y, asimismo, se regula la actividad publicitaria por vía electrónica. Estas obligaciones de información se ven ampliadas para aquellas empresas que celebren contratos por vía electrónica con la finalidad de reducir la inseguridad jurídica de la operación.

  Además, hay otras normas que regulan la actividad comercial en Internet, que son las siguientes:

  - Ley 7/1996, de 15 de enero, de Ordenación del Comercio Minorista.
  - Real Decreto Legislativo 1/2007, de 16 de noviembre, por el que se aprueba el Texto Refundido de la Ley General para la Defensa de los Consumidores y Usuarios y otras leyes complementarias.
  - Legislación consolidada del BOE de la Ley 34/2002, de 11 de julio, de servicios de la sociedad de la información y de comercio electrónico.
  - Ley 7/1998, de 13 de abril, de Condiciones Generales de la Contratación. Estas normas regulan tanto las obligaciones comerciales como las contractuales de los empresarios que venden *online*.

Actividad propuesta 1.9

Realiza una presentación en PowerPoint resumiendo la normativa aplicable al diseño de espacios comerciales de tu comunidad autónoma.

DISTRIBUCIÓN Y ORGANIZACIÓN DE UN ESPACIO COMERCIAL

EL COMPORTAMIENTO DEL CONSUMIDOR:

- Estudio y conocimiento del cliente.
- Condicionantes:
  - ✓ Internos: factores psicológicos y características del comprador.
  - ✓ Externos: macroentorno, nuevas tecnologías, variables socioeconómicas, cultura y familia.

EL PROCESO DE COMPRA

- **REALIZACIÓN DEL PROCESO DE COMPRA**
  - Estímulo → Reconocimiento del problema → Búsqueda de información
  - Evaluación de alternativas → Compra → Comportamiento poscompra
- Tipos de compra
  - Prevista (planificada)
    - Realizada
    - Necesaria
    - Modificada
  - Impulsiva (no planificada)
    - Planificada
    - Recordada
    - Sugerida
    - Pura

DISTRIBUCIÓN Y MARKETING

- Funciones
- Canales
- Tipos
- Estrategias

MERCHANDISING

- Fabricante
- Distribuidor
- Trade marketing

NORMATIVA APLICABLE A LOS ESPACIOS COMERCIALES

Actividades de comprobación

1.1. ¿Cuál de las siguientes variables no es un determinante externo del comportamiento del consumidor?

a) Macroentorno.
b) Nuevas tecnologías.
c) Familia.
d) Motivación.

1.2. El comportamiento del consumidor es:

a) Un conjunto de actividades que lleva a cabo una persona u organización desde que reconoce una necesidad hasta que la satisface mediante la adquisición de un bien o servicio y su consumo.
b) Un conjunto de actividades que lleva a cabo una persona u organización desde que reconoce una necesidad hasta que la satisface mediante su adquisición.
c) La acción de satisfacer una necesidad.
d) Todas las respuestas anteriores son incorrectas.

1.3. El proceso de compra:

a) Consta de seis etapas, según Bernan y Evans.
b) Se realiza mediante un estímulo, reconocimiento del problema, búsqueda de información, evaluación de alternativas, compra y comportamiento posterior a la compra.
c) Puede desarrollarse de tres formas posibles: extendida, limitada y rutinaria.
d) Todas las respuestas anteriores son correctas.

1.4. Cuando una persona desea comprar un determinado producto y, al llegar al lineal, ve una oferta de 2×1 y adquiere más cantidad de la que tenía previsto comprar; este comportamiento corresponde a una compra:

a) Compra prevista realizada.
b) Compra prevista modificada.
c) Compra por impulso pura.
d) Compra por impulso recordada.

1.5. El merchandiser es un profesional cuyas funciones son similares a:

a) Un escaparatista.
b) Un profesional de merchandising del fabricante.
c) Un profesional de merchandising del distribuidor.
d) Ninguna de las respuestas anteriores es correcta.

1.6. Juan decide apuntarse al gimnasio durante el presente curso académico, para ello decide ir de compras a una conocida tienda de deportes de su municipio ya que necesita una zapatillas de deporte. Al salir del establecimiento ha adquirido el producto deseado con un descuento del 10 %. La compra realizada se puede clasificar como:

a) Compra prevista realizada.
b) Compra prevista necesaria.
c) Compra prevista modificada.
d) Compra por impulso.

1.7. La compra por impulso en la que el cliente, al ver el producto, recuerda un deseo, una necesidad o una decisión anterior olvidada de compra, es del tipo:

a) Sugerida.
b) Pura.
c) Planificada.
d) Recordada.

1.8. El merchandiser del fabricante es el encargado de organizar el establecimiento.

a) Verdadero.
b) Falso.

1.9. Cuando una persona desea comprar un determinado producto, y al llegar al lineal ve una oferta por la que escoge ese producto pero de distinta marca a la que tenía previsto comprar, este comportamiento corresponde a una compra:

a) Prevista realizada.
b) Impulsiva necesaria.
c) Prevista modificada.
d) Ninguna de las respuestas anteriores es correcta.

1.10. Completa esta definición: El trade marketing podemos definirlo como________, pero es mucho más, es un enfoque del fabricante para generar negocios consiguiendo que el canal de distribución gane dinero vendiendo sus productos.

a) Marketing para el fabricante.
b) Marketing para el minorista.
c) Marketing para el mayorista.
d) Marketing para el canal de distribución.

Actividades de aplicación

1.11. Busca en YouTube el último anuncio publicitario con más seguidores y analiza los factores sobre los que pretende incidir cada uno de sus mensajes publicitarios.

1.12. La evolución cultural genera nuevas pautas de consumo. Elabora un estudio de las pautas de consumo del alumnado del ciclo formativo Técnico superior en Gestión de Ventas y Espacios Comerciales. ¿Existen valores culturales en común para todo el grupo? ¿Se traducen en pautas de consumo?

1.13. Enumera las fases del proceso de decisión de compra del consumidor. ¿Qué variables influyen en el proceso?

1.14. José Manuel, estudiante del título de Técnico superior en Gestión de Ventas y Espacios Comerciales, al terminar el ciclo y tras su primer contrato tiene la necesidad de adquirir un coche. Enumera y desarrolla las distintas fases por las que pasaría su proceso de compra.

1.15. Determina el tipo de compra de las siguientes acciones:

a) Compra de una revista al pasar por delante de un quiosco cuando vas a comprar el pan.
b) Compra de un cartón de leche Pascual (marca habitual del consumidor) en el hipermercado, al comprobar que no hay leche para el día siguiente.
c) Compra de una tableta de chocolate que el consumidor compra por primera vez al probar una degustación en el punto de venta.
d) Compra de los elementos que forman parte de la lista de la compra, según las ofertas, pan, huevos, pescado, etcétera.
e) Compra de un nuevo producto en su lanzamiento.
f) Compra de una camiseta de moda el día que ponen las rebajas.

1.16. Investiga qué porcentaje de población en España realiza compras por impulso. Utiliza Internet y revistas especializadas de marketing para realizar el estudio.

1.17. Investiga y realiza una exposición (por grupos) de los canales de distribución que utilizan las marcas de la cadena Inditex: Zara, Zara Home, Pull&Bear, Massimo Dutti, Bershka, Stradivarius, Oysho y Uterqüe.

1.18. ¿Los *hard discount* suponen una amenaza para los supermercados del municipio? Razona la respuesta. ¿Tienen el mismo impacto en el resto de países de la Unión Europea? Consulta la página web www.euromonitor.com para obtener más información.

1.19. Compara un supermercado de tu municipio con un hipermercado que conozcas. ¿Qué ventajas e inconvenientes tiene cada uno?

1.20. ¿La normativa comercial de tu comunidad autónoma es igual que la del resto de comunidades? Investiga y razona la respuesta de una forma comparativa.

Actividades de ampliación

1.21. Lee atentamente el artículo de Mario Zóttola, asesor de Comunicación y Publicidad y profesor de Técnicas de venta, y contesta a las preguntas que se formulan al final.

Cambios en el punto de venta. El cliente vuelve a tener razón

La crisis está provocando grandes cambios en el punto de venta. Estos cambios se centran más en el personal, el precio y las facilidades de compra. En este trabajo se analizan las relaciones en el punto de venta, sobre las que ya nadie discute que el cliente se ha convertido nuevamente en el bien supremo de una empresa y en el preciado objetivo de todas las campañas.

Pasada la época de las *vacas gordas*, cuando el público entraba en las tiendas a comprar y los vendedores se dedicaban a *atender o despachar* productos (porque gracias al consumismo no era necesario *vender*), ahora, cuando los consumidores escasean, ha llegado la hora de la verdad. Los malos vendedores, el personal indolente que no sabe tratar bien al cliente, los no-proactivos, tienen los días contados. Como ocurría antaño, volverá a ser una premisa básica que el cliente que entra a una tienda tiene que salir con una compra. Las empresas han empezado a exigir a sus empleados que no permanezcan impasibles (cuando no indiferentes), frente al público que entra y se limita a mirar. Dejar escapar una venta empezará a ser una falta grave.

Mucho público y pocas bolsas

Los operadores que tienen locales en los grandes centros comerciales no miran si hay mucha o poca gente en los pasillos. Lo que miran son las bolsas que llevan. Mucha gente y pocas bolsas es un mal negocio, para el centro y los locales. Las empresas están preocupadas por aumentar sus ventas, por motivar e incentivar el consumo y, en muchos casos, tropiezan con equipos poco o nada entrenados para una crisis tan larga. Acostumbrados a la venta fácil, han perdido la capacidad de seducción y convicción que siempre debe tener un buen vendedor.

Hace poco, un grupo de turistas españoles recorría la calle Florida en la ciudad de Buenos Aires, una zona peatonal que es el corazón comercial de la capital porteña por donde circulan todos los turistas que llegan a Argentina. Se sorprendieron porque los vendedores de las tiendas no estaban dentro de los locales sino fuera, saludaban cordialmente a los españoles, sonreían con simpatía y al mismo tiempo, con una sutil insistencia, les invitaban a entrar al local para ver «sin compromiso» las bondades de sus productos.

Una vez dentro, la calidad de la atención, la elegancia y educación en el trato, el manejo inteligente de cierta adulonería, volvían a sorprender a los españoles, particularmente a las señoras. Una de ellas no pudo más que exclamar: «Esto me recuerda a cómo nos atendían antes en España. Los antiguos vendedores eran así...», admitió resignada.

Satisfacción y exigencia

Carlos Ricardo, director de Marketing, Publicidad y Patrocinios de BBVA ha dicho que «el cliente es fiel si está satisfecho con el servicio» y que para alcanzar esta satisfacción «hay que modernizarse porque los clientes son cada vez más exigentes». Es cierto: algunos sectores como el bancario ahora tienen que luchar no solo con la crisis sino también con una imagen muy dañada como consecuencia de las malas operaciones que han afectado al sistema bancario y han deteriorado la imagen del sector ante la opinión pública.

El consumidor del siglo XXI ha perdido el miedo a las grandes empresas (multinacionales o locales), a los sectores que hasta ayer eran intocables, a las grandes marcas que eran como dioses y muchas de ellas demostraron tener los pies de barro, y ahora les exige claridad en las reglas de juego de los servicios que ofrecen o los productos que venden. Podríamos decir que se acabaron los tiempos de la letra pequeña y que ahora todo tiene que ser grande, claro y transparente. A partir de ahora las empresas no solo tendrán Responsabilidad Social Corporativa; tendrán además una responsabilidad mucho más delicada: responsabilidad en sus relaciones con el cliente.

«Busque, compare...»

«Busque, compare y si encuentra algo mejor, cómprelo» fue el famoso eslogan de Manuel Luque, el director general de Camp, anunciando a finales de los años 80 los tambores de Colón. Aquella frase que renovó la comunicación publicitaria fue tan revolucionaria como la que implantó El Corte Inglés a finales de los años 70: «Si no queda satisfecho, le devolvemos su dinero», una adaptación de la frase «no good, money back».

Ahora el cliente no se conforma con cualquier cosa. Antes de comprar, compara precios, analiza los servicios posventa, tiene en cuenta las garantías y, sobre todo, valora su experiencia personal con las marcas y las cadenas de venta. Puede entrar en blogs y portales especializados para recoger opiniones de otros usuarios y de esta forma, apoyar su decisión de compra en un sutil entramado virtual y tejido social. El asesor de informática de una pyme aconsejó a su cliente comprar un nuevo equipo en unos grandes almacenes de toda la vida, en lugar de una estentórea cadena de aparatos electrónicos y de informática. Aunque había una diferencia en el precio, valoraba más a la primera, por su seriedad y por la calidad del servicio posventa.

El año de los ciudadanos

La UE decidió designar 2013 como el «Año Europeo de los Ciudadanos» y realizó una gran campaña para que los europeos conozcan y disfruten de sus derechos. Este año se cumple el 20° aniversario de la institución de la ciudadanía de la Unión y por eso quiere que los europeos conozcan sus derechos. Y conviene recordar que son derechos muy trascendentes. Por ejemplo, el derecho a trasladarse y circular libremente por cualquier Estado miembro, poder votar y ser elegido en los comicios europeos y locales o dirigir peticiones al Parlamento Europeo. La Comisión Europea quiere asegurarse de que los europeos y, en especial, los jóvenes, conozcan sus derechos y la mejor forma de disfrutar de ellos.

El Manifiesto que se ha dado a conocer promueve que se «facilite y apoye diferentes formas de expresión y movilización de la ciudadanía activa» y expresa la necesidad de lograr «una ciudadanía democrática que garantiza la participación de todos los ciudadanos en la vida común y la conformación de las normativas públicas». No sería nada raro que la UE incorpore el derecho de los consumidores a ser bien tratados y a recibir información veraz y legal de los productos o servicios que va a consumir.

Resumiendo, las empresas tienen que revalorizar la importancia del cliente, volver a seducirlo, a conquistarlo; reajustar sus técnicas de ventas adaptándolas a los nuevos tiempos, mejorar el comportamiento de sus equipos en el punto de venta y enseñarles los valores, el espíritu y la filosofía de la empresa en tiempos de crisis. Y si no los tienen, tendrán que crearlos. Ahora más que nunca, vender se ha convertido en la actividad más importante de una empresa. Los equipos de venta son la infantería de marina para la conquista de nuevos objetivos en ese campo de batalla en el que se ha convertido el mercado.

Potenciar las RRSS

Las redes sociales se han convertido en un canal de comunicación permanente que bien utilizado sirve para fidelizar a los clientes. Las grandes empresas han sucumbido a la indiscutible atracción que despiertan en jóvenes consumidores, Facebook, Twitter y una lista que en algún momento amenazó con ser interminable y que finalmente se ha decantado solo por las más usadas. Coca-Cola, una de las marcas más activas en la Red, está presente en las dos señaladas más Tuenti y YouTube. El Corte Inglés usa además Google+, Pinterest y Kedin. Iberia simplifica su presencia solo en las dos primeras.

Hay que reconocer que en la pequeña y mediana empresa todavía estos servicios están poco profesionalizados y que, en muchos casos, se encuentran en manos de técnicos metidos a comunicadores improvisados. La clave está en el presupuesto. Los planes de comunicación y las campañas de publicidad en la mayoría de los casos, no tienen un apartado presupuestario dedicado al mantenimiento informativo y motivacional de las RRSS. Pero lo cierto es que están allí y van surgiendo cursos específicos para formar especialistas en la materia.

Las RRSS sirven para informar, motivar y premiar a los fans o seguidores de una empresa o una marca. Formar parte de una RS es estar dentro de un club, una peña, una tribu, un grupo de amigos virtuales que tienen un denominador común: usan un servicio o consumen un producto determinado. Las marcas están aprendiendo a mantenerlos atrapados y a premiarlos con promociones exclusivas que aportan valor a esa pertenencia.

Pedro López Mena, director general de la cadena de restaurantes Brasayleña, pionero en esta práctica en su sector, sostiene que desde un primer momento cuando su empresa comenzó hace cuatro años, tuvo claro que había que estar en la Red. «Nos preocupan las RRSS y estoy muy pendiente de ellas. Todos los días controlo si han aumentado nuestros seguidores y tengo dos personas dedicadas a este trabajo que exige mucho tacto porque de alguna forma estás atendiendo a tus clientes», afirma.

Otro joven director, también del sector restauración, que prefiere no identificarse plantea el delicado tema de los riesgos que entraña estar en la Red. «Muchas veces —advierte— personas desaprensivas o extrabajadores despechados pueden dedicarse a usarlas para atacar a la marca, mintiendo o engañando. Nuestra empresa ha tenido que hacer frente a situaciones críticas porque se estaban dando testimonios falsos». Y advierte: «quiero pensar que solo se trata de casos aislados porque si fueran maniobras orquestadas de la competencia estaríamos ante un delito».

Fuente: ZÓTTOLA, Mario.
«Cambios en el punto de venta.
El cliente vuelve a tener razón». *Marketing+Ventas*. n. ° 293,
Marzo-Abril 2014.

a) ¿Estás de acuerdo con que la crisis ha provocado grandes cambios en el punto de venta?
b) Analiza el comportamiento del consumidor antes de la crisis. Comenta alguna anécdota del punto de venta en épocas de crecimiento económico. ¿Existía mejor atención en el punto de venta?
c) ¿Estás de acuerdo con la afirmación: «el cliente es fiel si está satisfecho con el servicio»? Enumera establecimientos que han conseguido tu fidelidad como cliente, ¿por qué?
d) ¿Interviene el Estado en la relación empresa-consumidor? Razona tu respuesta.
e) ¿Utilizas las redes sociales a la hora de planificar o realizar una compra?

Enlaces web de interés

Agencia Española de Consumo
www.consumo-inc.es

Comercio
www.comercio.gob.es

Instituto Nacional de Seguridad e Higiene en el trabajo
www.insht.es

Boletines oficiales
www.boe.es
www.congreso.es
www.senado.es
www.bde.es

Revista: Marketing+Ventas
revistas.laley.es

2

Implantación: elementos interiores y exteriores

CONTENIDOS

OBJETIVOS

- Identificar los parámetros esenciales para la definición de los elementos interiores y exteriores en la implantación de un espacio comercial.
- Determinar la distribución interior del espacio comercial: secciones, mobiliario y circulación realizando el *layout* del establecimiento.
- Estudiar las zonas calientes y frías del punto de venta.
- Elaborar propuestas para calentar las zonas frías detectadas en el establecimiento comercial.
- Diseñar una implantación del espacio comercial atractiva y rentable, según unos objetivos previamente definidos.
- Considerar la normativa y trámites administrativos en la implantación externa, así como la normativa de seguridad e higiene en la implantación interna.

INTRODUCCIÓN

La importancia que el sector del comercio tiene en España queda reflejada en el hecho de ser el sector productivo que mayor número de empresas y trabajadores tiene. La planificación e implantación de un espacio comercial requiere profesionales que realicen un estudio en profundidad del conjunto de elementos exteriores e interiores que van a conformar el punto de venta, con el objetivo de diseñar un establecimiento atractivo y rentable, según unos objetivos previamente definidos.

En la presente unidad se van a desarrollar las posibilidades de arquitectura exterior e interior del establecimiento, analizando los elementos más relevantes de ambos, teniendo en cuenta la normativa en la implantación externa y la normativa de seguridad e higiene del punto de venta.

2.1. Arquitectura exterior del establecimiento comercial

La función principal de la arquitectura exterior de un espacio comercial es transmitir los atributos principales del interior del establecimiento. Todos los elementos exteriores deben incitar al consumidor a entrar, ser un reclamo para cualquier persona que pase o visualice el punto de venta. El efecto que deben provocar en el consumidor es Atención, Interés, Deseo de entrar y Acción de efectuar la compra (fórmula AIDA); es decir, efectivamente visitar el interior del punto de venta y **comprar:** objetivo final.

La percepción de los elementos exteriores de un espacio comercial varía en función de la distancia a la que se encuentre el potencial cliente, no es lo mismo una persona que pasa por delante del establecimiento (1,5-3 metros: visualización de precio, marca, letras, etc.), que una persona que va conduciendo por la carretera y que visualizará el rótulo y el toldo del exterior del establecimiento comercial en su totalidad.

Vocabulario

Distancia visual: es la distancia existente entre el ojo del usuario y el centro del elemento de comunicación visualizado.

La percepción se tiene en cuenta en todo momento, situando los elementos exteriores en función de la circulación del transeúnte, ya sea a pie o en coche.

La arquitectura exterior de un establecimiento vendrá determinada por:

- Marca, franquicia o cadena comercial, la cual establece un prototipo de arquitectura exterior similar para todos sus puntos de venta, en la cual se potencia la marca.
- Bien o servicio que se comercialice, variando desde la sofisticación y exclusividad de los bienes de lujo a la originalidad de un establecimiento que vende bienes de consumo diario.

Figura 2.1. Imagen de la arquitectura exterior de un establecimiento comercial. *Shanghái (China).*

Figura 2.2. Imagen exterior del escaparate de una pastelería.

Todos estos factores, entre otros, han de tenerse en cuenta a la hora de definir los elementos exteriores que se desarrollan a continuación.

2.1.1. Puerta y sistemas de acceso

La puerta es el sistema de acceso al interior del establecimiento comercial. Aunque es un elemento incluido en la arquitectura exterior del establecimiento supone una zona de paso al interior del punto de venta. Su función principal es facilitar el acceso al cliente y proporcionar seguridad al establecimiento.

El diseño de la puerta en un establecimiento comercial debe tener en cuenta los siguientes factores:

- **Tipo de puerta:** existen múltiples opciones: abatible, corredera, giratoria, automática, manual, con control climático, etc. La elección depende de la imagen que se quiera dar en el establecimiento, pero todas deben cumplir los siguiente requisitos:
  - Perfecto estado de conservación.
  - Limpieza.
  - Seguridad tanto exterior como de acceso.
  - Medidas: debe poseer unas medidas que faciliten el paso al establecimiento (mínimo un metro de ancho).
  - Si tiene puertas abatibles, deben abrir hacia el interior.
  - Diseño acorde con la arquitectura exterior e interior del espacio comercial.
- **Número de entradas:** los establecimientos comerciales cuentan normalmente con una puerta de acceso, máximo dos. En cambio, los grandes almacenes cuentan con un número elevado de accesos para favorecer el tráfico comercial. El único inconveniente de esta opción es el incremento de medidas de seguridad para hacer frente a un posible hurto.

  Una conocida cadena de juguetes cuenta con dos puertas de entrada con tamaños diferentes, siendo un elemento distintivo de la marca y muy valorado por los clientes de corta edad. Esta técnica consigue uno de los principales objetivos del merchandising, ya que los más pequeños siempre que pasan por delante de la puerta quieren acceder a su interior.
- **Ubicación:** la ubicación de la puerta respecto al conjunto del establecimiento es una decisión relevante en las técnicas comerciales. Una puerta centrada es la decisión más acertada para conseguir una simetría y percepción visual óptima en tiendas *retail* y muy utilizada para separar secciones. En cambio, cuando se tiene en cuenta el itinerario que va a recorrer el consumidor en el punto de venta las recomendaciones de ubicación son las que muestran en la Tabla 2.1.

Tabla 2.1. Recomendaciones de ubicación de la puerta de acceso en función del itinerario

Situación de la entrada respecto al establecimiento	Consecuencias para el itinerario
Derecha	• Tendencia natural de desplazamiento de las personas. • Se colocará un pasillo con alta rotación. • Establecimientos de alimentación y grandes dimensiones.
Centro	• Establecimientos con secciones muy diferentes. • Establecimientos *retail*.
Izquierda	• No se suele utilizar en la práctica. • Excepción: obligatoriedad arquitectónica.

La colocación de la puerta es fundamental para trazar el recorrido de los clientes en el punto de venta. Una mala decisión puede no incitar la compra por impulso, lo que provocaría un descenso de las ventas.

Actividad propuesta 2.1

Realiza un estudio de una calle comercial de tu municipio. ¿Qué establecimientos cuentan con la puerta de acceso centrada? ¿Consideras que es una decisión óptima? ¿Por qué?

Actividad propuesta 2.2

Enumera establecimientos de tu municipio con la puerta ubicada a la derecha de la fachada del establecimiento comercial. ¿Consideras que esta decisión favorece la circulación dentro del establecimiento? ¿Por qué?

Actividad propuesta 2.3

¿Existe algún establecimiento en tu municipio con la puerta ubicada a la izquierda de la fachada del establecimiento comercial? ¿Por qué consideras que se ha tomado esta decisión?

2.1.2. Fachada

La fachada es el **frontal de un espacio comercial** y en ella se sitúan el resto de elementos exteriores: puerta y sistemas de acceso, rótulo, iluminación exterior, toldo, escaparate y hall del establecimiento. Estos elementos

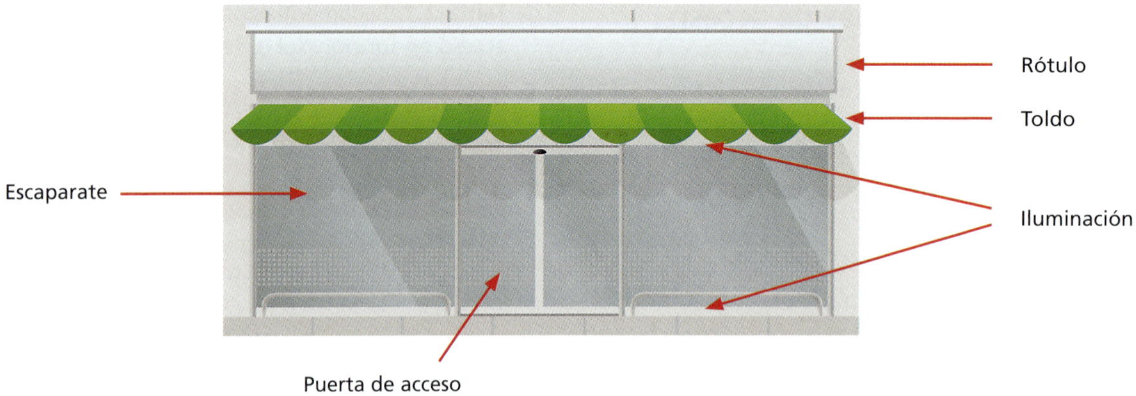

Figura 2.3. Elementos de una fachada.

se deben diseñar teniendo en cuenta el tipo de fachada para que todo el conjunto resulte llamativo pero a la vez uniforme.

El diseño de todos los elementos exteriores debe cumplir con la normativa de urbanismo y patrimonio que tenga el edificio o zona de ubicación. También hay que considerar los elementos externos que no se puedan modificar: acera, árboles, farolas, etc., que afectan de un modo directo a la visualización del espacio comercial.

Las técnicas de merchandising en algunos casos se ven limitadas por «la armonía arquitectónica del edificio», incidiendo en la determinación del color del toldo o coartando la idoneidad de la colocación de la puerta de acceso. Estas características en algunas ocasiones, suponen un obstáculo en la toma de decisiones de implantación de determinadas marcas comerciales.

Existen dos **tipos de fachada,** en función de la ubicación del espacio comercial:

1. **Fachada exterior:** el emplazamiento del establecimiento se encuentra en la calle, lo que debe tenerse en cuenta a la hora de elegir los materiales, expuestos a las condiciones meteorológicas y la seguridad: puertas con cierre de seguridad, rejas, persianas metálicas, etcétera.
   - Fachada antigua: es la que corresponde a un diseño clásico de la misma, acorde con el resto del edificio donde se implanta, normalmente edificios tradicionales.
   - Fachada moderna: diseño vanguardista, se caracteriza por grandes acristalamientos con acceso de mucha luz natural al punto de venta.
2. **Fachada interior:** el emplazamiento del establecimiento se encuentra en el interior de un centro comercial, galería comercial o grandes almacenes. Las características del espacio comercial van a condicionar el diseño de los diferentes establecimientos que se ubiquen dentro del mismo, algo que viene condicionado por el contrato que se firma. En este contrato se establecen ciertos servicios que proporciona el centro comercial: seguridad, temperatura ambiente, instalación eléctrica, así como ciertas limitaciones como, por ejemplo, el ancho de fachada permitido o la ubicación dentro del centro comercial en función del sector comercial al que pertenezca.

2.1.3. Vía pública como elemento publicitario

La vía pública es cualquier espacio de dominio común por donde transitan los peatones o circulan los vehículos. La acera facilita el acceso a los espacios comerciales, es un bien de uso común de titularidad pública y, por tanto, su mantenimiento, limpieza y gestión corresponde al ayuntamiento. El encargado de un establecimiento comercial también contribuye al estado y conservación de la acera que está a los pies de su establecimiento para atraer a los peatones que circulan por ella.

La vía pública como elemento publicitario es una acción comercial que está en alza. Hay que tener en cuenta que para utilizar un elemento publicitario en una vía pública es necesario obtener el permiso correspondiente por parte del ayuntamiento.

Las principales técnicas de merchandising que se realizan en la vía pública son:

- **Elementos decorativos:** plantas, flores, etc. que guían a la entrada del establecimiento aportando estímulos visuales y olfativos al potencial cliente para acceder al punto de venta.
- **Alfombras en la entrada** o incluso en toda la calle comercial: esta técnica es muy habitual como reclamo publicitario en épocas de navidad. Tanto

asociándose como individualmente los establecimientos comerciales ofrecen un verdadero ambiente lúdico festivo que incita a la compra.

- **Mobiliario urbano:** conjunto de piezas y equipamiento instalado para varios propósitos en la vía pública. La publicidad instalada en mobiliario urbano es un sistema de atracción para el peatón que circula o visualiza la acera. Ejemplo: «La nueva botella de Solán de Cabras sale a la calle» es un reclamo de consumo general hacia un bien o servicio, en este caso el agua mineral de la marca Solán de Cabras.

Info

A través del siguiente código QR podrás acceder a la noticia «La nueva botella de Solán de Cabras sale a la calle».
http://controlpublicidad.com/2011/03/09/solan-de-cabras-sale-a-la-calle

Figura 2.4. La imagen muestra una calle comercial de Sevilla con diferentes reclamos publicitarios en la vía pública.

- **Campañas de muestra:** muy utilizado en perfumerías. Las degustaciones también utilizaban en un principio la acera como soporte publicitario pasando a realizarse en la actualidad en el interior del punto de venta.
- **Cartelería apoyada en la acera por diferentes soportes:** es un tipo de publicidad que muestra la oferta del día y emite el mensaje «estoy aquí» al viandante que pasa por delante del establecimiento. El problema de este tipo de publicidad es su fragilidad, ya que con cualquier tipo de incidencia meteorológica, o incluso un viandante despistado puede provocar la desaparición de la promoción.
- **Otros:** cualquier suporte publicitario que utilice la acera como base para ofertar un bien o servicio o anunciar un punto de venta. Ejemplo: elementos interactivos en la acera del punto de venta.

2.1.4. Rótulo exterior

El rótulo exterior es un signo o denominación que sirve para dar a conocer al público un establecimiento y para distinguirlo de otros, destinados a actividades idénticas o similares. El rótulo muestra el nombre o logotipo del punto de venta y es su signo de identidad: **proporciona información visual descriptiva (imágenes, colores, texto, etc.) de un punto de venta**.

Recuerda que

Los rótulos son la publicidad exterior por excelencia: informan de la localización del punto de venta y suponen un elemento diferenciador frente a la competencia.

La señalización exterior constituye una de las formas de comunicación visual más directa y efectiva, tanto para localizar un establecimiento, como para reforzar la imagen del mismo. Muchos establecimientos son identificados por el consumidor por su logotipo: símbolo formado por imágenes o letras que sirven para identificar una empresa o marca (ejemplo: El Ganso, McDonald´s).

Las **características** que debe tener un rótulo son:

- Visualización: para cumplir su función principal tiene que ser visible para el público objetivo. Por tanto, hay que evitar estructuras que dificulten su visibilidad así como repetirse las veces que se considere necesario para una perfecta información del establecimiento, siempre respetando la integridad de la fachada.
- Perfecto estado de conservación.
- Limpieza.
- Correcto funcionamiento de la iluminación, en el caso de carteles luminosos.
- Identificación de la actividad cuando se considere necesario.

Las **ventajas** que representa la utilización de rótulos son las siguientes:

- Eficacia: numerosos estudios demuestran que los rótulos se leen. Basta observar que cuando se ponen carteles especiales de promoción o rebajas, entran muchos más clientes a los establecimientos.

- Bajo coste y sencillo mantenimiento: son bastante más asequibles que cualquier otro medio publicitario.
- La instalación no requiere grandes inversiones.
- Practicidad y efecto continuado: muestran el punto de venta 24 horas al día y 365 días al año.

Info

A través del siguiente código QR puedes ampliar la información sobre el régimen jurídico del rótulo del establecimiento en la Ley de Marcas.

http://noticias.juridicas.com/base_datos/Privado/l17-2001.html

Sabías que

Los rótulos de un establecimiento pueden constituirse en base a (normativa vigente sobre marcas):

- Nombres patronímicos, razones sociales y denominaciones de las personas jurídicas.
- Denominaciones de fantasía.
- Denominaciones alusivas a la actividad del establecimiento.
- Anagramas.
- Cualquier combinación de signos que se mencionan en los apartados anteriores.

Existen diferentes tipos de rótulos. En **función del material** que se utiliza para su realización, existen rótulos, entre otros, de:

- **Aluminio:** permiten diferentes acabados, por ejemplo, se pueden lacar en diversos colores según elección del cliente, rotularse en vinilo o vinilo impreso. Es un material ligero y noble y garantiza su durabilidad al exterior.
- **Acero inoxidable:** utilizado en letras recortadas que pueden ir pegadas a la fachada o al escaparate, pudiéndose iluminar y retroiluminar.
- **Metacrilato:** material altamente resistente al exterior con un aspecto liso y brillante.
- **PVC:** es un material plástico y ligero. Se caracteriza por ser un material económico y de alta durabilidad. Admite diversos espesores: 5, 10 y 19 mm. Se corta o fresa según diseño por medio de ordenador.
- **Vinilo:** compuesto termoplástico de resina de polivinilo, tenaz y flexible, que se emplea como material publicitario, entre otros usos.

En **función de la iluminación** puede ser:

- **Rótulo retroiluminado:** material translúcido que aporta luz artificial al cartel desde su interior. La iluminación se realiza principalmente mediante leds o tubos fluorescentes de bajo consumo.
- **Rótulo no luminoso:** no cuenta con luz artificial, por tanto en el momento que la luz natural desaparece su visibilidad queda a disposición del sistema de iluminación municipal.
- **Rótulo con iluminaria:** rótulo de cualquier material sobre el que se pone una marquesina con una o varias líneas de iluminación.
- **Rótulo de iluminación indirecta:** rótulo de cualquier material sobre el que se proyecta una luz exterior, por ejemplo mediante focos.

En **función de su ubicación** distinguimos:

Rótulo de fachada:

- Materiales: acero inoxidable, aluminio,etcétera.
- Ubicación: en la fachada exterior del establecimiento.

Rótulo colgante:

- Materiales: madera, aluminio, metracrilato,etcétera.
- Ubicación: en los extremos de la fachada del establecimiento.

Rótulo adhesivo:

- Material: vinilos.
- Ubicación: en la parte superior del escaparate. Se aplica directamente sobre el cristal del escaparate en una zona a la altura de la vista.

La utilización de un tipo de rótulo u otro así como la elección de los materiales dependerán del diseño de la arquitectura exterior del establecimiento, de las condiciones establecidas en el contrato del propietario (venta o alquiler), de la normativa existente y de la imagen exterior que se quiera ofrecer de forma que se individualice al establecimiento diferenciándolo de la competencia.

2.1.5. Iluminación exterior

La iluminación del exterior de un punto de venta permite una correcta visualización de todos sus elementos, así como la posibilidad de resaltar y crear efectos visuales sobre aquellos bienes o servicios que resulten más atractivos.

La fachada debe presentar una luz atractiva que presente perfectamente nuestro producto. Tanto los rótulos como las luces de la fachada deben atraer al viandante, pero no saturarle. El conjunto de luz nunca debe deslumbrar.

A la hora de diseñar la iluminación exterior de un espacio comercial, hay que diferenciar si posee luz natural o no:

- **Establecimientos comerciales exteriores:** cuentan con luz natural.
  La luz natural es la propia del lugar donde se encuentra el establecimiento, es un elemento incontrolable, ya que su intensidad y dirección varían a lo largo del día y en función de la época del año. El diseñador del espacio comercial tiene que considerar cómo afecta la luz natural a la ubicación del establecimiento comercial. Como única opción, no es la mejor elección, ya que no destaca los elementos de la fachada y depende siempre de las condiciones meteorológicas; por lo que se aconseja acompañarla de luz artificial.

Sabías que

La luminosidad de la luz artificial se mide en lux (lx): unidad de intensidad de iluminancia del Sistema Internacional de Unidades.

- **Establecimientos comerciales interiores:** no cuentan con luz natural.
  Normalmente están ubicados dentro de un emplazamiento comercial (centro comercial). El único medio para visualizar el punto de venta es mediante luz artificial, ya que la luz natural que llega al punto de venta es muy escasa. La principal ventaja frente a la luz natural es que tanto intensidad como dirección se controlan en su totalidad y, el principal inconveniente, es su coste. La tecnología ha conseguido reducir el consumo de electricidad de estos elementos, rebajando su coste y cuidando el medio ambiente mediante, por ejemplo, la iluminación led.
  Un local comercial interior contará con dos tipos de iluminación:
  - Iluminación del centro comercial: proporciona una iluminación funcional que permite visualizar el área de circulación y los diferentes carteles y áreas del centro; iluminan todo el espacio y se fijan en el techo.
  - Iluminación de los locales: cuenta con una iluminación principal para iluminar tanto el exterior como el interior del punto de venta, y de una iluminación secundaria que se utiliza para iluminar objetos concretos, destacándolos, creando efectos de sombras y composiciones que realzan el producto del establecimiento comercial.

Figura 2.5. Iluminación del pasillo central de un centro comercial.

Vocabulario

Flagship store **o «tienda insignia»:** establecimiento más representativo de una marca, caracterizado por tiendas que ocupan grandes espacios en las calles más emblemáticas y representativas de las grandes ciudades que ofrecen todo el catálogo de productos disponibles de la marca. La ubicación se escoge en edificios singulares acompañados de proyectos originales de interiorismo que ofrecen una auténtica experiencia de compra al consumidor.

Caso práctico 2.1

Iluminación con led en Bershka (*Flagship store* de Valencia).

Con la ayuda de tu dispositivo móvil, escanea el siguiente código QR para acceder al caso práctico «Iluminación con Led en Bershka» de Philips.

http://www.lighting.philips.es/casos/casos/moda/bershka-valencia.html

Una vez hayas completado la lectura, indica qué tipo de iluminación se utiliza en el caso práctico expuesto.

Solución:

La iluminación del punto de venta es exterior, permitiendo una correcta visualización de todos los elementos de la fachada del establecimiento.

La fachada presenta una luz atractiva y dinámica, con los detalles de iluminación descritos, dotando al exterior del punto de venta con diferentes tonos de blanco.

Los productos de iluminación utilizados en este proyecto fueron desarrollados a partir de luminarias Philips StyliD que proporcionan luz de alta calidad, un haz impactante y una eficacia lumínica sobresaliente. Es la solución energéticamente eficiente idónea para los exigentes entornos comerciales de hoy en día, ya que tiene la opción perfecta para una amplia variedad de aplicaciones de iluminación.

Adaptado de: PHILIPS. *Our stories. Saving energy beyond LED. Casos Philips* [en línea]. [Fecha de consulta: 28 enero 2016] Disponible en: http://www.lighting.philips.es/casos/casos/moda/bershka-valencia.html

2.1.6. El toldo y su colocación

El toldo forma parte de la arquitectura exterior del establecimiento. Se trata de un medio de comunicación que ayuda al cliente a visualizar y localizar un punto de venta.

En este apartado vamos a considerar este elemento como parte de la primera imagen que percibe el cliente del establecimiento y no simplemente como un elemento que protege de las inclemencias meteorológicas o deslumbramientos, funciones que realiza pero que no son significativas como técnica de merchandising.

Figura 2.6. La imagen muestra un toldo realizado en forja, acorde con el diseño de la calle y cumpliendo con la función principal del mismo: proteger de las inclemencias meteorológicas al establecimiento comercial.

El toldo debe cumplir los siguientes requisitos técnicos:

- **Colocación:** siempre que la normativa lo permita, se debe integrar en la fachada, encima del escaparate y sin tapar el rótulo; respetando la arquitectura artística de la fachada.
- **Medidas:** es un factor relevante. Nunca debe tapar el escaparate, ni molestar al peatón que circula por la acera. La distancia de la acera al toldo desplegado debe ser como mínimo de 2,30 m.
- **Seguridad:** no debe entorpecer ningún elemento ni instalación del espacio comercial, necesita anclajes seguros y materiales que soporten el viento.
- **Serigrafía:** impresa en la parte central del toldo desplegado con el nombre o logotipo del punto de venta. También se puede utilizar, si los tiene, los laterales del toldo (no recomendable).
- **Limpieza y buen estado:** los elementos exteriores transmiten la imagen interior del punto de venta.
- **Color:** siempre que lo permita el edificio donde se encuentra el emplazamiento, debe tener un color representativo del establecimiento comercial.
- **Nivel de visibilidad óptimo:** para determinar la mayor o menor nitidez de visión a través de un tejido de toldos, hay que analizar varios factores:
  - La abertura: nos permite evaluar el paso de luz solar por las aberturas del tejido.
  - El color del tejido: cuanto más oscuro sea, menos luz solar pasará a través del mismo.

  En conclusión, cuanto mayor sea el factor de abertura y más claro sea el color, se verá a través del tejido de forma más nítida.
- **Material:** el más utilizado son las lonas extensibles (manuales o automáticas). Para conseguir el confort visual más adecuado a cada situación particular es

necesario que el tejido tenga el valor de transmisión visual más conveniente:

- El tejido con fibra de vidrio presenta dos artículos para exterior. El primero posee un intervalo de transmisión visual de un 11-19 % y el segundo presenta un intervalo de transmisión visual de un 6-16 %
- El tejido con fibra de poliéster de alta tenacidad también presenta dos variedades. La primera posee un intervalo de transmisión visual de un 16-26 % mientras que la segunda presenta un intervalo de transmisión visual de un 2-12 %.
- El tejido con hilos de poliéster de alta tenacidad recubiertos con un plastisol y los tejidos con tejeduría de punto por urdimbre presentan un intervalo de transmisión visual de un 4-18 %.

En todas las opciones, el valor del intervalo de transmisión visual mayor corresponde al color blanco y el valor inferior al color negro.

Hay que tener en cuenta que las nuevas tecnologías desarrollan nuevos tejidos continuamente, así como nuevas técnicas (por ejemplo, toldos con iluminación interior) y que en todo momento se debe considerar el ahorro energético y evitar el efecto invernadero.

2.1.7. Escaparate

El escaparate es la **principal técnica de merchandising** de la arquitectura exterior de un establecimiento. Existen múltiples definiciones del concepto de escaparate. Por ejemplo, la Real Academia Española lo define como «espacio exterior de las tiendas, cerrado con cristales, donde se exponen las mercancías a la vista del público».

Desde un punto de vista comercial, el escaparate es la herramienta más potente con la que cuenta el vendedor.

Figura 2.7. Imagen de un escaparate «tipo» dentro de un centro comercial.

Las principales funciones de un escaparate son:

- **Identificar el punto de venta:** el peatón que observa un escaparate, debe reconocer solo con mirarlo si se trata de una marca en concreto, una tienda de lujo o, por el contrario, una tienda de ultramarinos.
- **Punto de información:** la función principal de un escaparate es informar a los potenciales clientes sobre innovaciones, productos, precios o promociones del espacio comercial.
- **Representación atractiva y atrayente** del interior del punto de venta: un escaparate debe llamar la atención de un consumidor e incitarle a entrar al establecimiento, su exposición debe ser coherente con el contenido del interior del punto de venta.

Actividad propuesta 2.4

Realiza un análisis de la arquitectura exterior de la imagen que aparece en la Figura 2.7.

2.1.8. Hall del establecimiento

El hall del establecimiento es el espacio físico existente a la entrada de un punto de venta. Este concepto se contempla principalmente en espacios comerciales exteriores y con un diseño tradicional. Actualmente es un elemento que no se incluye en la arquitectura exterior de un espacio comercial.

El hall es la **antesala del punto de venta,** en muchos casos es la zona donde se ubica la puerta y el escaparate. Al ser un espacio semicerrado confiere una sensación de haber sido acogido por el establecimiento. Las técnicas de merchandising deben ser muy cuidadosas para realzar el escaparate y estimular los cinco sentidos en este espacio para lograr el acceso al interior del punto de venta.

No se debe olvidar que es una zona que debe cuidarse con una máxima limpieza porque ya no estamos en la acera, sino en el punto de venta.

2.2. Normativa y trámites administrativos en la implantación externa

La puesta en marcha de nuestra empresa comienza con la tramitación de diferentes documentos en los cuales vamos a comunicar a diversos organismos (Hacienda, Ayuntamiento, etc.) las características de nuestro negocio y todos los requisitos legales que se exigen, según la normativa vigente.

Para dar una visión más clara de toda la documentación necesaria, según el tipo de forma jurídica elegida, vamos a dividir en dos bloques los trámites legales de apertura:

1. Proceso de constitución e inicio de actividad.
2. Trámites municipales para ejercer la actividad.

2.2.1. Proceso de constitución e inicio de actividad

Iniciar una actividad económica empresarial o profesional origina un conjunto de obligaciones, algunas anteriores al inicio de la actividad y otras que deben cumplirse durante su desarrollo. La persona física o jurídica que realice la apertura del establecimiento comercial tiene que cumplir con los requisitos fiscales y laborales que exige la Administración, según el sistema de constitución que elija para tramitar su actividad. Estos trámites son de obligado cumplimiento para poder desarrollar la actividad del establecimiento comercial.

En las siguientes páginas web se desarrolla toda la información necesaria para poder gestionar el proceso de constitución de una empresa adoptando cualquiera de las formas jurídicas posibles:

- www.camaras.org
- www.ipyme.org
- www.ventanillaempresarial.org
- www.creatuempresa.org
- www.sepe.es
- www.ico.es
- www.circe.es
- www.aeat.es
- www.seg-social.es

La creación de empresas por Internet ofrece la posibilidad de realizar los trámites de constitución y puesta en marcha del empresario individual por medios telemáticos, evitando así desplazamientos al emprendedor y produciendo un ahorro sustancial en tiempo y costes. Para ello deberá cumplimentar el Documento Único Electrónico (DUE), a través de Internet o mediante un Punto de Atención al Emprendedor (PAE).

El seguimiento de toda la documentación se puede realizar a través de Internet.

Los pasos que se realizan a través de la tramitación telemática son los siguientes:

1. Cumplimentar el DUE.
2. Tramitar la Seguridad Social.
3. Comunicar el inicio de actividad a la Agencia Tributaria.

2.2.2. Trámites municipales para ejercer la actividad

Se debe solicitar la licencia de actividad para poder iniciar la actividad. Esta solicitud se realiza en el ayuntamiento del municipio en el que se ejercerá dicha actividad. Hay distintos tipos:

- Licencia de actividades e instalaciones y obras.
- Licencia de funcionamiento.
- Licencia de saneamiento.

Además, existen diferentes normas exigibles para el desarrollo de la actividad:

- Si el establecimiento comercial requiere de una zona de carga y descarga: solicitud y vado de aparcamiento con el pago correspondiente.
- Gestión de residuos: impuesto por recogida de basura.
- Tasa por rótulos o elementos externos publicitarios.
- Ley de accesibilidad para personas discapacitadas.
- Certificado de seguridad: busca que el establecimiento cumpla con las normas de seguridad en lo concerniente a extintores, salidas de emergencia, botiquín de primeros auxilios y demás mecanismos y herramientas de seguridad que permitan en un momento dado atender una emergencia que se presente dentro del local.
- Normativa sobre contaminación acústica.
- Exposición a la vista de la lista de precios de los artículos a la venta.
- Si se utiliza música ambiental: realizar el pago de los derechos de autor correspondientes.

Respecto al coste de la licencia de apertura e inicio de actividad, tenemos:

- Tasas del ayuntamiento: se calculan en cada local en función de la relevancia de la calle comercial, tamaño del local y tipo de actividad.
- Coste del informe o proyecto técnico: dependerá de la complejidad del proyecto: no es lo mismo un proyecto en el cual se realizan obras o permisos especiales que el coste de un proyecto sin necesidad de modificación del local.

Actividad propuesta 2.5

Investiga qué trámites municipales se deben realizar en tu municipio para la apertura de un pequeño establecimiento comercial dedicado a la venta de ropa de segunda mano.

¿Se pueden realizar dichos trámites municipales mediante medios telemáticos?

2.3. Arquitectura interior del establecimiento comercial

El diseño de la arquitectura interior del establecimiento depende de múltiples factores; no es lo mismo un local nuevo que uno antiguo o uno exterior que uno interior. Dependiendo de las diversas opciones, así variarán las decisiones sobre la distribución interna de los elementos arquitectónicos.

Figura 2.8. Imagen del interior de un punto de venta.

Los elementos que componen la arquitectura interior del espacio comercial son:

1. **Techo:** estructura superior que determina la altura del espacio comercial. Actualmente supone un elemento más de la decoración en cuyo interior se sitúa la iluminación, el aire acondicionado, el sistema contraincendios e incluso puede contener la instalación de la música ambiental.

   Para poder instalar todos estos elementos se recurre al falso techo y al techo flotante:

   – El falso techo se instala aproximadamente a 15-50 cm del techo real en el cual se realizan todas las instalaciones necesarias, quedando así ocultas y con un diseño exterior acorde con el resto del punto de venta. Los materiales que se suelen emplear son placas de escayola, que permiten diferentes diseños y colores para conseguir el efecto deseado.
   – El techo flotante constituye una instalación similar al falso techo, pero con la peculiaridad de que solo cubre ciertas zonas, ofreciendo un diseño específico que permite mostrar diferentes volúmenes en la parte superior del espacio comercial.

   Si el espacio comercial no cuenta con una altura suficiente se recomienda mantener el techo original y optar por iluminación led o lámparas. El resto de instalaciones se debe realizar en las paredes.

2. **Paredes:** estructuras laterales que sostienen el edificio y se utilizan como expositores de los bienes y servicios del punto de venta. Suponen una base fundamental para aplicar las técnicas de merchandising del espacio comercial. Hay dos tipos de paredes en un espacio comercial:

   – Fijas o pilares del edificio: no se pueden modificar, pero sí admiten elementos decorativos e incorporar color, texturas, etc. acordes con el diseño interior del punto de venta.
   – Nuevas o prediseñadas: pueden adoptar la forma y utilidad que el diseñador considere óptima para el punto de venta: expositores, imágenes, pared de acento, etcétera.

3. **Suelo:** cubrir suelos y paredes supone vestir el establecimiento comercial. El revestimiento de suelos sigue modas y tendencias que marcarán un estilo del punto de venta acorde al surtido que ofrece.

   Existe una amplia variedad de materiales y acabados para suelos, la calidad y durabilidad del mismo dependerá de la elección realizada. Entre los principales materiales destacan: pavimentos de madera, cerámicas, piedra, ladrillos, revestimientos pintados, etc. Los materiales que ofrecen un aspecto cercano y cálido siempre tienen aceptación general. Hay que destacar que la elección de la madera siempre es una opción que expresa naturalidad y elegancia.

   La función principal del suelo, junto a la estética, es asegurar la capacidad para superar un tráfico intenso, la durabilidad, la abrasión, la humedad, etc. La vida útil que se espera de un suelo oscila desde uno hasta veinte años. Por lo tanto, es importante la elección de una superficie duradera, sobre la que siempre se pueden añadir diversos revestimientos temporales que combinen color y diseño.

¿Sabías que

La mezcla de formatos da lugar a composiciones variadas con las que se consiguen superficies de gran dinamismo, idóneas para «animar» el espacio comercial.

Actividad propuesta 2.6

Realiza un análisis de la arquitectura interior de la Figura 2.8.

2.4. Distribución de la superficie de venta

La distribución de la superficie de venta supone realizar la planificación de todos los elementos que conforman el interior del punto de venta. Las primeras preguntas que se deben formular serán: ¿cómo distribuyo el espacio comercial?, ¿cuántos m^2 destino a la sala de ventas? Para tomar la decisión hay que tener en cuenta que el espacio disponible adecuado es limitado y con un coste determinado. En contrapartida, el surtido con el que cuenta un establecimiento es amplio y hay que considerar las nuevas tendencias de consumo que implican un aumento de la oferta comercial. Estas afirmaciones ponen de manifiesto la importancia de la distribución de la superficie de venta.

En el comercio tradicional, la sala de ventas ocupaba aproximadamente el 50 % de la superficie total, situación que impedía dotar de vida al producto, ya que el consumidor solo podía acceder a él mediante su solicitud al vendedor. El espacio restante de la superficie se destina a almacenaje (50 %). La aparición del libre servicio ha cambiado esta proporción: el producto es el protagonista de la sala de ventas acompañado de técnicas de merchandising que lo colocan de forma atractiva y atrayente para el consumidor. El almacén pasa a un segundo plano, reposición y tallaje, ya que todo el surtido se sitúa en la sala de ventas: el 80 % de la superficie se destina a la sala de ventas y el 20 % restante se utiliza para el almacén, cajas de cobro, oficinas, etc.; situación que permite utilizar técnicas de merchandising inexistentes en el comercio tradicional.

Una vez tomada la primera decisión, se deben colocar los accesos de entrada y salida, la línea de caja así como la zona del escaparate; identificar y localizar las zonas calientes y frías del punto de venta; distribuir secciones, pasillos de circulación, mobiliario, etc. Es decir, realizar el *layout* del establecimiento o esquema de distribución, siempre teniendo en cuenta el objetivo último del espacio comercial: máxima rentabilidad sin olvidar satisfacer las necesidades del cliente propiciando el recorrido por toda la superficie de venta.

2.4.1. Zonas calientes y frías

La tendencia natural de un cliente al entrar a la sala de ventas es ir, en un primer momento, hacia la derecha para posteriormente girar a la izquierda, evitando los fondos esquina del punto de venta. En realidad, este hecho confirma la importancia de la distribución y la existencia de diferentes puntos en la superficie de ventas:

- Las **zonas frías** son aquellos lugares del establecimiento cuyo rendimiento a nivel de ventas está por debajo de la media general: zona alejada de la entrada, esquinas, etcétera.
- La **zonas calientes** son aquellos lugares del establecimiento cuyo rendimiento a nivel de ventas está por encima de la media general: cabeceras de góndola, zona de cajas, etcétera.

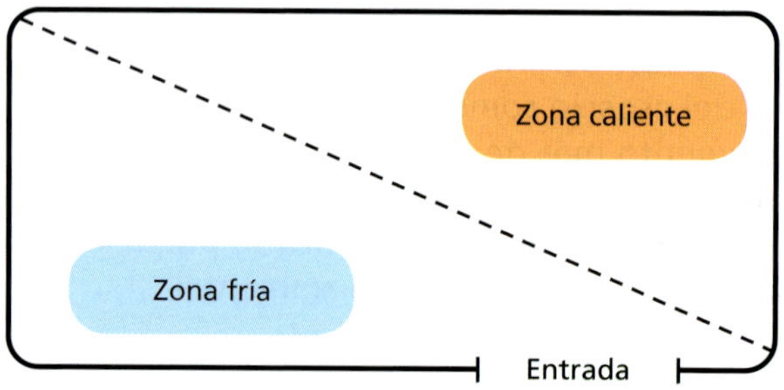

Figura 2.9. Distribución de los puntos de venta.

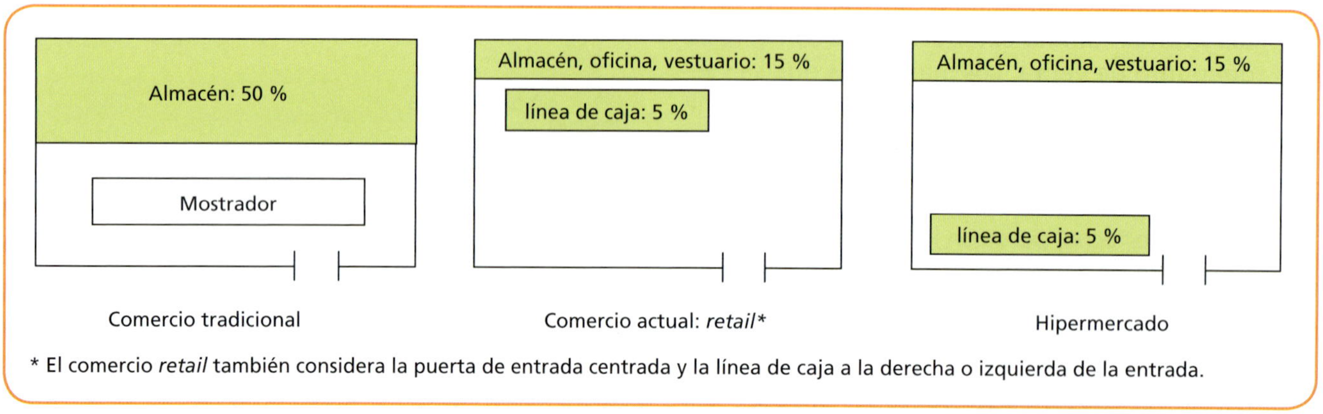

Figura 2.10. Disposición del local de un comercio tradicional/autoservicio.

El 70 % de los clientes que entran en un punto de venta solo recorren las zonas calientes, por lo tanto, hay que intentar que el mayor espacio posible esté dentro de las denominadas zonas calientes.

El establecimiento debe contar con el mayor número de metros cuadrados compuestos por zonas calientes, ya sean naturales o artificiales:

- **Zona caliente natural:** está formada por la propia arquitectura del local y la disposición del mobiliario en el punto de venta.
- **Zona caliente artificial:** está formada por técnicas de merchandising que consiguen transformar zonas frías en zonas calientes. Las principales técnicas de merchandising son:
  - Situar la puerta de entrada de la sala de ventas a la derecha, dejando un 25 % del espacio total a la derecha de la misma para ampliar el recorrido que deben realizar los clientes.
  - Colocar en las esquinas y en el fondo del punto de venta productos básicos o de primera necesidad en el caso de la alimentación; ofertas y vestuarios, en textil.
  - Las zonas consideradas frías deben tener una buena iluminación, para resaltar los productos.
  - Colocar las promociones hacia zonas que en un principio eran frías para favorecer la circulación de los clientes.
  - Tener los lineales ordenados, música ambiental y, por supuesto, limpieza en todo el punto de venta.
  - Ofrecer una circulación agradable por el punto de venta con pasillos amplios y señalización adecuada.

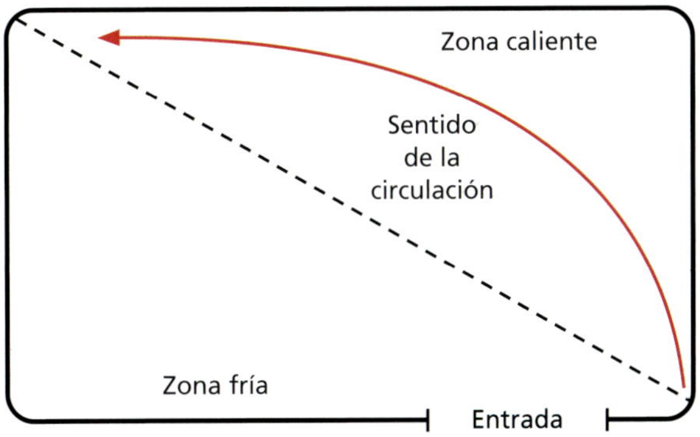

Figura 2.11. Sentido de la circulación en el punto de venta.

El merchandiser debe conseguir un espacio comercial que logre alcanzar el 100 % de zonas calientes en su superficie comercial para rentabilizar el punto de venta. El objetivo, por tanto, del merchandiser es transformar el número máximo de zonas frías en calientes.

Actividad propuesta 2.7

Clasifica los siguientes elementos en función de la clasificación del Apartado 2.4.1. Zonas calientes y frías.

- Rincones.
- Pasillos sin salida.
- Isla.
- Trastienda.
- Góndola.
- Zona de cajas.
- Congeladores.

Actividad propuesta 2.8

Los elementos clasificados como zonas calientes en la actividad anterior, ¿son naturales o artificiales?

2.4.2. Flujo de circulación

La entrada del establecimiento debe ser amplia y abierta. Es el elemento que indica el inicio del flujo de circulación, así como la visualización del interior del punto de venta. La señalización de la entrada va a permitir al consumidor obtener la información necesaria para iniciar el recorrido por el punto de venta.

Sabías que

El **flujo de circulación** consiste en un diagrama que establece el itinerario del consumidor en el punto de venta. Se realiza sobre plano, trazando flechas que marcan el recorrido en base a la distribución interna que se realice en el espacio comercial: pasillos, secciones, islas, vestuarios, cajas, etc.. en función de la identidad del punto de venta.

El flujo de circulación tiene dos funciones principales:

1. Incitar al consumidor a recorrer la totalidad de la superficie comercial.
2. Facilitar las compras en el punto de venta.

Recuerda que

El consumidor no debe sentirse «obligado» a realizar un recorrido predeterminado para adquirir un producto, el punto de venta debe facilitar el acceso al producto.

El ritmo de circulación depende del tipo de cliente que accede al establecimiento. El itinerario se tiene que realizar teniendo en cuenta la velocidad y el tipo de compra de los diferentes consumidores y el circuito o recorrido.

La velocidad y el tipo de compra de los diferentes consumidores

Ambos van a determinar la disposición de los diferentes elementos en el punto de venta. Dependiendo de la velocidad con la que nuestro cliente va a realizar el proceso de compra, dispondremos los diferentes elementos.

- **Rápido:** secciones bien señalizadas. El cliente adquiere el producto, lo paga y sale del establecimiento.
- **Medio:** promociones durante el recorrido, bienes de primera necesidad al fondo, amplios pasillos, etc. permiten un recorrido tranquilo pero efectivo.
- **Lento:** cuenta con tiempo suficiente para recorrer la superficie total del establecimiento. Sin ser consciente de ello, va siguiendo el itinerario marcado por el diseñador del punto de venta con una temperatura y música adecuada: observa el bien, compara precios, etc.; es decir, disfruta del punto de venta. El cliente que pasa más tiempo en el punto de venta, recorre más longitud y compra más cantidad.

El circuito o recorrido

A la hora de diseñar el circuito o flujo de circulación del espacio comercial hay que recordar las reglas que establece Henrik Salen (1987):

- Los clientes tienden de forma natural a dirigirse a la derecha del establecimiento.
- La circulación se realiza en sentido contrario a las agujas del reloj.
- Suelen moverse por la mitad inicial del establecimiento y únicamente el 10 % accede al fondo del punto de venta.

Es evidente que en los establecimientos comerciales de tamaño pequeño no tiene mucho sentido marcar el flujo de circulación. Sin embargo, en las grandes superficies siempre se tienen en cuenta estas consideraciones, eligiendo la estrategia a seguir según el sector del establecimiento. Los elementos que determinan la circulación de los clientes son los siguientes:

- **Pasillos:** su planificación e implantación debe favorecer la circulación en la sala de ventas y el acceso a las diferentes secciones, guardando una distancia mínima entre estanterías y mobiliario del punto de venta. Existen tres tipos de pasillos:
  - **De aspiración:** su recorrido es desde la entrada del establecimiento hasta el fondo, en línea recta, guiando al consumidor hasta el final del punto de venta. Su estructura es más ancha (4,5 × 9 metros) que el resto de pasillos y es el espacio perfecto para situar promociones y, al final del recorrido, artículos de consumo habitual, como por ejemplo el pan.
  - **Principales:** son pasillos anchos y largos, pero de dimensiones más reducidas que el pasillo de aspiración (aproximadamente sobre 2,7 metros de ancho). En puntos de venta de dimensiones más reducidas, sustituyen al pasillo de aspiración. Su función consiste en permitir cruzar el punto de venta con facilidad.
  - **Transversales:** su recorrido permite realizar la compra fácilmente entre las diferentes secciones. Su estructura es más estrecha y profunda que la de los principales (1,80 a 3 metros de ancho).
- **Cuellos de botella:** son puntos donde se producen estrechamientos de pasillos, que dificultan la velocidad de circulación, ralentizando la marcha en determinadas zonas.

  Hay dos tipos:
  - *Cuellos de botella artificiales:* elementos decorativos, estand de degustaciones, expositores, etc., que provocan un estrechamiento del pasillo en algún punto.
  - *Cuellos de botella naturales:* el estrangulamiento de la circulación o la aglomeración de los clientes se produce por falta de personal, requerimientos del servicio o por cualquier otro motivo no intencionado. Son el reflejo de una mala gestión, dando una imagen negativa del punto de venta.

  En ambos casos, la ralentización de la marcha provoca una mayor atención sobre aquellos productos que se encuentran más próximos al consumidor, siendo un espacio perfecto para potenciar la compra espontánea. Asimismo, una espera excesiva provoca un efecto negativo en el consumidor llegando a ocasionar hasta el cambio de establecimiento comercial.
- **Colocación de los productos:** la colocación estratégica del surtido en el punto de venta favorece la circulación del cliente, colocando, por ejemplo, aquellos productos de consumo habitual en puntos fríos de la superficie de ventas.

¿Sabías que

La atracción de un producto en una estantería es provocada en un 35,5 % por el embalaje; en un 26 % por el precio; en un 20,5 % por la memorización y en un 18 % por un aspecto particular.

- **Señalización y ambientación:** cartelería, marcas en el suelo y planos de situación en el punto de venta, melodías musicales, anuncios sonoro, etc.; el objetivo es facilitar la localización del producto en el punto de venta y crear un ambiente agradable.
- **Cabeceras de góndola:** son las posiciones dentro del punto de venta, situadas en los extremos de los lineales y, por su excelente ubicación, son los espacios que tienen mayor demanda a nivel promocional. Atraen al consumidor durante su recorrido, llamando su atención de una manera especial por las promociones, la renovación periódica y la presentación del producto acompañado de llamativos elementos de merchandising.

Asimismo, hay que considerar que en el caso de que el espacio comercial cuente con más de una planta se debe tener en cuenta el diseño de las escaleras (tradicional o mecánica), la colocación de los ascensores o ambos elementos.

¿Sabías que

Cuando en un punto de venta se quiere agilizar el proceso de compra se utiliza música rápida y, por el contrario, se ralentiza mediante música lenta.

2.4.3. Secciones

Una sección es un **conjunto de bienes o servicios expuestos al público** conjuntamente en un espacio físico limitado.

El cálculo del Coeficiente de Ocupación del Suelo (COS) analiza la realidad de la sala de ventas, las secciones, así como la exposición del surtido en el lineal.

En un sistema de autoservicio, el producto tiene que estar expuesto (si no se ve, no se compra). Esta situación puede llevar a una exposición excesiva de referencias en el punto de venta, lo que, puede saturar al cliente; hay que encontrar un equilibrio entre la exposición de la oferta comercial y la no saturación. El COS es un indicador que ayuda a encontrar este equilibrio en el punto de venta.

COS (%) = Longitud del lineal del suelo/Superficie de la sala de venta (m^2)

Un COS elevado indica:

1. Que la sala de ventas dispone de muchos muebles de exposición de productos.
2. Que se aprovecha al máximo el espacio para la exposición de productos.
3. Que los pasillos son estrechos y pueden provocar agobio de los clientes.

Se debe intentar disminuir el COS para lograr una mayor satisfacción de los clientes.

Actividad propuesta 2.9

Un establecimiento comercial cuenta con una superficie de ventas de 1.200 m^2 y 200 muebles expositores de 1,5 metros de longitud con capacidad para cuatro alturas. Calcula el COS.

2.4.4. Diseño del *layout* del establecimiento

El *layout* es el **esquema de distribución de un establecimiento comercial** que tendrá en cuenta las zonas calientes y frías, el flujo de circulación y las diferentes secciones.

Tabla 2.2. Secciones de un supermercado y un hipermercado

Autoservicios	Supermercado	Hipermercado
Alimentos no perecederos	Todas las anteriores	Todas las anteriores
Bebidas y licores	Pescadería	Artículos de deporte
Productos lácteos	Panadería y bollería	Artículos para automóviles
Carnicería	Menaje	Calzado
Charcutería	Textil	Música
Frutas y verduras	Papelería	Tecnología
Congelados	Bricolaje	Otros

Vocabulario

***Layout*:** técnica de merchandising que potencia las ventas mediante la correcta distribución del establecimiento comercial.

El *layout* define la estrategia sobre la disposición de los elementos: puerta de entrada, líneas de caja, pasillos, secciones, etc., con el objetivo de obtener el máximo rendimiento del punto de venta.

Los objetivos de un establecimiento comercial al realizar el *layout* son:

- Aplicar elementos de merchandising en la distribución de la planta.
- Conseguir que los clientes potenciales recorran la máxima superficie posible del punto de venta, optimizando el recorrido de circulación.
- Presentar un punto de venta cómodo y atractivo al consumidor.
- Identificar las zonas frías y calientes naturales del establecimiento comercial, para crear zonas calientes artificiales, optimizando la superficie de ventas.
- Rentabilizar el punto de venta.
- Distribución óptima del surtido: artículos de consumo diario se colocarán en los extremos-fondo del punto de venta; artículos que favorecen la compra por impulso y con un alto margen en ubicaciones estratégicas; artículos en promoción o lanzamiento en las cabeceras de góndola; artículos de marcas conocidas en ambos lados de los lineales a una altura óptima.
- Diseñar la imagen del establecimiento comercial.

El *layout* presentará diseños diferentes dependiendo del tipo de establecimiento, ya que no es lo mismo un esquema de distribución de un comercio dedicado a la moda en el centro de un municipio que en un centro comercial.

Se trata de una estrategia comercial a largo plazo, aunque si por diversos motivos, como por ejemplo, cambios en el comportamiento del consumidor, se tiene que modificar admite reestructuraciones en el diseño inicial.

Caso práctico 2.2

Realiza una visita a un hipermercado de tu municipio y elabora el *layout* de la superficie de ventas.

Solución:

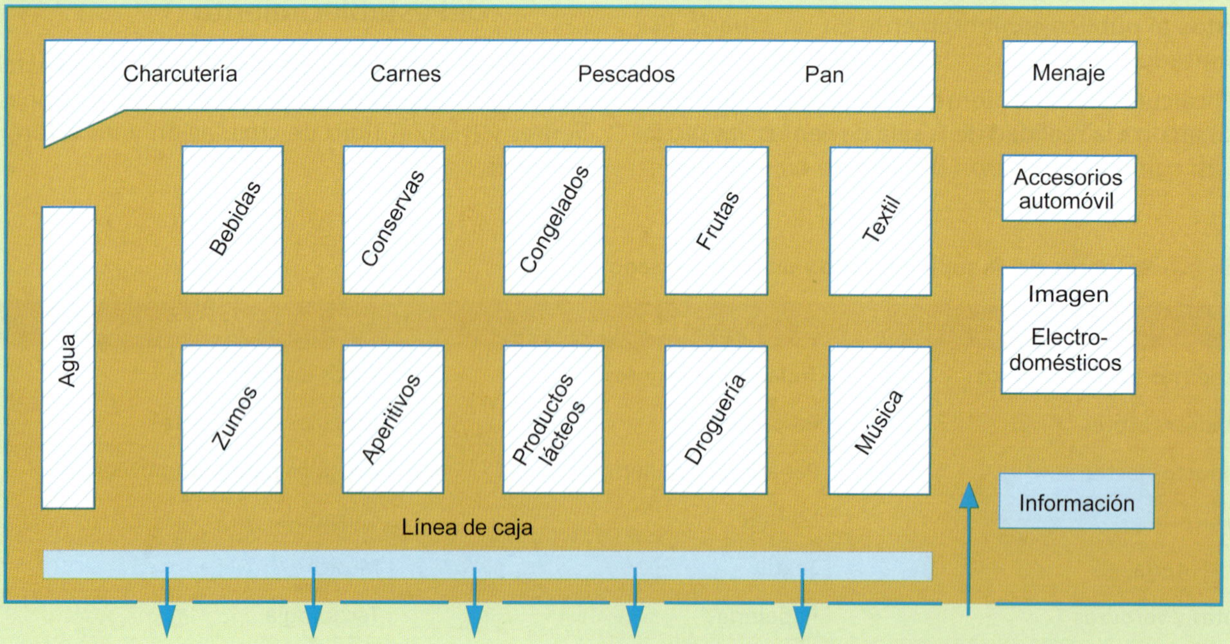

¿Sabías que

El término *layout,* no forma parte del diccionario de la Real Academia de la Lengua (RAE) ya que es un concepto inglés cuya traducción literal es «plan» o «disposición».

Actividad propuesta 2.10

Elabora el *layout* de:

1. Un pequeño establecimiento comercial.
2. Un supermercado.
3. Una gran superficie.

2.5. Mobiliario de la superficie de venta

Una vez establecido el recorrido que favorece al máximo la circulación del consumidor, disminuidas o eliminadas las zonas frías, creadas las secciones y diseñados los pasillos y la planta del punto de venta; el siguiente elemento necesario en el diseño interior de la planta es la selección del mobiliario como elemento-soporte de presentación del bien o servicio que se va a ofertar. Su diseño, estado, color y limpieza realzarán el producto o provocarán el efecto contrario.

Vocabulario

Mobiliario: conjunto de muebles que sirven para facilitar las actividades habituales del punto de venta, entre otros.

2.5.1. Disposición del mobiliario

Saint Cricq y Bruel (1975) establecen las siguientes disposiciones del mobiliario:

- **Disposición libre:** consiste en colocar el mobiliario sin ninguna forma regular.
- **Disposición recta en parrilla:** consiste en colocar el mobiliario en forma recta respecto a la circulación de los clientes.
- **Disposición en espiga:** consiste en colocar el mobiliario en forma oblicua respecto a la circulación de los clientes.
- **Disposición sesgada:** combinación de la disposición en parrilla y sesgada.

Disposición libre:

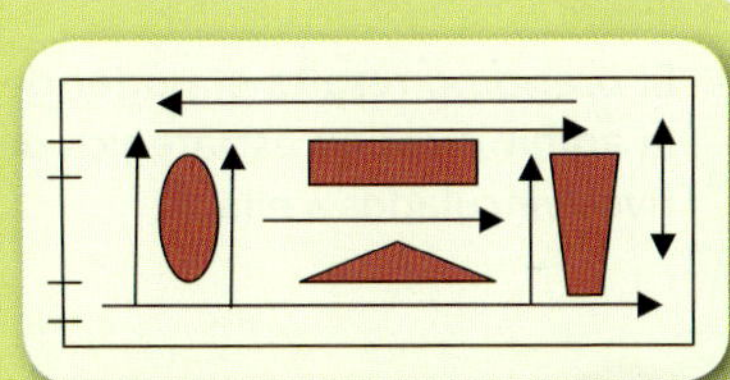

Ventajas:

1. Personalización.
2. Diseño.
3. Creatividad.

Inconvenientes:

1. Coste elevado.
2. Difícil modificación.

Disposición recta en parrilla:

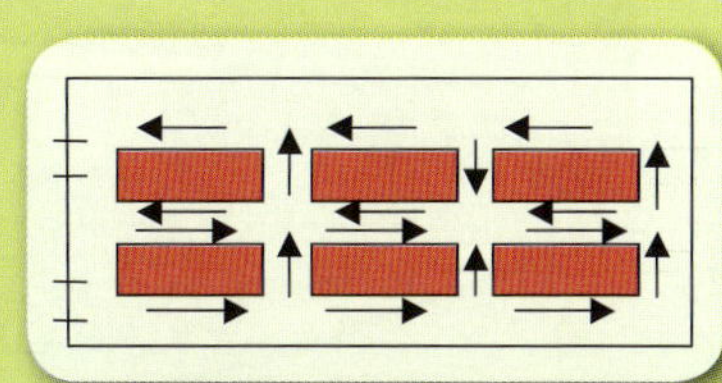

Ventajas:

1. Aprovechamiento del espacio.
2. Facilita el recorrido por el punto de venta.
3. Sector: alimentación.

Inconvenientes:

1. No existe la seguridad de que el cliente siga el flujo de circulación marcado.
2. Diseño funcional.

Disposición en espiga:

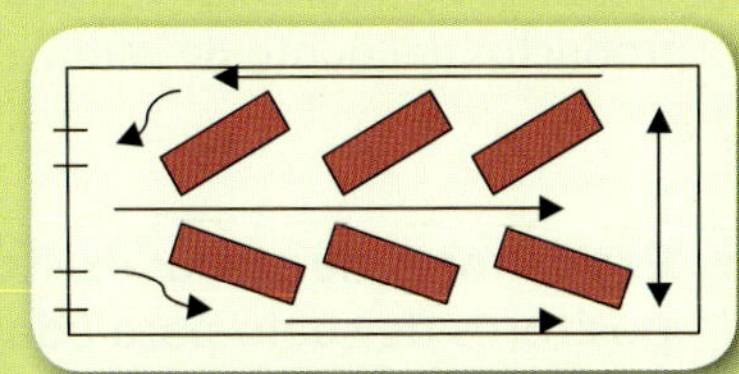

Ventajas:

1. Guía el recorrido por el punto de venta.
2. Permite visualizar varias góndolas a la vez.
3. Fomenta la compra por impulso.

Inconvenientes:

1. Desaprovechamiento del espacio.
2. Diseño funcional.

Disposición sesgada:

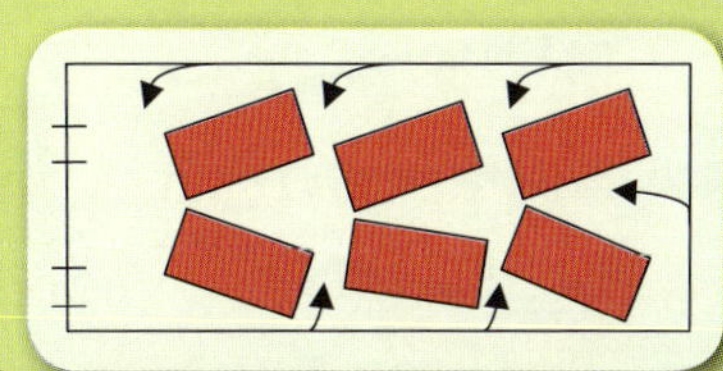

Ventajas:

1. Aprovechamiento del espacio.
2. Facilita el recorrido por el punto de venta.
3. Permite visualizar varias góndolas a la vez.

Inconvenientes:

1. No existe la seguridad de que el cliente siga el flujo de circulación marcado.
2. Diseño funcional.

Figura 2.12. Disposición del mobiliario en el interior del punto de venta.

Otras disposiciones:

- **Disposición abierta:** permite una visualización total del punto de venta, con una colocación libre del mobiliario.
- **Disposición cerrada:** el punto de venta se divide en secciones, dotando a cada sección de una identificación propia y diferenciadora del resto.

2.5.2. Tipos de mobiliario

Cuando una persona accede al interior de un establecimiento comercial espera encontrar el bien o servicio que le ha incitado a entrar. La exposición adecuada facilitará esta situación, para ello el interior del punto de venta tiene que seleccionar el mobiliario que más se adapte a sus características.

El mobiliario será diferente dependiendo del tipo de establecimiento.

En la actualidad existe una gran gama de mobiliario comercial que se adapta a cada tipo de establecimiento, de fácil instalación, coste adecuado y capaz de ajustarse a las modificaciones de exposición de producto. La elección de cada tipo de mueble dependerá del estilo propio del punto de venta, del producto que se va a exponer, de la cantidad del mismo y de la perfecta conservación del producto (por ejemplo, en la sección de congelados de un supermercado es necesario que el producto que se expone no pierda sus propiedades).

Figura 2.13. Mobiliario de un punto de venta textil.

Figura 2.14. Mobiliario de un hipermercado.

El equipamiento de todo espacio comercial debe ser capaz de adaptarse a posibles modificaciones de la disposición elegida en un principio y debe ser acorde a la imagen que quiera dar el punto de venta, así en una cadena comercial todo el mobiliario respetará la identidad de la marca.

Entre los distintos tipos de mobiliario, destacan los siguientes:

- **Mostrador de caja:** es un elemento tanto tradicional (del comercio tradicional) como vanguardista, constituyendo en algunos establecimientos comerciales el elemento principal de *branding* acompañado de una pared de impacto detrás. Puede llevar vitrina, accesorio expositor o no, en función de las características del punto de venta, y siempre va a contar con un medio de pago (caja registradora, TPV, etcétera).

¿Sabías que

El *branding* resalta el poder de una marca, mediante la administración estratégica del conjunto total de activos vinculados a ella.

Recuerda que

Los establecimientos comerciales tradicionales siguen utilizando el mostrador como mobiliario principal, en el cual es necesario un vendedor para dispensar los productos del punto de venta.

- **Expositores de suelo:** existe gran variedad de expositores de suelo para adaptarse a las diferentes necesidades del punto de venta. Entre los más habituales destacan:
  - **Góndolas:** estanterías con dos módulos contrapuestos que ofrecen espacio para la exposición y el almacenaje al mismo tiempo. La cabecera de góndola se utiliza para mostrar ofertas, promociones o lanzamiento de productos.

- **Vitrinas:** mobiliario expositor que se caracteriza porque el producto está protegido mediante un cristal. Son muy empleadas en joyerías o, de forma general, para evitar hurtos y preservar el producto que se expone.
- **Mesas:** elemento expositor sencillo utilizado para mostrar artículos pequeños a baja altura. También se utilizan como base para diferentes tipos de expositores.
- **Muebles estand:** mobiliario temporal, específico de las marcas comerciales, destinado a promociones, degustaciones, etcétera.
- **Estanterías murales:** expositores de una sola cara, colocados en una pared del punto de venta.
- **Islas:** exposiciones en el interior del punto de venta cuyo objetivo es provocar la compra compulsiva de los consumidores que pasan por delante.
- **Pilas:** presentación en masa de un producto en su sección para destacarlo de los demás productos que lo rodean.

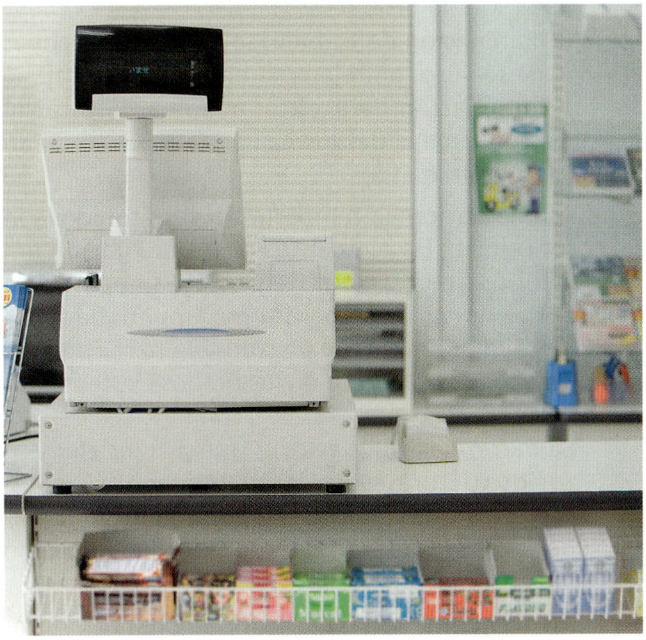

Figura 2.15. Mostrador de caja.

- **Mobiliario especial:** está adaptado a las características del producto a exponer o a la estructura del punto de venta. Entre otros, destacan:
  - **Contenedores a granel:** mobiliario que expone la mercancía en el punto de venta conforme llega en la paleta de transporte, sin modificar unidades, ni realizar una colocación específica.
  - **Contenedores presentadores:** mobiliario compuesto por un cubo metálico con rejas, en cuyo interior se exhibe el producto.
  - **Dispensadores:** mobiliario que dosifica la mercancía que se quiere adquirir.
  - **Congeladores y frigoríficos:** mobiliario específico de establecimientos de alimentación que permite mostrar el producto conservándolo en condiciones óptimas.

Figura 2.16. Congelador/expositor de un hipermercado.

Todo el mobiliario se complementa con barras, ganchos y elementos de sujeción que facilitan la adaptación del mobiliario a cambios de decisión sobre la colocación del surtido y su implantación en el punto de venta.

2.6. Ambiente del establecimiento

El consumidor accede a un punto de venta a adquirir aquel producto que necesita o que le ha llamado la atención, pero en la actualidad existen multitud de establecimientos que ofrecen una variedad de productos similares a simple vista, el ambiente del espacio interior del punto de venta puede ser el elemento que haga que un establecimiento se diferencie de la competencia pasando a ser percibido por el consumidor como «único».

Vocabulario

Ambientación: colocación y distribución en un lugar de todos los elementos necesarios para lograr la decoración y el contexto deseado.

Para lograr el ambiente deseado en un punto de venta se deben combinar diferentes elementos centrados en el consumidor y en su comodidad a la hora de realizar la compra:

- **Medios físicos:** son todos los elementos estudiados en la presente unidad referentes a la arquitectura interior del punto de venta y a la distribución y mobiliario de su superficie. Su estudio, coordinación y posterior implantación se deben centrar en motivar al cliente en su proceso de compra.
- **Medios psicológicos:** existen diferentes técnicas que van a permitir influir en el proceso de compra de un consumidor en el punto de venta:
  - **Precio:** la presentación de un precio ejerce cierto efecto psicológico en la elección de un producto en un punto de venta. Por ejemplo: manzanas a 2,99 euros, no es lo mismo que manzanas a 3 euros. Realmente la diferencia de precio es un céntimo, pero está demostrado que el consumidor percibe como un producto mucho más caro el marcado como «3 euros».
  - **Presentación repetida:** cuando un producto está expuesto en un punto de venta en varios lugares estamos hablando de presentación repetida. Por ejemplo, un jersey en el lineal correspondiente y el mismo jersey en una isla promocional en la cual resalta el precio.
  - **Oferta agrupada:** medio psicológico utilizado para promover diversas ofertas expuestas habitualmente en una zona fría con unos diseños atractivos y acompañadas de carteles de oferta o promoción.
- **Medios de estímulo:** la temperatura, la iluminación, el olor y la acústica de un punto de venta son, entre otros, son elementos fundamentales en la ambientación que se perciben desde los cinco sentidos impulsando el ritmo e incidiendo en el proceso de compra del consumidor.

Tabla 2.3. Tipos de ambientación sensorial

Tipos	Elementos de merchandising
Sonora	• Materiales de construcción. • Música ambiental. • Mensajes sonoros.
Visual	• Iluminación. • Colores. • Medios audiovisuales. • Cartelería. • Espejo. • Colocación del mobiliario.
Táctil	• Montaje de estand de demostración de productos. • Posibilidad de probar ciertos juguetes, equipos informáticos, etc.
Gustativa	• Estand de degustación de productos.
Olfativa	• Ambientadores en el punto de venta.

¿Sabías que

Los acabados duros (piedra, hormigón, etc.) pueden resultar ruidosos al caminar, en cambio los acabados blandos (moqueta, alfombras) amortiguan el ruido y ambientan zonas más tranquilas.

- **Iluminación:** los interiores comerciales se iluminan para destacar los productos y guiar el proceso de compra del consumidor.

  La iluminación tiene como objetivos:

  ✓ Crear ambientes.
  ✓ Despertar emociones.
  ✓ Influir de forma positiva en la compra.
  ✓ Ofrecer una imagen característica de la marca.

  Los principales tipos de iluminación de un establecimiento comercial son, entre otros:

  ✓ **Iluminación general:** guía al cliente por las zonas de circulación, sin interferir en la iluminación de productos.
  ✓ **Iluminación de trabajo:** se aplica en las zonas de servicio, por ejemplo en la línea de cajas.
  ✓ **Iluminación de acento:** ayuda a destacar el producto (se desarrolla con más profundidad en la Unidad 5).

- **Ambientación:** la temperatura y los sonidos son los principales elementos de ambientación del interior de un punto de venta. Es importante acondicionar la temperatura del punto de venta de tal manera que sea agradable para comprar independientemente de los grados existentes en el exterior.

  La barrera acústica se consigue con los elementos estructurales del punto de venta, acompañados de diferente ambientación musical dependiendo del tipo de establecimiento y de la época del año.

- **Medios humanos:** consiste en ambientar el punto de venta con personas que promocionan un producto o al propio punto de venta. Ejemplos: personajes destacados en la moda, en dibujos animados, prensa, etc. que con su presencia atraen a clientes; azafatas que promocionan un producto en un punto de venta de un período determinado, etcétera.

Los principales instrumentos para el control de la implantación del punto de venta son:

1. **Índice de circulación:** número de clientes que pasan por delante de una zona/número de clientes que entran en el punto de venta.

2. **Índice de atracción:** número de clientes que paran en una zona/número de personas que pasan por la zona.
3. **Índice de compra:** número de clientes que compran en una zona/número de clientes que paran en la zona.

2.7. Normativa de seguridad e higiene

La distribución interior del punto de venta es un factor decisivo a la hora de rentabilizar el punto de venta, pero siempre se debe realizar considerando la legislación actual, en concreto, la normativa de seguridad e higiene.

2.7.1. Normativa de seguridad

Quien utiliza la sala de venta, debe respetar unas normas de seguridad para los **elementos eléctricos** así como conocer las medidas **contraincendios**.

Con respecto a los elementos eléctricos, se deben cumplir las siguientes normas:

- Si no se está autorizado, no tocar las instalaciones eléctricas.
- Informar a la mayor brevedad al servicio de mantenimiento de cualquier anomalía.
- Respetar la señalización de seguridad.
- No sobrecargar los enchufes.
- Antes de utilizar un equipo eléctrico, revisar si tiene alguna anomalía.
- El local debe contar con alumbrados especiales, que facilitan la evacuación rápida al exterior, manteniéndolo iluminado.

Las medidas mínimas de seguridad que debe cumplir la sala de ventas **frente a riesgos de incendios** son:

- **Protección estructural:** es el conjunto de elementos que actúan como barrera ante el avance del fuego. Debe disponer de muros o paredes cortafuegos que dividen el local en zonas aisladas entre sí llamadas sectores de incendios, de puertas contraincendios, del aislamiento de huecos de escalera y ascensores mediante puertas o cerramientos con alta resistencia al fuego, de techos resistentes al fuego que impidan su propagación, de aberturas en el techo para la salida de humos.
- **Puertas de salida de emergencias:** deben ser de fácil accesibilidad y estar muy bien señalizadas.
- **Mobiliario y elementos de decoración:** debe evitarse el uso de materiales combustibles, fácilmente inflamables que desprendan gases tóxicos o asfixiantes en su combustión.
- **Detectores de incendios:** avisan de la existencia de un incendio.
- **Extintores:** deben situarse en lugares muy visibles y de fácil acceso y revisarse una vez al año.
- **Boca de agua:** provista de una manguera, con una longitud que permita llegar a cualquier lugar.

Figura 2.17. Las salidas de emergencia deben estar correctamente señalizadas y libres de obstáculos para su fácil acceso.

2.7.2. Seguridad e higiene en el trabajo

La Constitución Española emplaza a los poderes públicos a velar por la seguridad e higiene en el trabajo.

El complimiento de este mandato ha de ser, necesariamente, el resultado de una serie de políticas dirigidas a proteger la salud de los trabajadores.

El Instituto Nacional de Seguridad e Higiene en el Trabajo (INSHT), de acuerdo con lo dispuesto en el artículo 5.3 del Real Decreto 39/1997, de 17 de enero, por el que se aprueba el Reglamento de los Servicios de Prevención, tiene entre sus cometidos el relativo a la elaboración de Guías destinadas a la evaluación y prevención de los riesgos laborales.

El Real Decreto 485/1997, de 14 de abril, por el que se establecen las disposiciones mínimas de seguridad y salud en los lugares de trabajo, encomienda de manera específica, en su disposición final primera, al Instituto Nacional de Seguridad e Higiene en el Trabajo, la elaboración y el mantenimiento actualizado de una Guía Técnica de carácter no vinculante para la evaluación y prevención de los riesgos relativos a la utilización de los lugares de trabajo.

El INSHT se encarga de publicar guías actualizadas que proporcionan a los empresarios y a los responsables de prevención la interpretación y aplicación del citado Real Decreto, especialmente en lo que se refiere a la evaluación de riesgos para la salud de los trabajadores involucrados y en lo concerniente a medidas preventivas aplicables.

Definiciones

- «Comercio minorista de alimentación»: todo establecimiento donde se realiza la venta al comprador final de los productos alimenticios destinados al consumo humano, incluyendo las bebidas y cualesquiera sustancias que se utilicen en la preparación o condimentación de los alimentos.
- «Sala de ventas»: la parte del establecimiento que se destina a exposición de productos, estancia del público y normal remate del acto de compra. No forman parte de la «sala de ventas» las superficies destinadas a oficinas, trastiendas, almacén y otras dependencias de acceso restringido, ni tampoco los servicios higiénicos del local, aunque sean asequibles al público en general.
- «Trastienda o almacén de reserva»: la parte del establecimiento donde se almacenan los productos destinados a la reposición de las existencias de la «sala de ventas».

Figura 2.18. El personal dedicado a la venta de productos alimenticios debe mantener máxima pulcritud, en su aseo personal. Utilizará en su trabajo vestuario y utensilios exclusivos y adecuados a su función y en correcto estado de limpieza.

Condiciones generales de los lugares de trabajo

1. El empresario deberá adoptar las medidas necesarias para que la utilización de los lugares de trabajo no origine riesgos para la seguridad y salud de los trabajadores o, si ello no fuera posible, para que tales riesgos se reduzcan al mínimo.
2. El diseño y las características constructivas de los lugares de trabajo deberán ofrecer seguridad frente a los riesgos de resbalones o caídas, choques o golpes contra objetos y derrumbamientos o caídas de materiales sobre los trabajadores. El diseño y las características constructivas de los lugares de trabajo deberán también facilitar el control de las situaciones de emergencia, en especial en caso de incendio, y posibilitar, cuando sea necesario, la rápida y segura evacuación de los trabajadores.
3. Orden, limpieza y mantenimiento. Los lugares de trabajo, incluidos los locales de servicio, y sus respectivos equipos e instalaciones, se limpiarán periódicamente y siempre que sea necesario para mantenerlos en todo momento en condiciones higiénicas adecuadas. A tal fin, las características de los suelos, techos y paredes serán tales que permitan dicha limpieza y mantenimiento. Se eliminarán con rapidez los desperdicios, las manchas de grasa, los residuos de sustancias peligrosas y demás productos residuales que puedan originar accidentes o contaminar el ambiente de trabajo.
4. Las zonas de paso, salidas y vías de circulación de los lugares de trabajo y, en especial, las salidas y vías de circulación previstas para la evacuación en casos de emergencia, deberán permanecer libres de obstáculos de forma que sea posible utilizarlas sin dificultades en todo momento.
5. Las operaciones de limpieza no deberán constituir por sí mismas una fuente de riesgo para los trabajadores que las efectúen o para terceros, realizándose a tal fin en los momentos, de la forma y con los medios más adecuados.
6. Los lugares de trabajo y, en particular, sus instalaciones, deberán ser objeto de un mantenimiento periódico, de forma que sus condiciones de funcionamiento satisfagan siempre las especificaciones del proyecto, subsanándose con rapidez las deficiencias que puedan afectar a la seguridad y salud de los trabajadores. Si se utiliza una instalación de ventilación, deberá mantenerse en buen estado de funcionamiento y un sistema de control deberá indicar toda avería siempre que sea necesario para la salud de los trabajadores.
7. La exposición a las condiciones ambientales de los lugares de trabajo no debe suponer un riesgo

para la seguridad y la salud de los trabajadores. Asimismo, y en la medida de lo posible, las condiciones ambientales de los lugares de trabajo no deben constituir una fuente de incomodidad o molestia para los trabajadores. A tal efecto, deberán evitarse las temperaturas y las humedades extremas, los cambios bruscos de temperatura, las corrientes de aire molestas, los olores desagradables, la irradiación excesiva y, en particular, la radiación solar a través de ventanas, luces o tabiques acristalados.

8. La iluminación de cada zona o parte de un lugar de trabajo deberá adaptarse a las características de la actividad que se efectúe en ella, teniendo en cuenta:

a) Los riesgos para la seguridad y salud de los trabajadores dependientes de las condiciones de visibilidad.

b) Las exigencias visuales de las tareas desarrolladas.

9. Los lugares de trabajo dispondrán de agua potable en cantidad suficiente y fácilmente accesible.

10. Los lugares de trabajo dispondrán de vestuarios cuando los trabajadores deban llevar ropa especial de trabajo y no se les pueda pedir, por razones de salud o decoro, que se cambien en otras dependencias. Los vestuarios estarán provistos de asientos y de armarios o taquillas individuales con llave, que tendrán la capacidad suficiente para guardar la ropa y el calzado. Los armarios o taquillas para la ropa de trabajo y para la de calle estarán separados cuando ello sea necesario por el estado de contaminación, suciedad o humedad de la ropa de trabajo. Cuando los vestuarios no sean necesarios, los trabajadores deberán disponer de colgadores o armarios para colocar su ropa.

11. Los lugares de trabajo dispondrán, en las proximidades de los puestos de trabajo y de los vestuarios, de locales de aseo, con retrete, espejos, lavabos con agua corriente, caliente si es necesario, jabón y toallas individuales u otro sistema de secado con garantías higiénicas. Dispondrán además de duchas de agua corriente, caliente y fría, cuando se realicen habitualmente trabajos sucios, contaminantes o que originen elevada sudoración. En tales casos, se suministrarán a los trabajadores los medios especiales de limpieza que sean necesarios.

12. Asimismo, se debe disponer de un equipo material de primeros auxilios.

LA IMPLANTACIÓN: ELEMENTOS INTERIORES Y EXTERIORES

ARQUITECTURA EXTERIOR DEL ESTABLECIMIENTO COMERCIAL

- Puerta y Sistemas de acceso
- Fachada
- Vía pública como elemento publicitario
- Rótulo exterior
- Iluminación exterior
- El toldo y su colocación
- Escaparate
- Hall de entrada

NORMATIVA Y TRÁMITES ADMINISTRATIVOS EN LA IMPLANTACIÓN EXTERNA

- Proceso de constitución e inicio de actividad
- Trámites municipales

ARQUITECTURA INTERIOR DEL ESTABLECIMIENTO COMERCIAL

- Elementos
  - Techo
  - Paredes
  - Suelo
- Distribución de la superficie de venta
  - Zonas calientes y /frías
  - Flujo de circulación
  - Pasillos
  - Secciones
  - *Layout*
- Mobiliario de la superficie de venta
  - Disposición: libre, recta en parrilla, en espiga y sesgada.
  - Tipos: mostrador de caja, expositores de suelo y mobiliario especial.
  - Ambiente del establecimiento. Estimular los cinco sentidos.

NORMATIVA DE SEGURIDAD E HIGIENE

- Normativa de seguridad
- Seguridad e higiene en el trabajo

Actividades de comprobación

2.1. La fachada exterior del establecimiento no está compuesta por:

a) Hall.
b) Escaparate.
c) Entrada.
d) Secciones.

2.2. El establecimiento comercial que cuenta con varias puertas de entrada:

a) Favorece el tráfico comercial.
b) Supone una técnica de merchandising.
c) Tiene mayores posibilidades de hurto.
d) Todas las respuestas anteriores son correctas.

2.3. Las técnicas de merchandising que no se realizan en una vía pública son:

a) Colocación de flores y plantas.
b) Emplazamiento de la línea de cajas.
c) Colocación de expositores exteriores.
d) Degustaciones.

2.4. El rótulo exterior varía:

a) En función del material que se utiliza para su realización.
b) En función de la iluminación.
c) En función de su ubicación.
d) Todas las respuestas anteriores son correctas.

2.5. El Real Decreto 381/84, de 25 de enero, regula:

a) Condiciones generales del establecimiento.
b) Condiciones de los materiales.
c) Condiciones del personal.
d) Todas son verdaderas.

2.6. El local de un autoservicio se distribuye:

a) 80 % sala de ventas y 20 % almacén.
b) 60 % sala de ventas y 40 % almacén.
c) 90 % sala de ventas y 10 % almacén.
d) 50 % sala de ventas y 50 % almacén.

2.7. La técnica que persuade al cliente a recorrer el punto de venta, es:

a) El ambiente del establecimiento.
b) Las zonas calientes y las zonas frías.
c) La disposición en parrilla del mobiliario.
d) Todas las respuestas anteriores son correctas.

2.8. ¿Qué es lo que favorece la circulación del cliente por el punto de venta?

a) Pasillos.
b) Islas.
c) Mobiliario.
d) Todas las respuestas anteriores son correctas.

2.9. La disposición del mobiliario recta en parrilla:

a) Consiste en colocar el mobiliario en forma recta respecto a la circulación de los clientes.
b) Facilita la comparación de productos entre sí.
c) Aprovecha el espacio del punto de venta.
d) Todas las respuestas anteriores son correctas.

2.10. La normativa de seguridad e higiene de la sala de ventas de un comercio minorista de alimentación permite:

a) Utilizar vías públicas en sustitución de la «sala de ventas».
b) Recongelar alimentos que hayan podido sufrir cambios de temperatura que les haga perder sus condiciones específicas.
c) Exponer los productos de modo que el público pueda conocer sus características con facilidad.
d) La entrada de animales, siempre que vayan acompañados de sus dueños.

Actividades de aplicación

2.11. Analiza la arquitectura exterior de cinco establecimientos comerciales que se encuentren en el centro de tu municipio.

2.12. El próximo mes está prevista la apertura de un supermercado en tu barrio. Contará con las siguientes secciones:

- Alimentos no perecederos.
- Alimentos perecederos.
- Bebidas.
- Leche y productos lácteos.
- Carnicería.
- Pescadería.
- Charcutería.
- Panadería.
- Alimentos congelados.
- Droguería.

Realiza la distribución de secciones en el supermercado.

2.13. Relaciona el ritmo de circulación de cada tipo de cliente con el tipo de compra a realizar.

2.14. El hipermercado Compra 10, prevé su apertura el próximo año. Para realizar el diseño de su superficie de ventas (3 000 m^2) solicita un estudio al alumnado del ciclo formativo de Grado superior de Gestión de Ventas y Espacios Comerciales. Las secciones con las que va a contar son las que se permiten en un establecimiento comercial de estas características. Realiza el *layout* del punto de venta.

2.15. El hipermercado Compra 10 tiene diversos puntos de zonas frías en su superficie comercial. Señálalos en el plano realizado y enumera diferentes técnicas para crear zonas calientes.

2.16. Realiza la selección del mobiliario de Compra 10.

2.17. Describe el ambiente que debe tener el establecimiento de la actividad anterior.

2.18. Una vez realizado el *layout* del punto de venta de la Actividad 2.14, traza el flujo de circulación que establece el itinerario del consumidor.

2.19. Investiga y realiza una exposición por grupos del diseño interior de alguna de las principales marcas de la cadena Inditex: Zara, Zara Home, Pull&Bear, Massimo Dutti, Bershka, Stradivarius, Oysho y Uterqüe.

2.20. Visita un hipermercado y realiza el *layout* del punto de venta.

Actividades de ampliación

2.21. Lee la siguiente nota de prensa y contesta a las preguntas.

Presentación de los espacios Gourmet Experience, calles del lujo, relojería y joyería y belleza y cuidado personal

El Corte Inglés de Castellana se sitúa a la cabeza de la innovación con nuevos espacios y conceptos

- Tras las obras de construcción y reordenación, el actual complejo de El Corte Inglés cuenta con más de 170 000 m^2 de superficie construida, en torno a 70 000 m^2 de superficie de uso comercial y más de 1 600 plazas de aparcamiento en el centro de la ciudad.
- *Gourmet Experience* ofrece 1 000 m^2 para combinar la degustación y el tapeo de calidad con la venta de productos gourmet.
- Las marcas más prestigiosas y exclusivas de accesorios de moda se instalan en las calles del lujo de El Corte Inglés de Castellana.
- Las principales firmas de joyería y alta relojería se reúnen en un espacio único donde los coleccionistas recibirán una atención especial.
- El nuevo Espacio de Belleza y Salud ofrece estética dental, depilación láser de última generación, tratamientos para la salud, medicina deportiva, asesoría de imagen, centro de bronceado, gimnasio y spa.

Fuente: Grupo El Corte Inglés. *Presentación de los espacios Gourmet Experience, calles del lujo, relojería y joyería, y belleza y cuidado personal.* Nota de prensa (27-10-2011). [Fecha de consulta: 28 enero 2016] Disponible en: http://prensa.elcorteinglescorporativo.es/view_object.html?obj=21,c,3056

a) Investiga y localiza en Internet la imagen de la Torre Titania de El Corte Inglés de Castellana, Madrid, y analiza todos los elementos de su arquitectura exterior.

b) ¿Qué tipo de cliente es el destinatario de este espacio comercial?

c) Define y clasifica «calle del lujo» dentro de un espacio comercial. ¿Te parece una buena iniciativa? Razona la respuesta.

d) Investiga y realiza un resumen sobre la evolución de las ventas de la Torre Titania de El Corte Inglés desde su inauguración (27 de octubre de 2011) hasta la actualidad.

Enlaces web de interés

Agencia Española de Consumo
www.consumo-inc.es

Comercio
www.comercio.gob.es

Instituto Nacional de Seguridad e Higiene en el trabajo
www.insht.es

Cámara de Comercio
www.camaras.org

Emprendedores y PYME
www.ipyme.org

Ventanilla única empresarial
www.ventanillaempresarial.org

Creación de empresas
www.creatuempresa.org

Servicio estatal público de empleo
www.sepe.es

Instituto de crédito oficial
www.ico.es

Centro de información y red de creación de empresas
www.circe.es

Agencia Estatal de la Administración Tributaria
www.aeat.es

Seguridad Social
www.seg-social.es

Boletines oficiales
www.boe.es
www.congreso.es
www.senado.es
www.bde.es

Revista: Marketing+Ventas
revistas.laley.es

3

Escaparatismo: el proyecto de implantación

CONTENIDOS

OBJETIVOS

- Definir los distintos tipos de escaparates y los elementos que lo conforman.
- Comprender la importancia de la temperatura de un escaparate a la hora de realizar un proyecto de implantación.
- Elaborar presupuestos de implantación, valorando económicamente los elementos internos y externos de la misma y determinando los recursos humanos y materiales necesarios.
- Confeccionar cronogramas para organizar los tiempos y trabajos que han de realizarse.
- Aplicar criterios económicos y sociales para la ejecución e implantación del escaparate en el espacio comercial.
- Proponer medidas correctoras ante posibles incidencias surgidas en la implantación.

INTRODUCCIÓN

Una vez estudiada la distribución y la organización así como realizado el análisis de los principales elementos interiores y exteriores de un espacio comercial, la presente unidad profundiza en el elemento clave del módulo: el escaparate. El escaparate es la pieza principal de todo punto de venta, representando en algunos establecimientos comerciales verdaderas obras de arte que invitan al viandante a contemplar su diseño y admirar el artículo o artículos protagonistas de la escena, rodeados de múltiples elementos que incitan la entrada al establecimiento para motivar la compra.

En esta unidad se van a desarrollar los diferentes tipos de escaparates existentes y los elementos que los conforman, analizando la temperatura del mismo, así como los criterios económicos y comerciales de implantación de un escaparate.

3.1. Tipos de escaparates

El escaparate es la tarjeta de presentación de un establecimiento comercial. Su principal función es llamar la atención del viandante, estimulando la entrada al establecimiento e incentivando su objetivo principal: la adquisición del producto.

Recuerda que

El escaparate es el mejor vendedor del punto de venta, dedicando 24 horas diarias a la presentación del establecimiento.

El escaparate es un potente elemento de atracción en marketing. Su diseño e implantación pueden resultar decisivos en la rentabilidad del punto de venta ya que está demostrado que un buen proyecto de escaparatismo incrementa las ventas de un establecimiento comercial.

Antes de iniciar el proyecto de un escaparate, es necesario conocer el espacio disponible (tamaño y fondo) y el tipo de escaparate con el que se quiere trabajar.

La elección dependerá de:

- El tipo de producto que se va a exponer.
- La política comercial del punto de venta.
- Las condiciones de visibilidad del escaparate.
- El emplazamiento comercial: no es lo mismo un escaparate de unos grandes almacenes que un escaparate de una galería comercial considerada un bien de interés cultural y con una arquitectura exterior definida, o que los escaparates de un centro comercial.

Todos estos factores van a ser decisivos a la hora de definir el diseño de un escaparate.

Vocabulario

Implantación (*roll-out*): término utilizado para describir la reproducción de un proyecto de interiorismo en varios emplazamientos diferentes.

Recuerda que

Un escaparate debe cumplir la fórmula AIDA:

A: Atención. I: Interés. D: Deseo. A: Acción.

Los escaparates se clasifican en cuatro grandes grupos:

Según la estructura

Los escaparates pueden ser:

- **Escaparates cerrados:** se caracterizan por disponer de un fondo (pared, panel, etc.) en la parte posterior que los separa del interior del punto de venta, impidiendo la visualización del establecimiento desde el exterior, cuentan con dos paredes laterales y una luna de vidrio en la fachada (espacio cerrado tridimensional). La estructura de este tipo de escaparates permite una gran creatividad ya que el fondo facilita obtener mayor impacto visual. Optimizando la combinación de color e iluminación se pueden obtener múltiples ambientes que realcen los productos a exponer.
- **Escaparates abiertos:** se caracterizan por no disponer de fondo en la parte posterior, lo cual permite visualizar el interior del punto de venta desde el exterior. Esta opción es recomendable en escaparates pequeños para obtener un efecto óptico de mayores dimensiones, pero hay que tener en cuenta que disminuye la atracción del propio escaparate ya que todos los productos expuestos están en la misma línea de visión para el viandante que el movimiento interno del establecimiento. Se debe mantener un interior cuidado y atractivo, en sintonía con el escaparate.

Figura 3.1. Escaparate cerrado. El fondo y las dos paredes laterales presentan el mismo diseño en color blanco, resaltando el maniquí central.

Figura 3.2. Escaparate abierto. El interior del establecimiento se visualiza perfectamente desde el exterior y mantiene una perfecta armonía con el escaparate, realmente parece una continuación del mismo. *Farmacia Camp Nou (Barcelona).*

> **Actividad propuesta 3.1**
>
> Investiga qué sectores utilizan habitualmente cada tipo de escaparate por su estructura y realiza una clasificación de los resultados obtenidos con ejemplos gráficos.

> **Actividad propuesta 3.2**
>
> ¿Qué escaparate consideras más óptimo para atraer la atención de un cliente potencial: abierto o cerrado?

- **Escaparates semiabiertos:** son escaparates abiertos parcialmente, ya sea la mitad superior o la mitad inferior, normalmente están compuestas por una estructura móvil que facilita los cambios de escaparate.

Figura 3.3. Escaparate semiabierto. La parte inferior del escaparate está cerrada y la parte superior abierta pudiéndose visualizar un cuidado espacio interior acorde con el escaparate. *Joyería Pedro Joyeros (Cuenca).*

Según la ubicación

Los escaparates pueden ser:

- **Escaparates de fachada:** como su nombre indica se encuentran en la fachada del establecimiento, son escaparates exteriores que se encuentran a pie de calle. Pueden ser de diversos tipos:
  - Según su tamaño, la clasificación puede variar desde escaparates de cajón alto, que cuentan con un tamaño reducido, hasta escaparates volumétricos que van desde el suelo cubriendo toda la fachada (a partir de la altura mínima recomendable a nivel del suelo: 45-55 cm). Estos últimos son los más empleados ya que permiten un mejor aprovechamiento del espacio. Muchas firmas apuestan por escaparates que cuentan con una gran superficie, ya que otorgan gran sensación de transparencia al punto de venta.

Figura 3.4. Escaparate de cajón alto. Los establecimientos especializados en artículos de pequeñas dimensiones, como joyas, suelen instalar vitrinas para llamar la atención del público. Estos escaparates en miniatura se sitúan a la altura de la vista para permitir un examen detallado de la mercancía. *Joyería Pedro Joyeros (Cuenca).*

  - Según su visibilidad, pueden ser de visibilidad frontal o lateral. Un escaparate de visibilidad frontal cuenta con poco fondo por lo que se disminuye considerablemente la colocación de productos en el mismo, mientras que en un escaparate de visibilidad lateral destaca el fondo y un lateral del escaparate.

    También se distingue el escaparate de esquina que se caracteriza por contar con dos paredes. Un uso inteligente de las agrupaciones de artículos dirigirá los pasos del consumidor a uno y otro extremo del escaparate así como hacia la entrada de la tienda.

Figura 3.5. Escaparate de visibilidad frontal.

Figura 3.6. Escaparate de esquina.

- **Escaparates interiores:** están situados en el interior del punto de venta. Su objetivo es diverso; en algunas ocasiones son elementos de merchandising (islas, vitrinas, maniquís, etc.) que actúan como verdaderos vendedores incentivando a adquirir los productos expuestos, en otras ocasiones su ubicación contribuye a marcar el recorrido de circulación del establecimiento. En todos los casos suponen un atractivo adicional en el punto de venta.

Figura 3.7. Las islas en el punto de venta realzan los artículos expuestos: novedades, ofertas, promociones, etc. y marcan el sentido de la circulación del punto de venta. Su visibilidad por los cuatro lados permite ver los productos desde diferentes ángulos.

- **Escaparates en centros comerciales:** los escaparates dentro de un centro comercial se caracterizan porque no existe separación entre un escaparate de un punto de venta y el de al lado. Esta circunstancia, así como la inclusión de un diseño común definido por el centro comercial, hace más difícil atraer la atención del cliente potencial, así como la diferenciación dentro de un mismo espacio. Esta característica también se puede interpretar como un reto de diferenciación entre los *visual merchandiser*.

¿Sabías que

El *visual merchandiser* es el profesional encargado del diseño exterior e interior del punto de venta.

Algunos puntos de venta dentro de un centro comercial carecen de escaparate por lo que muestran directamente el interior del punto de venta. La innovación es un elemento constante en los centros comerciales, un ejemplo de ello es la propuesta de Westfield Media Group, que ofrece a sus visitantes grandes escaparates digitales interactivos con pantallas táctiles (Westfield Garden State Plaza, Nueva Jersey).

Figura 3.8. El lujoso centro comercial *Westfield Garden State Plaza*, propiedad del Grupo Westfield, está situado en Estados Unidos. *Fuente: commons.wikimedia.org (Creative Commons).*

Actividad propuesta 3.3

Visita la siguiente página web: http://www.digitalavmagazine.com/2014/04/01/westfield-media-group-transforma-sus-centros-comerciales-en-escaparates-digitales-tactiles/ en la cual se presenta como innovación tecnológica la presencia de escaparates táctiles digitales en un centro comercial.

Actividad propuesta 3.4

Analiza la innovación que se describe en la actividad anterior mediante una opinión crítica y realizar en clase un debate sobre la conveniencia o no de esta técnica de escaparatismo en algún centro comercial que conozcáis.

Según la finalidad

Los escaparates pueden ser:

- **Escaparates corrientes:** cuando la función de venta predomina sobre la de imagen. Suelen carecer de diseño y decoración. Exponen una gran cantidad de artículos sin seguir una técnica determinada.
- **Escaparates iniciales o de temporada:** su objetivo principal es anunciar las tendencias de una época del año determinada: primavera, verano, otoño o invierno. La decoración está directamente relacionada con la temática de la temporada. Tienen un diseño cuidado y una renovación frecuente.

Figura 3.9. Escaparate de temporada, en concreto muestra el inicio de la temporada de otoño: textil y complementos. *Abadía de Jábaga (Cuenca).*

Figura 3.10. Escaparate corriente, abierto. La composición no sigue una técnica determinada con múltiples productos en su escaparate. *Mercería La Palma (Cuenca).*

- **Escaparates oportunistas:** se utilizan con motivo de diversas celebraciones, festividades o eventos, como por ejemplo, San Valentín, Halloween o Navidad. Se identifica claramente la temática que quieren transmitir.
- **Escaparates de precio:** se centran en el mensaje del precio de la mercancía. Estos escaparates cobran gran relevancia en período de rebajas. Su diseño muchas veces se limita a un cartel anunciando los descuentos de la tienda y sin prácticamente ninguna decoración, dando a entender que el precio ha dejado el establecimiento sin mercancía.

Figura 3.11. El escaparate con los maniquís sin ropa comunican: «rápido que se acaba».

Recuerda que

Hay que diferenciar los siguientes conceptos:

- *Rebajas:* temporada en la que los productos se ofrecen a un menor precio.
- *Liquidación:* descuento de la mercancía causado por cese, quiebra o reforma del establecimiento.
- *Oferta:* promoción de una sección concreta que se ofrece con un precio más reducido.

- **Escaparates de prestigio:** son los utilizados por las tiendas de lujo. Se caracterizan por sus proyectos de escaparatismo únicos. Transmiten lujo, originalidad y exclusividad. En algunas ocasiones ni siquiera hay productos del establecimiento sino que ofrecen llamativos diseños con el objetivo de crear un misterio que provoque la entrada en el establecimiento. Se distinguen por una decoración sobria y minimalista, con volúmenes cúbicos y espacios limpios.

Figura 3.12. Las marcas de lujo contratan a importantes diseñadores para crear sus escaparates demostrando el prestigio de la marca.

- **Escaparates informativos:** se utilizan cuando se quiere informar de productos nuevos en el mercado o mostrar alguna característica o modificación de productos ya existentes. Se emplean carteles o fotografías que muestran las características del nuevo artículo con un mensaje claro y un diseño cuidado.
- **Escaparates temáticos:** muestran diferentes ambientes en función del estilo de las prendas (puntos de venta textil-moda) o productos que se exhiben, reforzando el protagonismo del objeto de venta. Un tema es el argumento de la presentación de un escaparate, representando ambientes determinados por el diferente carácter del producto que se quiere resaltar. Por ejemplo, una decoración compuesta por pelotas de tenis a diferentes alturas (composición dinámica) en un escaparate de ropa deportiva.
- **Escaparates publicitarios:** van unidos a campañas publicitarias que desarrollan las diferentes marcas en el establecimiento comercial. El montaje habitualmente lo realizan los propios proveedores de las marcas.
- **Escaparates animados:** cuando uno o varios de los elementos expuestos presentan un cierto grado de movimiento. Estos escaparates son un gran reclamo en la época de Navidad, en la cual se incrementan las ventas y se potencian todos los elementos de merchandising, donde tiene un gran protagonismo el escaparate. Un ejemplo significativo es el montaje de escaparates animados que realiza El Corte Inglés en Navidad, siendo su visita una tradición turística en las grandes ciudades y, consecuentemente, las compras en el establecimiento.
- **Escaparates vivientes:** en ellos los maniquís son sustituidos por personas para realzar el producto a exponer.

Figura 3.13. Escaparate viviente de Tintoretto compuesto por dos alumnas del CFGS de la familia profesional de Comercio y Marketing. Los «maniquís» cobran vida potenciando el atractivo del producto expuesto.

- **Escaparates virtuales:** son los que presentan los productos o servicios a través de Internet.

Actividad propuesta 3.5

Investiga si un establecimiento comercial puede mostrar sus productos en el escaparate sin precio. ¿Qué opinas sobre esta cuestión?

Según criterios estéticos

Destacamos la clasificación realizada por Inmaculada Martínez (2005):

- **Escaparates artísticos:** son escaparates que muestran obras de arte. Estos escaparates despiertan mucho interés.
- **Escaparates museo:** un producto «situado en un sitio preferente y correctamente iluminado para que pueda ser admirado y contemplado por todos».
- **Escaparates minimalistas:** el producto destaca mediante una «decoración fría, clara y limpia», sin adornos. El escaparate es «urbano, actual y juvenil».
- **Escaparates teatro:** el escaparate representa una escenografía determinada. Es muy utilizado en Navidad.

Figura 3.14. Escaparate navideño. *5.ª Avenida (Nueva York).*

Caso práctico 3.1

Investiga con cuánta periodicidad se debe renovar un escaparate. ¿Influye el tipo de escaparate en el número de cambios del mismo?

Respuesta:

La rentabilidad de un escaparate depende de su planificación y diseño. Su cambio y renovación se debe realizar con frecuencia para impactar en la persona que lo observa, pero no existe una regla exacta que determine el período de exposición y renovación de los escaparates.

Los escaparates de un punto de venta tienen que contar con una planificación anual, realizada con suficiente antelación y con una previsión de renovación, atendiendo a los siguientes criterios:

Estación meteorológica:

- Otoño: 4 escaparates.
- Invierno: 2 escaparates.
- Primavera: 4 escaparates.
- Verano: 3 escaparates.

Ventas especiales:

- Rebajas: 4 escaparates:
  - 2 en enero/febrero.
  - 2 en julio/agosto.
- Liquidaciones: 1 escaparate.
- Oportunidades: 1 escaparate.

Temáticas: 1 escaparate/temática.

- Navidad.
- San Valentín.
- Halloween.
- Carnaval.
- Etcétera.

El tipo de escaparate influye en la renovación del mismo, así como el tipo de establecimiento comercial, factores que influirán en que se siga más o menos el esquema indicado; pero independientemente del tipo de escaparate del punto de venta TODOS deben realizar una planificación anual y realizar diferentes montajes para atraer al cliente potencial.

- **Escaparates tienda:** el punto de venta realmente no muestra nada en su escaparate, sino que representa una ventana que muestra el interior del establecimiento comercial.
- **Escaparates en movimiento:** que el interior del escaparate muestre pantallas activas, elementos en movimiento, etc. es una técnica que atrae a potenciales clientes.
- **Escaparates corporativos:** utiliza «elementos visuales y gráficos» de la imagen corporativa para fidelizar a los clientes del punto de venta.

3.2. Elementos del escaparate

El escaparate es la herramienta principal con la que cuenta el punto de venta. Un buen diseño proporcionará no solo la entrada de consumidores al establecimiento, sino que reforzará la imagen del mismo, proyectándolo como único ante la competencia.

El protagonista del escaparate es el producto mostrado mediante un diseño creativo que permita ser captado por la persona que lo visualiza gracias a una composición determinada. Estos cuatro elementos (producto, creatividad, psicología y composición) son los elementos principales de un escaparate.

3.2.1. El producto

Un proyecto de implantación de un escaparate tiene que reflejar el producto que se va a comercializar en el punto de venta.

Las unidades que conforman la exposición de un escaparate se dividen en:

- **Directas:** son productos que acompañan al producto principal que se quiere resaltar en un escaparate. Por ejemplo, un collar de fantasía expuesto en un maniquí vestido con un elegante traje de chaqueta (producto principal) sería un complemento directo a la ropa que se expone.

- **Indirectas:** son productos cuyo objetivo es aumentar el atractivo de los elementos directos, habitualmente no están a la venta, aunque algunas cadenas comerciales también permiten reservarlos y, una vez que se renueva el escaparate, adquirir los elementos decorativos del mismo, como por ejemplo, el grupo Cortefiel.

Recuerda que

Hay escaparates que no exponen ningún producto. Su objetivo es despertar la curiosidad del cliente potencial y venden la imagen del punto de venta con acreditados diseños.

Una vez tomadas las decisiones oportunas, primarán en mayor o menor medida las unidades directas o indirectas a exponer teniendo como regla «menos es más»; es decir, recargar mucho los escaparates no implica una mayor atención del viandante, sino más bien lo contrario: originalidad, creatividad y sencillez son reglas básicas para obtener un escaparate atractivo.

En muchos casos el producto está directamente ligado a la marca. Muchos diseñadores priman la marca sobre el producto a la hora de diseñar un proyecto de implantación de un escaparate, esto es debido a que determinadas marcas van más allá de las características que el producto ofrece, representando en el consumidor una necesidad de adquisición de las mismas con el objetivo de definir su estilo de vida. Por ejemplo, el adquirir un teléfono móvil de la marca Apple suele comunicarse como: «me he comprado un iPhone».

El diseño de un escaparate en el caso de marcas comerciales puede desarrollarse siguiendo los elementos que representan el diseño de la propia marca.

Vocabulario

Brandscaping: término inglés que se utiliza para definir la representación de una marca por medio del espacio.

3.2.2. Creatividad y psicología

Un mismo escaparate puede provocar, escandalizar o simplemente resultar indiferente a la persona que pasa por delante. Todas estas reacciones son posibles ante un mismo hecho, ya que las sensaciones y estímulos son diferentes en cada persona.

Recuerda que

Escaparatista y visual merchandiser son profesiones diferentes. El escaparatista se centra en el diseño de escaparates y el visual merchandiser en el diseño del interior y exterior del establecimiento comercial.

El objetivo de todo escaparatista o visual merchandiser es obtener una reacción ante su «obra». Una vez que un escaparate se grava en la memoria de la persona que pasa por delante se ha logrado el primer objetivo: llamar la atención del viandante, no pasar desapercibido. Este primer estímulo puede derivar en diversas acciones, en función de las necesidades del consumidor:

- El producto expuesto puede provocar una necesidad inmediata de consumo. Lo que daría lugar al objetivo de todo diseñador: caer ante su influjo, entrar en el establecimiento y adquirir el producto.
- El producto expuesto puede provocar una necesidad de interés pero posponer la entrada al establecimiento. Esta situación es muy habitual cuando el consumidor no ha salido expresamente a realizar una compra, pero una imagen gravada en la memoria se puede traducir en una compra posterior.
- El producto expuesto puede provocar una reacción de admiración ante el viandante pero su adquisición no se realizará en un futuro debido a diversos motivos: económicos, sociales, culturales, etc. Un estímulo positivo provocará una parada habitual ante el escaparate, que hará que el viandante pueda hablar sobre él e incluso recomendar el establecimiento a un posible cliente potencial.
- El producto expuesto no satisface las necesidades de la persona, ni una admiración ante el escenario que

Actividad propuesta 3.6

Clasifica los siguientes elementos del escaparate de una perfumería en productos directos o indirectos: perfume, pétalos de rosa, rótulo publicitario, crema antiedad, tiara de corazones, módulos de diferentes tamaños, peluches, maquillajes, pintalabios.

lo envuelve por lo que no provocará la entrada en el establecimiento ni un comentario positivo ante el mismo. Esta situación es la que se debe evitar.

Figura 3.15. Objetivos del escaparatista.

La creatividad es la capacidad para inventar nuevos conceptos o, a partir de conceptos ya existentes, generar tendencias, iniciativas que aparezcan como algo único. La actividad creativa debe ser intencionada y apuntar a un objetivo.

En escaparatismo, la creatividad se plasma en el arte de mostrar escenarios originales, comunicativos, que hagan que el producto que se expone parezca único, generando en el subconsciente del individuo la necesidad de adquirirlo.

La imaginación y la creatividad del merchandiser van a ser los elementos clave para lograr escaparates que comuniquen, sin provocar indiferencia; para ello cuenta con numerosas técnicas y elementos que, expuestos con la iluminación adecuada y ayudándose de las nuevas tecnologías, lograrán el objetivo deseado.

Lograr un escaparate que emita sensaciones en los consumidores no es un objetivo fácil de conseguir. La mejor regla a seguir es una implantación teórica perfecta que resalte el producto, primando la sencillez, con una correcta composición intentado mostrar una escena original e innovadora.

Un escaparate siempre tiene que comunicar una idea, para ello los escaparatistas utilizan el lenguaje de la composición, acompañado de técnicas de color e iluminación. El objetivo es transmitir la información y la idea con que se desea estimular al viandante, contando siempre con que el tiempo del que se dispone para llamar su atención es el que se tarda en dar unos pasos por delante del escaparate.

Actividad propuesta 3.7

Reflexiona sobre un escaparate que hayas visto esta semana. ¿Recuerdas el producto expuesto? ¿Qué te llamó la atención: producto, decoración, iluminación, color, etc.? ¿Provocó la entrada al establecimiento? ¿Y la necesidad de adquirir el producto expuesto?

3.2.3. La composición

Componer es el arte de ordenar los volúmenes en un espacio guardando el orden y el sentido de la unidad. La composición de un escaparate consiste en **agrupar los elementos de tal forma que transmitan el mensaje que nos hemos planteado como objetivo**, colocando cada artículo en el lugar más conveniente y respetando la unidad del conjunto. Para conseguir este efecto todas las unidades se deben exponer de forma clara y con armonía estética.

Vocabulario

Punto focal: espacio en el que se fija la vista desde el exterior. Un escaparate puede contar con uno o varios puntos focales, situados siempre por debajo del nivel de los ojos.

La composición puede realizarse de diferentes formas: geométrica, lineal, circular, en abanico, etc., dando lugar a las siguientes agrupaciones:

- **Composición simétrica:** los elementos del escaparate se distribuyen de manera idéntica respecto al eje del escaparate, tanto horizontal como vertical. Una composición simétrica es equilibrada, transmite seriedad, orden y armonía, aunque también existe el peligro de caer en la monotonía.
- **Composición asimétrica:** los elementos del escaparate no se distribuyen siguiendo un hipotético eje horizontal o vertical, sino que su disposición se realiza teniendo en cuenta ejes de partida asimétricos.

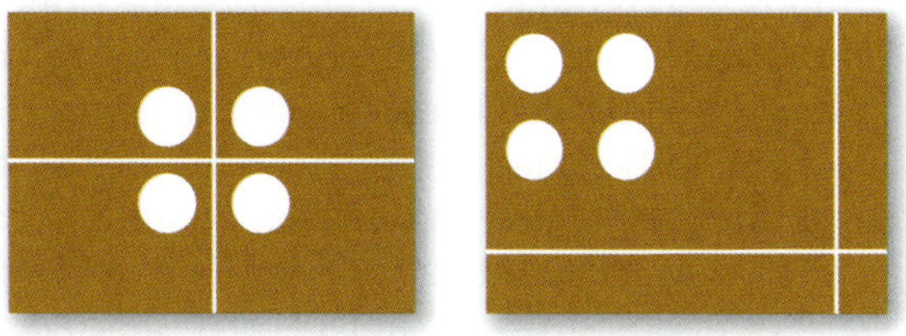

Figura 3.16. La imagen de la izquierda transmite un equilibrio simétrico, dividiendo las líneas del eje horizontal y vertical el escenario en partes iguales. La imagen de la derecha representa un equilibrio asimétrico, dividiendo las líneas del eje horizontal y vertical el espacio en partes desiguales.

Una composición asimétrica resulta atractiva y dinámica siempre que los diferentes volúmenes se combinen de forma adecuada, tanto los directos como los indirectos, consiguiendo una escena equilibrada.

Recuerda que

Una agrupación consiste en disponer los productos teniendo en cuenta la calidad estética.

- **Composición con un área de énfasis única:** exponen un único punto focal para llamar la atención del cliente potencial.

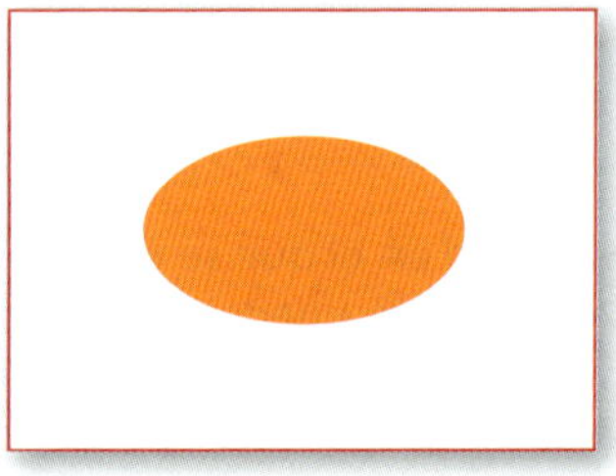

Figura 3.17. El punto focal debe resaltarse teniendo en cuenta múltiples factores a la hora de fijar su ubicación: dirección de circulación, luz natural, iluminación artificial, colocación de la puerta de entrada, combinación de colores, etcétera.

Sabías que

El tiempo medio que tarda una persona en recorrer un escaparate son 7 segundos, lo que se reduce a 3 segundos cuando se visualiza desde la carretera.

- **Composición piramidal:** su característica principal radica en su simetría. A partir de un punto de equilibrio que su ubica en la parte superior central, con una clara verticalidad, se reparten los artículos de forma progresiva descendente, quedando la composición perfectamente equilibrada en ambas partes. El protagonismo lo alcanza el artículo colocado en la cúspide que centra el interés del viandante.

Figura 3.18. Composición en pirámide.

- **Composición en valle:** repeticiones progresivas o regresivas de escaparates piramidales. Cuando se crean estas composiciones la pirámide de la izquierda debe ser más relevante que la de la derecha.

Figura 3.19. Composición en valle.

Sabías que

En un escaparate las líneas aportan equilibrio; los espacios, movimiento; el color, expresión; y la luz, dinamismo.

- **Composición progresiva:** la colocación de los artículos se realiza en un orden ascendente o descendente, produciendo sensación de movimiento.
  Un recorrido visual descendente arranca en la parte superior izquierda del escaparate descendiendo hacia la parte inferior derecha. El punto o puntos focales se deben situar en la parte izquierda e ir perdiendo peso con los contrastes que se producen a la derecha (unidades indirectas).
  Un recorrido visual ascendente arranca en la parte inferior izquierda del escaparate ascendiendo hacia la parte superior derecha. En estos escaparates se debe comenzar con decoración o con elementos indirectos, después elementos directos y colocar, por último el punto focal en la parte superior derecha.

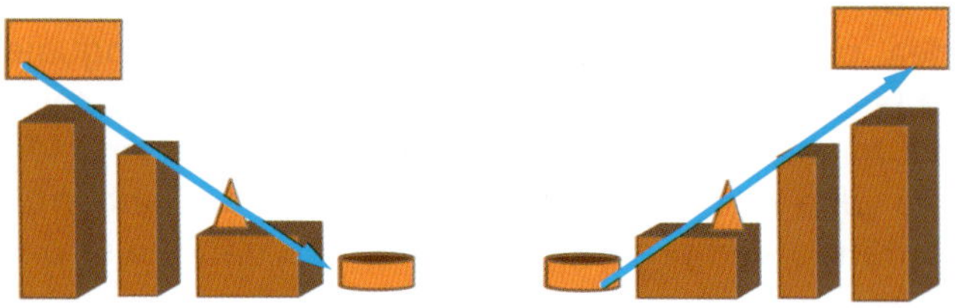

Figura 3.20. Composición progresiva descendente/ascendente.

- **Composición en plano:** el escaparate presenta los artículos alineados a una misma altura. En esta composición se deben colocar pocos artículos y con una separación considerable para que cada uno de ellos pueda destacar en el conjunto. La utilización de diferentes colores es óptima para dar dinamismo al escaparate.

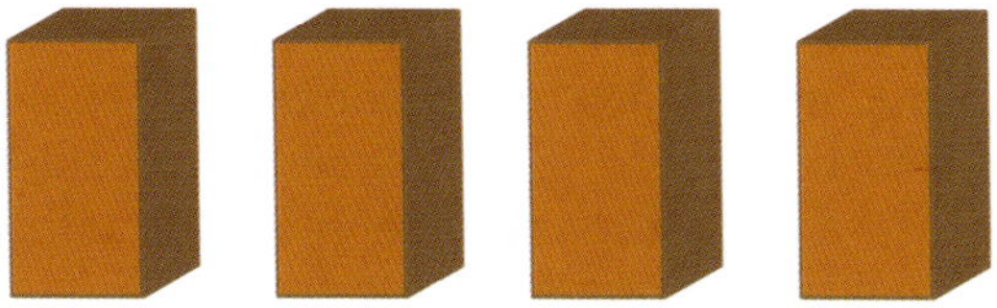

Figura 3.21. Escaparate en plano.

- **Otras agrupaciones:** en zigzag, proporcionan sensación de movimiento; de radiación, los elementos se difuminan desde un punto central; etcétera.

Caso práctico 3.2

Observa el escaparate de la imagen que se muestra a continuación y analiza qué tipo de composición se ha utilizado.

Solución:

Se trata de un escaparate con una composición piramidal. Su característica principal es la simetría, logrando un equilibrio perfecto. El punto focal se encuentra en la cúspide con una clara composición vertical, logrando que la atención se fije un mayor tiempo en la parte superior para ir descendiendo hacia otros puntos focales, compuesto en este caso por diferentes sabores de *macaroons*.

3.3. Temperatura del escaparate

La temperatura del escaparate indica al vendedor la **zona potencialmente más rentable del escaparate,** por lo tanto el punto donde más atractivos resultarán para el viandante los productos colocados: la **zona caliente** hace referencia a la zona más comercial del escaparate y la **zona fría** es la menos rentable.

Diferentes estudios demuestran que los transeúntes tienden a fijar su mirada a una altura similar o ligeramente inferior a la altura de los ojos (aproximadamente 1,60 metros del suelo), por lo tanto, este punto se convierte en un punto focal de máxima atención. Asimismo, se ha demostrado que las diferentes posiciones que adquiere el producto en el escaparate están directamente relacionadas con el nivel de rentabilidad.

Las conclusiones derivadas de los diferentes estudios de campo, dividen a los escaparates en tres espacios: zona fría, caliente y templada.

- División horizontal de un escaparate:

Zona alta	Por encima de la altura de los ojos: 7,2 % de las ventas.
Zona central	Altura de los ojos: 23,5 % de las ventas.
Zona baja-central	Por debajo de la altura de los ojos: 69,3 % de las ventas.

- División vertical de un escaparate:

Zona templada	Zona caliente	Zona fría
28 % de las ventas	47 % de las ventas	25 % de las ventas

Las zonas calientes representan las zonas más visibles de un escaparate, hacia las que se dirigen los ojos de las personas que pasan por delante. Si cruzamos los espacios horizontales y verticales, el escaparate queda dividido en nueve zonas de la siguiente forma:

Figura 3.22. Distribución de las zonas más atrayentes de un escaparate, ordenadas por orden de importancia, del 1 al 9.

Según estos datos, la zona más atrayente sería la inferior, seguido de la altura intermedia y perdiendo el interés el viandante en la zona superior. Un análisis vertical muestra cómo a la parte más comercial, la central, con un 47 % de las ventas, le sigue la parte izquierda y, en menor, medida la derecha. Es importante recordar que las técnicas de escaparatismo pueden modificar estas zonas de atracción, llevando la vista del espectador a aquel punto que más le interese.

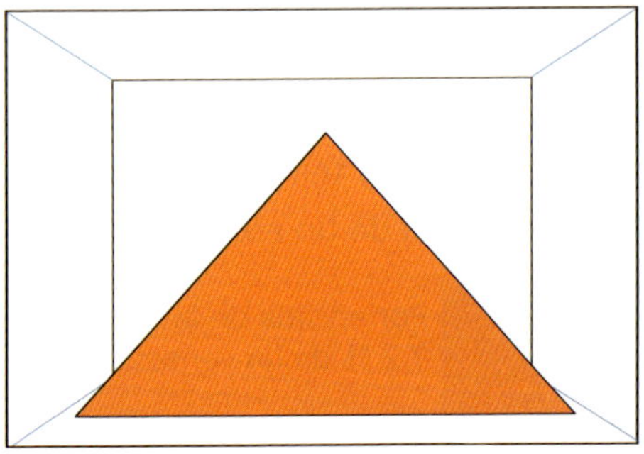

Figura 3.23. Zona de máxima atracción de un escaparate.

La tendencia natural de las personas es fijar la vista a la altura de los ojos o ligeramente a un plano más inferior, para después bajar progresivamente la mirada primero hacia el ángulo inferior izquierdo y posteriormente a la derecha, tal y como indica la figura con los principales puntos de atracción.

Las diferentes teorías, así como el tipo de establecimiento y escaparate, condicionarán la colocación de los artículos, pero es fundamental considerar la temperatura del escaparate y el recorrido visual que realizará el cliente potencial.

Actividad propuesta 3.8

Analiza la temperatura de todos los escaparates del Apartado 3.1 y comprueba la distribución de las zonas de atracción de los escaparates.

3.4. Presupuesto de implantación del escaparate

Un escaparate es, sin duda, el principal elemento de comunicación con el que cuenta el punto de venta cuyo diseño debe responder a criterios técnicos y estéticos, pero sin olvidar también un criterio fundamental: el económico. Lo primero que debe planificar un comerciante es el presupuesto anual que va a destinar a los escaparates: materiales y recursos humanos. Los escaparates que se planifican durante un año van a ser diferentes, ya que no se destinarán los mismos recursos a un escaparate de Navidad que a uno de rebajas.

Figura 3.24. El recorrido visual se sitúa justo por debajo de la altura de los ojos, posteriormente centra la atención en el ángulo inferior izquierdo y, por último, la mirada se dirige a los artículos colocados a la derecha.

3.4.1. Materiales

Los materiales que se pueden utilizar en escaparatismo son múltiples, variados y de diversos presupuestos. La regla principal que no se debe olvidar es que el objetivo principal de los materiales es realzar el producto a exponer y NUNCA resaltar más que el artículo «estrella». Los materiales tienen que ser resistentes y permitir las modificaciones que suponen los cambios de escaparate.

A la hora de elegir los materiales, debemos tener en cuenta los elementos estructurales de un escaparate cerrado, que son:

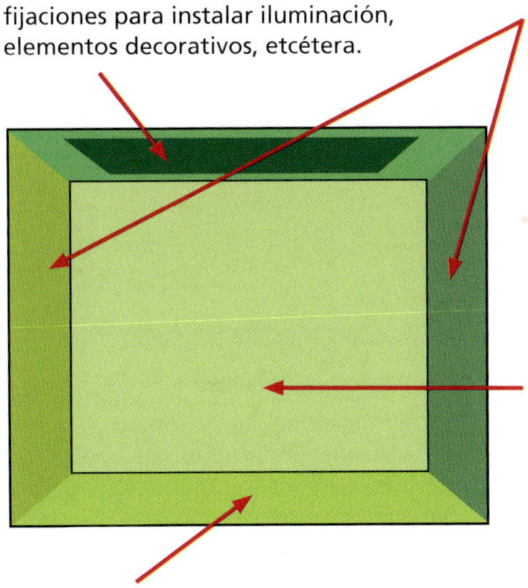

Figura 3.25. Elementos estructurales de un escaparate.

A los elementos descritos en la Figura 3.25 hay que añadir una puerta de acceso que permita montar el escaparate y que habitualmente se coloca de forma invisible en una de las partes inferiores del fondo o en un lateral, siempre en el lugar que pase más desapercibida. Por último, todos los escaparates cuentan con una luna exterior que lo protege y permite su visualización a todos los transeúntes. Las lunas tienen que ser de un material resistente, habitualmente vidrio laminado, seguro y de calidad para transmitir toda la nitidez y claridad posible del interior del escaparate.

En la Figura 3.26 se muestran los principales **materiales** utilizados en la composición de un escaparate.

Por último, pero no menos importante, todo escaparatista, al realizar su previsión de implantación de un escaparate, debe contar con:

- **Herramientas y utensilios:** martillo, alfileres, grapadora de pared, desgrapadora, escalera, pinceles, alicates, cúter, tijeras, alfileres, nivel, cinta adhesiva de doble cara, cuerda, hilo de nailon, alambre, etc.; es decir, cualquier utensilio necesario para la colocación efectiva de cada uno de los materiales.
- **Unidades de ambientación:** cualquier elemento, natural o artificial, puede ser utilizado para la implantación de un escaparate, dando lugar a montajes originales y atractivos: hojas de un árbol, maletas antiguas, copas, adornos florales, etc. Con un buen equilibrio y siguiendo las reglas de composición se pueden conseguir resultados muy llamativos.
- **Exhibidores de *display*:** pedestales, plataformas, etc. Destacando entre todos ellos el maniquí como elemento fundamental de los escaparates.

Madera y laminados:

- Material cálido y versátil, disponible en diferentes tonos y calidades. El aglomerado chapado (en madera, plastificado o melaminado) es el más utilizado en los establecimientos comerciales.
- Ubicación: fondo, laterales y base.

Acero y aluminio:

- Material resistente.
- Ubicación: marco del escaparate y rótulos.

Cerámica:

- Opción resistente y económica, variedad de modelos y colores.
- Ubicación: base.

Figura 3.26. Materiales utilizados en la composición de escaparates.

Ecopiedra y mármol:

- Tacos o dovelas de gran resistencia que dotan al escaparate de un aspecto sencillo y elegante.
- Ubicación: marco exterior del escaparate.

Tejidos:

- Gama muy variada, desde un sencillo tapizado hasta tejidos sintéticos pintados al óleo. Se trata de un material expresivo con múltiples texturas y colores.
- Ubicación: fondo, laterales y base.

Papeles y vinilos:

- El papel pintado, el cartón pluma y los vinilos tienen acabados muy variados y de toda la gama cromática, pueden imitar la madera o la piedra.
- Ubicación: fondo y laterales.

Pintura:

- Se emplea para el recubrimiento o la decoración de los diferentes elementos del escaparate.
- Ubicación: fondo y laterales.

Corcho o porexpán:

- Diferentes materiales de corcho cuentan con una flexibilidad óptima para decorados adoptando formas y colores muy vistosos.
- Ubicación: fondo y laterales.

Carteles y señalización:

- Letras adhesivas, luminosos, etc., proporcionan información de productos y marcas con una gran variedad de diseño.
- Ubicación: fondo.

Figura 3.26. Materiales utilizados en la composición de escaparates (*continuación*).

3.4.2. Recursos humanos

Un establecimiento comercial, como cualquier otra empresa, tiene que realizar un plan de empresa antes de su apertura, en el cual un apartado fundamental es la previsión que se debe realizar en recursos humanos.

El plan de recursos humanos es el documento que recoge toda la información referente a la contratación del personal de la empresa. El empresario tiene que realizar una estimación de:

- Número de contratos de trabajo que necesita el comercio: determinar cuántas personas se necesitan y qué funciones van a desarrollar.
- Si va a desarrollar o externalizar (servicios de empleo, empresas de trabajo temporal o agencias de colocación) el proceso de selección de personal.
- Tipos de contrato: la legislación española comprende un gran abanico de posibilidad de contratación, dependiendo del número de horas, características del trabajador, cualificación, etcétera.

En una cadena comercial o una empresa de dimensiones considerables, la contratación de uno o varios profesionales del escaparate es incuestionable, representando una inversión que rentabilizará el empresario a corto o medio plazo.

Recursos humanos: persona o departamento que se encarga del proceso de selección, formación y contratación de los trabajadores de una empresa.

Escaparatista: profesional del escaparate, persona encargada de disponer artísticamente los objetos que se muestran en el escaparate (definición de la Real Academia Española)

Recuerda que

El contrato de trabajo es el acuerdo entre el empresario y el trabajador, mediante el cual el trabajador se obliga a prestar determinados servicios para el empresario bajo su dirección, a cambio de una retribución.

Un buen escaparatista debe contar con los siguientes requisitos:

- **Formación:** actualmente existen diversas titulaciones oficiales tanto de escaparatista como de visual merchandiser. Asimismo, diversos profesionales (decoradores, interioristas, arquitectos, diseñadores gráficos, etc.) cuentan con los conocimientos teóricos y técnicos necesarios para el diseño de espacios comerciales, convirtiéndose en una profesión cada vez más demandada. Esta formación se debe completar con conocimientos de gestión empresarial.
- **Creatividad:** es una cualidad con la que debe contar un escaparatista, conlleva observar con un sentido especial todo el entorno, recopilando información que posteriormente se plasmará en escenarios originales para destacar el producto.
- **Sentido artístico:** ser capaz de comunicar ideas, emociones, etc.; en general, poder llevar a cabo una recreación de la escena que se quiere mostrar en el escaparate.
- **Motivación:** concepto muy unido a la creatividad. La motivación hace referencia al énfasis que pone una persona al desarrollar una actividad.
- **Sentido comercial:** flexibilidad y sentido de oportunidad ante la demanda del comerciante. Ser capaz de adaptarse a los cambios de los consumidores.
- **Habilidad de comunicación:** ser capaces de mantener una expresión oral y escrita correcta y profesional.
- **Responsabilidad:** cumplir con los compromisos y plazos establecidos.
- **Sensibilidad:** gusto y conocimiento de las nuevas tendencias en moda, diseño, materiales, etc. y todo lo relacionado con el visual merchandising.
- **Conocer el entorno:** tanto macroeconómico como microeconómico.
- **Trabajador:** es una profesión que requiere trabajar con diferentes tipos de clientes, a un horario inusual y dedicarle muchas horas.
- **Innovación tecnológica:** es necesario estar al día de las innovaciones en iluminación, materiales y programas informáticos.
- **Respetar el medio ambiente:** las iniciativas que se realizan con material reciclable, la iluminación con ahorro energético, etc., son acciones muy valoradas tanto en el sector como en el consumidor.
- **Cumplir con la normativa** en materia de prevención de riesgos laborales.

Las principales funciones que realiza un escaparatista son:

- Incrementar las ventas.
- Establecer los objetivos que se pretenden conseguir en un período de tiempo, generalmente un año.
- Gestionar y supervisar el escaparate: tipo de escaparate, producto, complementos directos e indirectos, realizar el boceto, elegir los materiales para su implantación, ejecución, fechas de renovación, etc.; es decir, todo lo relacionado con el escaparate.
- Coordinar con el resto de departamentos: por ejemplo, con el departamento de compras para asegurarse de que todos los elementos encargados se están gestionando en fecha, plazo y al precio acordado.
- Seleccionar y contratar suministros y personal de apoyo, si fuera necesario.
- Renovar el escaparate.
- Gestionar la sala de ventas (función del visual merchandiser).
- Analizar el flujo de circulación.

3.4.3. Criterios económicos y comerciales en la implantación

Un buen escaparate no significa destinar un presupuesto elevado. Contratar un profesional del sector, escaparatista o visual merchandiser es una buena idea, pero antes hay que valorar si la inversión que se va a realizar se amortizará adecuadamente en el punto de venta; es decir, si el punto de venta va recuperar, vía beneficios, la inversión realizada.

Un establecimiento comercial pequeño, con poco presupuesto en recursos humanos, debe formarse en técnicas de escaparatismo. Un buen producto, con una exposición sencilla y original, puede incrementar las ventas sin necesidad de contratación externa, pero con la formación básica adecuada para realizar composiciones acordes a la sensibilidad de los clientes potenciales que pasen por delante del escaparate.

El presupuesto debe ser equilibrado, es decir, los ingresos que genere deben ser iguales a los gastos del mismo.

- Si los ingresos son superiores a los gastos, significa que existe superávit presupuestario.

- Si los ingresos son inferiores a los gastos, la empresa incurre en déficit. Situación que se debe evitar, ya que implica que no se están alcanzando los objetivos fijados con la implantación del escaparate.

Vocabulario

Presupuesto de un escaparate: cálculo anticipado del coste de creación de un escaparate, teniendo en cuenta aspectos como la mano de obra o el material a utilizar.

El escaparate es rentable cuando su coste es inferior al 2 % del volumen de ventas. El pequeño comercio habitualmente realiza el trabajo de escaparatismo mediante el personal del punto de venta, incluyendo estas partidas en los gastos de publicidad e imputando las horas de trabajo de sus empleados en las funciones correspondientes que realiza. Las cadenas comerciales y comercios exclusivos externalizan el servicio, contratando a prestigiosas empresas de diseño y publicidad, en las que tiene mucha importancia el estudio detallado del presupuesto, así como los resultados que se esperan del servicio prestado.

Las principales partidas dentro del presupuesto de un escaparate son las siguientes:

1. Coste de mano de obra.
2. Coste de recursos y equipamiento.
3. Coste de mantenimiento.
4. Coste de manutención.

El presupuesto se divide en los siguientes apartados:

1. **Datos identificativos de la empresa:** nombre o razón social, NIF o CIF, domicilio fiscal completo (calle, nombre de la calle, número y letra, código postal, provincia y municipio), teléfono, e-mail o fax.
2. **Descripción del proyecto:** una breve introducción justificando la necesidad de los servicios ofertados; los objetivos, el número de escaparates a realizar y un detalle pormenorizado de los siguientes conceptos:
   - Elementos estructurales: cualquier modificación necesaria de los elementos que constituyen la estructura del escaparate.
   - Iluminación: el sistema de iluminación que se pretende utilizar, así como el tipo de lámparas, bombillas, etcétera.
   - Elementos decorativos: detallar la ambientación de cada uno de los escaparates presupuestados.
   - Exhibidores de *display*: maniquís, soportes, etcétera.
   - Publicidad y cartelería.

   Cada una de las partidas tiene que aportar toda la información relevante para el comerciante: las referencias (en su caso), una descripción detallada, el número de unidades, el precio unitario y el importe parcial y total, los descuentos y los gastos, especificando si el precio incluye o no el IVA correspondiente.
3. **Recursos humanos:** honorarios de escaparatistas, montadores, transportistas, limpieza y mantenimiento.
4. **Temporalización:** fechas de montaje y desmontaje de cada escaparate. La duración temporal de un proyecto dependerá de la duración de cada una de sus actividades, considerando que hay actividades que se pueden realizar de forma simultánea.

   La temporalización de un escaparate se debe materializar en un cronograma.

   Para su realización se pueden utilizar programas informáticos como Microsoft Office Excel, o programas específicos de gestión de proyectos, de licencia libre en red (mediante una página web, el navegador realiza el seguimiento de los proyectos).

Vocabulario

Cronograma: representación gráfica, en formato papel o digital, que incluye una lista de objetivos, actividades o tareas con las fechas previstas de su comienzo y final.

El **diagrama de Gantt**, creado por el ingeniero norteamericano Henry Laurence Gantt, nos permite, mediante una representación gráfica, exponer el tiempo que dedicaremos a cada una de las tareas de un proyecto a lo largo de un período determinado, siendo realmente útil para mostrar la relación que existe entre el tiempo dedicado a una tarea y la carga de trabajo que supone.

El gráfico se representa mediante un eje de coordenadas, en el que se coloca en el eje horizontal el tiempo en diferentes escalas (días, semanas o meses), representando el calendario de actuación de cada actividad, y, en el eje vertical, las actividades que constituyen el trabajo que se va a realizar. Las tareas deben ser ordenadas de arriba hacia abajo en función de la fecha de comienzo de las mismas y se pueden representar en diferentes colores en función de su importancia.

Además, las tareas se pueden colocar en cadenas secuenciales (se inicia una tarea y la siguiente comienza después de finalizar la anterior) o simultáneamente (varias tareas van a coincidir en el mismo espacio temporal).

No conviene crear diagramas de Gantt que incluyan más de 20 tareas, en este caso deberíamos utilizar diagramas de PERT.

Para la creación de un diagrama de Gantt, seguiremos los siguientes pasos:

- Dibujamos el eje de coordenadas: tiempo/tareas.
- Escribimos los nombres de las tareas/actividades en el eje vertical: en primer lugar las que no dependen de ninguna precedente, coincidiendo con la fecha de inicio del proyecto.
- Añadimos las actividades que dependen de las anteriores.
- Repetimos con nuevas actividades la colocación de los bloques de las tareas, hasta haber completado todas las actividades.

Las principales ventajas que presenta el diagrama de Gantt son: minimizar los tiempos de espera, reducir el incumplimiento de los plazos y, por lo tanto, acotar el tiempo empleado en la realización del proyecto, lo que supone una utilización óptima de recursos.

Uno de los inconvenientes que presenta es que no muestra la relación de dependencia que puede existir entre grupos de tareas.

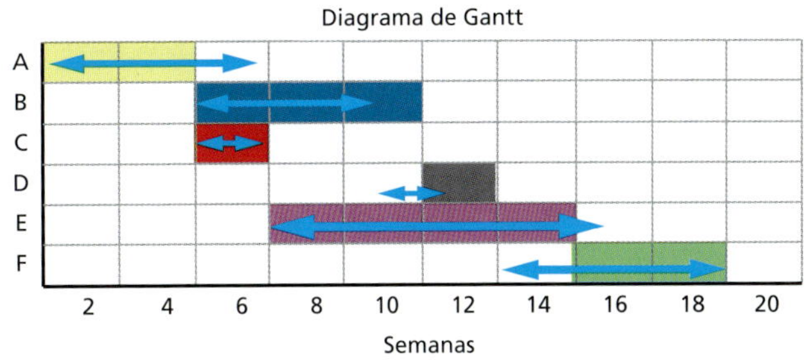

Figura 3.27. Representación de un diagrama de Gantt.

5. **Formas de pago:** indicando si se trata de pago al contado, aplazado o en varios plazos.
6. **Incumplimiento y fecha de vigencia del presupuesto:** en el presupuesto deben indicarse, las penalizaciones correspondientes, en caso de no cumplir alguna de las partes lo acordado, así como el plazo de tiempo en el que se van a mantener las condiciones ofertadas.

Actualmente la mayoría de presupuestos se realizan mediante programas informáticos.

Caso práctico 3.3

Realiza mediante una hoja de cálculo el diagrama de Gantt del siguiente proyecto de escaparatismo:

Actividad	Fecha de inicio	Duración (días)	Fecha de terminación
Tarea 1	15/09/2016	15	30/09/2016
Tarea 2	18/09/2016	20	08/10/2016
Tarea 3	01/10/2016	60	30/11/2016
Tarea 4	05/11/2016	18	23/11/2016

Solución:

Para realizar el diagrama de Gantt vamos a utilizar una hoja de cálculo Microsoft Excel 2007, seguiremos los siguientes pasos:

1. Abrir la hoja de cálculo e introducir los datos de la tabla (en la cuarta columna se aplica la fórmula = b2 + b3).

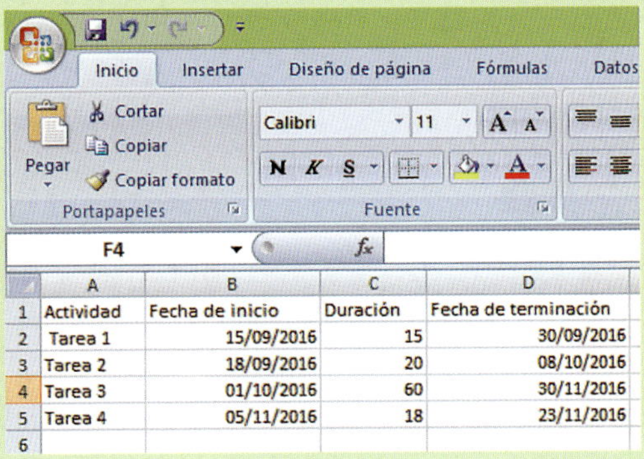

(continúa)

2. Insertar > gráficos > barra > barra apilada.

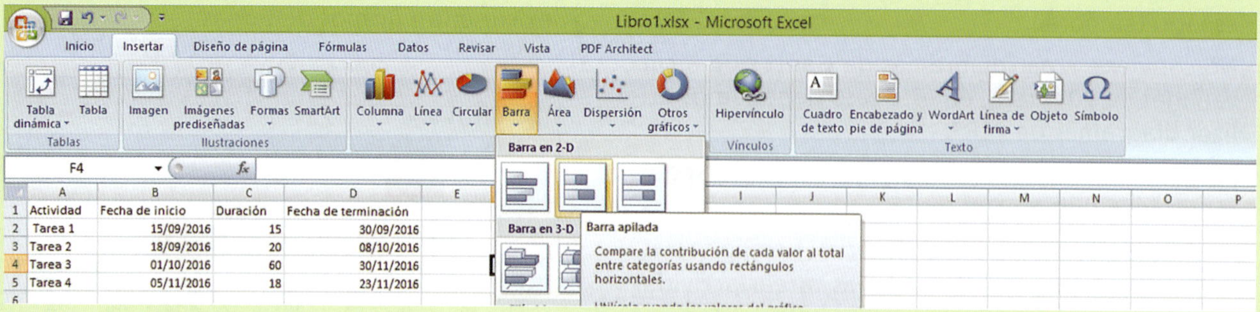

3. Pinchar en el gráfico y seleccionar la herramienta de gráficos: seleccionar datos. Seleccionar origen de datos > agregar: Fecha de inicio y Duración.

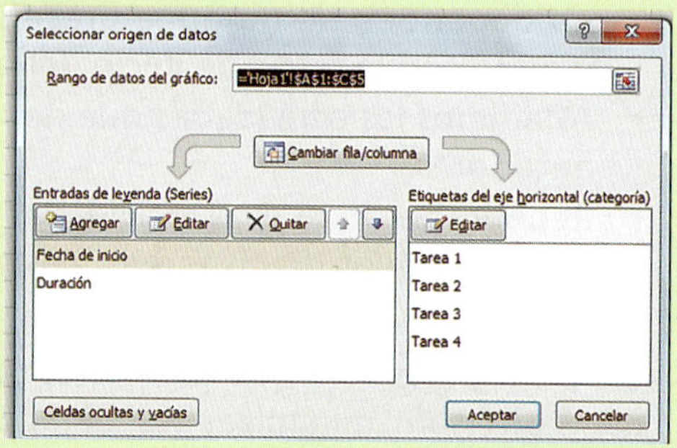

4. Modificar etiquetas del eje horizontal: asignar la columna: A2:A5.
5. En dos celdas independientes, copiar la fecha de inicio y de finalización. Se les asigna formato número.
6. Seleccionar los datos del eje horizontal > botón derecho > formato del área del gráfico. Rellenar los datos conforme se indica en la imagen:

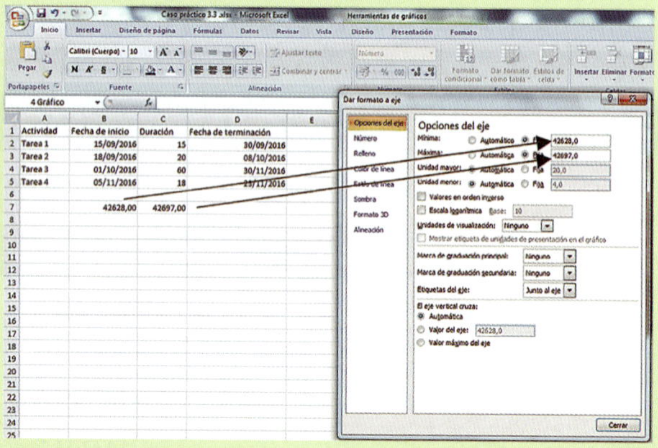

Como se observa en las opciones de eje se modifican los datos automáticos de mínima y máxima por los datos en formato numérico de las fechas de inicio y de terminación de las tareas.

7. Seleccionar los datos del eje vertical > botón derecho > dar formato a eje > opciones de eje > Seleccionar: categorías en orden inverso.
8. Dar formato al gráfico seleccionando las áreas más representativas y con los colores que se considere:

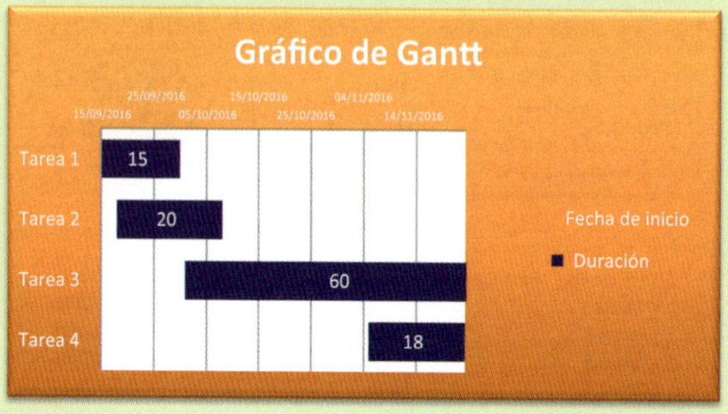

El presupuesto de un escaparate también se puede realizar de forma individual. Las ventajas que ofrece en relación a un presupuesto anual son las siguientes:

- Control más exhaustivo del gasto.
- Observación directa sobre la repercusión en las ventas.
- Control de las desviaciones.
- Partidas presupuestarias más concretas.
- Cómputo del número de horas de dedicación del personal del establecimiento al escaparate.
- Cálculo de la amortización de la inversión de cada escaparate.

Actividad propuesta 3.9

Investiga qué software libre existe para trabajar con diagramas de Gantt. Elige uno de ellos y explica cómo se realiza la elaboración del diagrama.

3.5. Incidencias en la implantación: medidas correctoras

Una vez que se haya elaborado el escaparate, se deben evaluar los resultados para poder conocer qué fallos se han cometido y qué es lo que se debe mejorar, tanto durante el tiempo de exhibición como con posterioridad.

Uno de los mejores métodos de evaluación es la observación. Existen fórmulas que permiten medir la eficacia del escaparate. Para que estas fórmulas sean fiables, la toma de datos se ha de realizar a la misma hora del mismo día de la semana y el tiempo mínimo destinado a la toma de datos ha de ser de al menos una hora.

Se pueden confeccionar fichas de observación de eficacia de un escaparate según los siguientes parámetros:

- Personas que se detienen ante el escaparate.
- Personas según sexo.
- Personas según edad, formando grupos de edad.
- Horas en que se produce la observación.

Ejemplo:

	Hombres			Mujeres		
	>20 años	20-40	40-60	>20 años	20-40	40-60
Horas						
17:00 - 18:00						
18:00 - 19:00						
19:00 - 20:00						

Se debe tener en cuenta que los tiempos medios de contemplación de los peatones ante un escaparate son los siguientes:

Tiempos medios de contemplación ante un escaparate	
Peatones	Tiempo (segundos)
Hombre solo	17,3
Mujer sola	17,6
Dos o más mujeres	20
Hombre y mujer	20,6

Asimismo, se deben recoger datos tanto en horario de mañana como de tarde, en días laborables y fines de semana.

Para completar esta medida se deben utilizar:

- Ratios de control de la eficacia del escaparate (Unidad 4).
- Programas informáticos, como por ejemplo KPI (*Key Performance Indicator*) o KRI (*Key Results Indicator*), desarrollados en la actividad de ampliación de la Unidad 4.

La observación, junto a medidas adicionales, permitirá al punto de venta obtener datos objetivos sobre el impacto que genera el escaparate sobre las ventas totales del establecimiento.

ESCAPARATISMO: EL PROYECTO DE IMPLANTACIÓN

- **TIPOS DE ESCAPARATES**
  - Según la estructura
  - Según la ubicación
  - Según la finalidad
  - Según criterios estéticos
- **ELEMENTOS DEL ESCAPARATE**
  - Protagonista: el producto
  - Percepción: creatividad y psicología
  - Cómo: composición
- **TEMPERATURA DEL ESCAPARATE**
  - Caliente
  - Templado
  - Frío
- **PRESUPUESTO**
  - Materiales
  - Recursos humanos
  - Cronograma (Diagrama de Gantt)
- **INCIDENCIAS EN LA IMPLANTACIÓN**
  - Medidas correctoras

Actividades de comprobación

3.1. El objetivo principal del escaparate es:
a) Llamar la atención del viandante.
b) Estimular la entrada al establecimiento.
c) Adquirir el producto expuesto.
d) Todas las respuestas anteriores son correctas.

3.2. Los escaparates se clasifican según:
a) El escaparatista que los diseña.
b) Según el producto que van a exponer.
c) La estructura, la ubicación y la finalidad.
d) El diseño, la ubicación y la finalidad.

3.3. El escaparate expone uno o varios artículos principales, hay artículos que se utilizan para acompañarlos y son:
a) Elementos directos.
b) Elementos indirectos.
c) Elementos complementarios.
d) Todas las respuestas anteriores son incorrectas.

3.4. Señala la afirmación incorrecta:
a) El protagonista del escaparate es el producto.
b) Un escaparate SIEMPRE tiene que exponer un producto.
c) Un escaparate debe tener equilibrio.
d) Un escaparate puede tener uno o varios puntos focales.

3.5. En la división por zonas verticales, la temperatura del escaparate es fría en:
a) La parte central.
b) El espacio izquierdo.
c) El espacio derecho.
d) Todas las respuestas anteriores son incorrectas.

3.6. ¿Qué ubicación consideras la óptima para colocar un artículo en un escaparate?
a) Ángulo superior derecho.
b) Ángulo inferior derecho.
c) Parte central.
d) Ángulo superior izquierdo.

3.7. La planificación de un escaparate se debe realizar:
a) Anualmente.
b) Al finalizar el año.
c) Por temporadas.
d) Exclusivamente por escaparate.

3.8. Un diagrama de Gantt representa:
a) En el eje horizontal, la escala temporal.
b) En el eje vertical, las actividades a realizar.
c) El tipo de actividades mediante diferentes colores.
d) Todas las respuestas anteriores son correctas.

3.9. La temporalización de un escaparate, incluye:
a) Fechas de montaje.
b) Fechas de desmontaje.
c) Actividades.
d) Todas las respuestas anteriores son correctas.

3.10. ¿Qué partida no incluye un presupuesto?
a) Mano de obra.
b) Mantenimiento.
c) Recursos y equipamiento.
d) Aplicaciones informáticas.

Actividades de aplicación

3.11. Observa en la imagen siguiente el escaparate situado en el centro comercial Vía Metro en Shanghái. Clasifícalo atendiendo a su estructura, ubicación y finalidad.

3.12. ¿Modificarías algún elemento del escaparate de la actividad anterior? ¿Qué mejorarías?

3.13. Define composición simétrica y composición asimétrica.

3.14. Realiza un análisis del equilibrio compositivo de los siguientes escaparates:

3.15. Indica la temperatura de cada uno de los escaparates de la actividad anterior.

3.16. Busca en Internet un escaparate de cada uno de los siguientes tipos de composición:

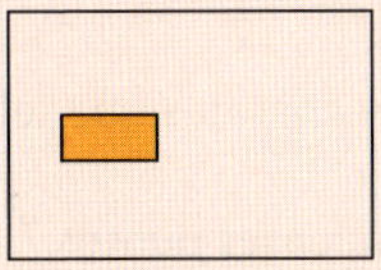

Disposición con un área de énfases única

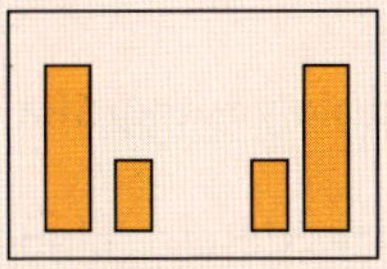

Disposición simétrica

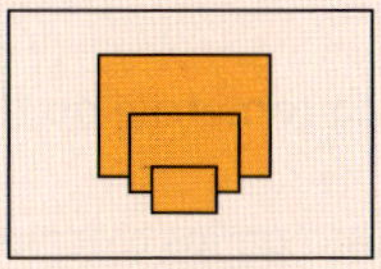

Disposición progresiva

Disposición progresiva o por pasos

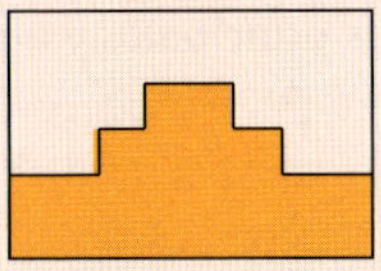

Disposición en pirámide

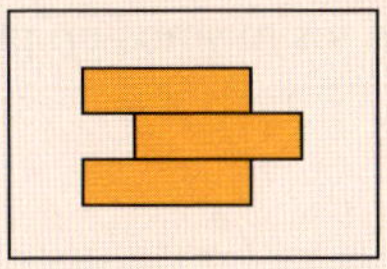

Disposición en zigzag

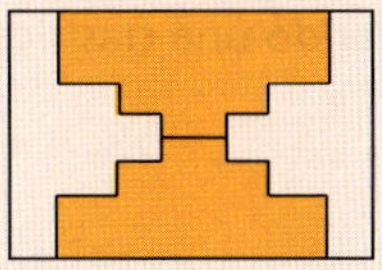

Disposición de radiación

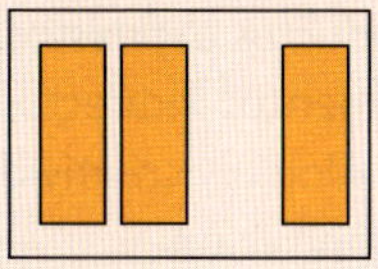

Disposición de repetición

3.17. Analiza la creatividad de cada uno de los escaparates de la actividad anterior. Realiza un listado de efectos que pueden producir en la persona que los visualice.

3.18. Realiza mediante una hoja de cálculo el diagrama de Gantt del siguiente proyecto de escaparatismo:

Actividad	Fecha de inicio	Duración (días)	Fecha de terminación
Tarea 1	1/01/2017	5	
Tarea 2	15/01/2017	10	
Tarea 3	16/01/2016	20	
Tarea 4	31/01/2017	7	
Tarea 5	21/02/2017	3	
Tarea 6	23/02/2017	20	
Tarea 7	1/03/2017	19	

3.19. Modas Loles decide contratar un escaparatista mediante un contrato de media jornada con el objetivo de incrementar las ventas de su establecimiento comercial. Las principales funciones que va a realizar son: diseño, montaje, desmontaje y mantenimiento, suponiendo para la empresa un coste total de 15 000 €.
Asimismo, esta decisión supone los siguientes gastos adicionales:

- Elementos estructurales: 3 000 €. Período de amortización: 4 años.
- Gastos de almacenamiento anuales: 1 500 €, de los cuales el 10 % corresponden al escaparate.
- Gastos de luz: ascienden a 1 200 €, de los cuales el 25 % del coste corresponde al escaparate.
- Limpieza del punto de venta: 2 500 €, el 10 % se destina al escaparate.

Determina el coste por escaparate, teniendo en cuenta que al año se montan 10 escaparates.

3.20. Realiza la programación anual de los escaparates del establecimiento comercial Modas Loles.

Actividades de ampliación

3.21. Realiza un recorrido por la zona comercial de tu municipio y fotografía cinco escaparates que te llamen la atención.

3.22. Elabora una presentación de uno de los cinco escaparates desarrollando los siguientes puntos:

1. Tipo de escaparate.
2. Temática.
3. Productos expuestos: realizando una clasificación de los mismos en productos principales y elementos directos.
4. Elementos indirectos.
5. Psicología y creatividad.
6. Composición.
7. Temperatura del escaparate.
8. Zonas de máxima atracción.
9. Materiales utilizados.

3.23. Lee el siguiente artículo de Mar Heras Pérez y responde a las preguntas.

No entre a la tienda, compre desde el escaparate

Muchas veces lo que vemos en las películas futuristas no dista de la realidad. Esto es lo que ha ocurrido con la película *Minority Report,* donde observábamos cómo uno de sus protagonistas compraba desde el escaparate, o con el proyecto desarrollado por Paul Chojecki, un científico alemán que trabaja en el Heinrich-Hertz-Institut de Berlín y que ha generado el primer escaparate donde miles de usuarios podrán comprar productos solo con un movimiento de manos.

La nueva era digital ha demostrado dos cosas: cada vez más los clientes desean comprar con rapidez sus productos, pero sobre todo con estilo. Por ello, el Heinrich-Hertz-Instut ha creado una solución que promete mucho en el mundo de las compras: la *Interactive Shop Window*, en la que los clientes podrán interactuar con el catálogo de compra sin necesidad de tocar la ventana. Para su inventor, Chojecki, esta herramienta es además un plus para aquellos que consideran importante la higiene en las tiendas.

Muchos opinan que esta modalidad no será tan positiva debido a la situación en la que el cliente debe estar para acceder al catálogo: de pie y moviendo las manos más de cinco minutos. Sin embargo, la tendencia muestra que esta actividad tendrá buena acogida, ya que es un proyecto revolucionario que facilitará las ventas cuando la tienda esté cerrada.

La *Interactive Shop Window* posee un sistema de reconocimiento de gestos y de movimientos con el que cualquier cliente podrá mover los productos del catálogo a su antojo haciendo que aparezcan en forma 3D. La tecnología implementada para este proyecto vino con la ayuda de la cámara de Microsoft empleada en el Kinect para Xbox 360, la cual reconoce movimientos de sus usuarios.

Fuente: HERAS PÉREZ, M. *No entre a la tienda, compre desde el escaparate.* Marketing+Ventas. n.° 267, 2011.

a) Define *Interactive Shop Window*.
b) Investiga su instalación en algún punto de venta.
c) ¿Qué opinas sobre esta nueva tecnología?
d) ¿Crees que será la nueva tendencia del futuro?

Enlaces web de interés

Agencia Española de Consumo
www.consumo-inc.es

Comercio
www.comercio.gob.es

Equipamiento comercial y material profesional para la instalación de tiendas y comercios
www.retif.es

Empresa especializada en el diseño, creación y desarrollo de escaparates
www.escaparate4.es

Agencia Estatal Boletín Oficial del Estado
www.boe.es

Congreso de los Diputados
www.congreso.es

Senado
www.senado.es

Banco de España
www.bde.es

Revista: Marketing+Ventas
revistas.laley.es

4

Composición y montaje de escaparates

CONTENIDOS

OBJETIVOS

- Definir el proceso de comunicación en un escaparate.
- Establecer las funciones y objetivos de un escaparate.
- Identificar los efectos psicológicos del consumidor ante un escaparate.
- Estudiar la imagen a proyectar del escaparate.
- Analizar el diseño y montaje de distintos escaparates.
- Precisar los criterios de composición y montaje del escaparate.
- Valorar el impacto de un escaparate sobre el volumen de ventas.

INTRODUCCIÓN

Una vez analizadas las principales técnicas de composición, hay que recordar que el escaparate es el principal medio de comunicación con el que cuenta el punto de venta, activo las 24 horas del día y los 365 días del año. Este hecho lo convierte en el principal emisor de la imagen del establecimiento comercial, cuyo objetivo es quedarse grabado en todas las personas que lo visualicen, favoreciendo la rentabilidad de la empresa.

En la presente unidad se va a considerar el importante papel que desempeña el escaparate como medio de comunicación para activar los estímulos del receptor ante su visualización, las principales técnicas para retener una imagen, así como los distintos ratios que se pueden calcular para conocer la eficacia del escaparate y poder evaluar sus resultados.

4.1. Escaparate y comunicación

La comunicación engloba todo proceso de intercambio de información entre dos o más personas mediante la utilización de un canal de transmisión. El objetivo de la comunicación es que el receptor reciba el mensaje en los términos que pretende el emisor.

La comunicación, en el ámbito comercial, persigue dos objetivos fundamentales:

- Satisfacer las necesidades del consumidor en su proceso de compra.
- Propiciar el estímulo de compra.

El escaparate es el principal medio de comunicación exterior en el punto de venta. Los elementos clave de la comunicación que se establece se enumeran en la siguiente tabla:

Tabla 4.1. Elementos de comunicación de un escaparate

Elementos de comunicación	Identificación comercial
Emisor	Escaparate.
Receptor	Personas que visualizan el escaparate.
Mensaje	Atraer al comprador.
Código	Técnicas de visual merchandising.
Canal	Medio que se utiliza para transmitir el mensaje gráfico-visual: sentidos.
Contexto	Proceso de compraventa.

La efectividad del escaparate es producto de la comunicación visual. Su éxito dependerá del impacto que provoque en el público objetivo y la recepción del mensaje que transmite.

Recuerda que

La publicidad junto con el escaparate, son los principales elementos de comunicación de la empresa con sus clientes.

Vocabulario

Comunicación visual: proceso de elaboración, difusión y recepción de mensajes que se pueden percibir total o parcialmente con la vista, permitiendo establecer diferencias visuales entre un negocio y la competencia.

El punto de venta se identifica respecto a la competencia con numerosos elementos visuales: carteles publicitarios, catálogos, arquitectura exterior e interior. Todos estos elementos conforman la identidad del punto de venta.

4.1.1. Función vendedora del escaparate

Las funciones de un escaparate son principalmente atraer al cliente e incrementar las ventas de un establecimiento comercial. Para conseguirlo debe cumplir las siguientes características:

- Exposición de los elementos principales del surtido del punto de venta.
- Selección en cada momento de los artículos más relevantes del surtido para exponer en el escaparate.
- Realización de animaciones (luces, colores, formas, etc.) para representar una escena atractiva, capaz de transmitir sensaciones que debe captar el cliente potencial.
- Colocación impecable, representando escenas originales, persuasivas y dinámicas que realcen el producto a exponer.
- Diferenciación de la competencia: los escaparates muestran la personalidad propia del punto de venta.

- Comunicación con el viandante: un escaparate no puede resultar indiferente, debe llamar la atención de las personas que circulan delante del mismo.
- Información: el escaparate debe reflejar claramente: el sector del establecimiento que representa, surtido, precio, prestigio, calidad, etc. o cualquier otra característica que represente al punto de venta.
- Adelanto a las tendencias actuales, transmitiendo frescura, seducción y calidad en el montaje.
- Combinación armónica con el entorno.
- Planificación y renovación del escaparate según el calendario previsto por el establecimiento comercial.

¿Sabías que

«En el escaparate deben estar presentes la imaginación, la ironía, la seducción, la sorpresa. Durante los 20 segundos que una persona mira un escaparate hay que captar su atención, transmitirle un mensaje, una emoción e incitarle a comprar.»

William Corso, escaparatista

4.1.2. Objetivos de un escaparate

Los objetivos de un escaparate se dividen en dos bloques:

1. **Objetivos técnico-estéticos:** consisten en el diseño de un escaparate atractivo y seductor pero teniendo presente las indicaciones teóricas de realización de una composición.
   - *Llamar la atención:* el escaparatista conoce numerosas técnicas para impactar al público objetivo: composiciones interesantes, luminotecnia, color, elementos de merchandising, etc., que combinados adecuadamente lograrán una escena que no pasará inadvertida por el consumidor.
   - *Producir sensaciones:* provocando el deseo de poseer el artículo expuesto para satisfacer una necesidad creada al visualizar el escaparate. El escaparate capaz de conseguir en 20 segundos esta sensación en un consumidor ha cumplido al 100 % el objetivo planificado.
   - *Dejar una buena imagen:* el escaparate representa al establecimiento comercial. Su diseño, composición y productos expuestos deben anunciar al viandante lo que puede encontrar en el interior del punto de venta.
2. **Objetivos técnico-comerciales:** no se debe olvidar nunca en un escaparate que el protagonista es el producto o productos que en ese momento el punto de venta quiere realzar con el objetivo de provocar en el consumidor un deseo de adquisición, provocando como consecuencia la entrada al establecimiento comercial.
   - *Aumentar la demanda,* atrayendo al comprador y reteniéndolo: conseguir que el consumidor se pare delante de un escaparate permite el inicio de la comunicación entre el escaparate y el consumidor.
   - *Destacar frente a la competencia:* algunos escaparates representan una experiencia para el consumidor, esperando su renovación para conocer las tendencias actuales de moda, accesorios, colores, etcétera.
   - *Dar imagen propia:* muchos escaparates vienen identificados por colores, carteles, etc., elementos en general que el consumidor relaciona directamente con una marca y un estilo propio que se retiene en la mente y permitirá recordar el establecimiento comercial en un futuro.
   - *Aumentar la cuota de mercado y el volumen de ventas,* repercutiendo, por tanto, en un incremento de los beneficios.

Actividad propuesta 4.1

Investiga la evolución que ha experimentado el escaparate en el punto de venta a lo largo de la historia.

Actividad propuesta 4.2

Enumera las diferencias en las funciones de un escaparate actual y un escaparate en 1960.

Actividad propuesta 4.3

En la década de los 60, ¿se consideraba el escaparate un elemento de comunicación? Razona la respuesta.

4.2. Percepción y memoria selectiva

Para conseguir que una persona se fije en el diseño de nuestro escaparate es importante conocer el proceso de percepción de los potenciales clientes. Las personas están constantemente recibiendo estímulos del exterior, de todo tipo, mediante los cinco sentidos, pero no todos estos estímulos son percibidos, debido a múltiples factores: saturación, interés, etcétera.

Recuerda que

El concepto de percepción se ha visto en la Unidad 1: «es el modo personal de interpretar y dar respuesta a los estímulos a los que uno se expone».

La percepción es subjetiva, selectiva y temporal. Se compone de dos elementos:

1. Sensaciones: conjunto de estímulos que una persona percibe del exterior.
2. Características internas que posee cada individuo: compuestas por elementos psicológicos (motivación, percepción, experiencia y aprendizaje) y características del comprador (personalidad y estilo de vida).

Recuerda que

Los estímulos son los mismos para todos, pero la forma de percibirlos es diferente según la persona.

¿Cómo conseguir que un consumidor se fije en el escaparate de mi punto de venta y no en el de la competencia? Hay diversos factores que van a determinar el interés hacia un determinado escenario, entre ellos destacan:

- **El umbral de percepción:** es el punto a partir del cual se perciben los estímulos. Los principales factores que originan la percepción de un estímulo son:
  - **Grado de aislamiento:** el presentar un artículo como único, provocará un interés especial en la persona. Es importante recordar que hay que diferenciar un estímulo de otro; es decir el umbral de percepción no es algo aislado, sino que se desarrolla dentro de un contexto.
  - **Intensidad:** para lograr que se perciba un estímulo se pueden intensificar ciertos elementos que conforman el escaparate como puede ser la iluminación, el color, los contrastes o el sonido, entre otros; pero hay que tener presente que un exceso en la intensidad de estos elementos puede provocar un rechazo por parte del consumidor.
  - **Nivel de originalidad:** en la actualidad la competencia hace cada vez más difícil presentar escaparates con innovaciones en el producto, pero se pueden considerar «únicos» mediante diversos elementos que provocarán esa percepción en el viandante como pueden ser el diseño, la composición o el uso de las últimas tecnologías.
- **La naturaleza del estímulo:** es decir, aquellos aspectos sensoriales que hacen que un elemento se perciba antes que otro. A la hora de diseñar un escaparate, hay diferentes propiedades a tener en cuenta para provocar distintas clases de estímulos:
  - **Tamaño:** a mayor tamaño, mayor percepción.
  - **Color:** es un elemento que favorece la atención del individuo en función de cómo se exponga.
  - **Iluminación:** proporciona la visibilidad óptima de un objeto.
  - **Movimiento:** los elementos dinámicos se perciben antes que los elementos estáticos.
  - **Emplazamiento:** la mirada se detiene antes en la parte inferior de los espacios que en la superior y el centro de atención se fija en el ángulo izquierdo.
  - **Contraste:** se consigue mediante el color, la forma y la iluminación, logrando fijar la atención en el mensaje que emite el escaparate.
- **El posicionamiento del producto:** es el lugar que ocupa en la mente de una persona un elemento que acaba de percibir en función de diferentes elementos exteriores. Ejemplos de diferentes estrategias para lograr el posicionamiento de un escaparate serían mostrar los atributos específicos del producto o basarse en el propio posicionamiento de marca.

  El posicionamiento en escaparatismo es complicado debido a la gran competencia que existe, pero algunos grandes almacenes y firmas exclusivas han conseguido lograr una gran expectación a la hora de mostrar los diseños de sus escaparates, por ejemplo El Corte Inglés en Navidad.

  Los estudios confirman que si un individuo se para delante de un escaparate, el tiempo que permanece observándolo es aproximadamente 12 segundos; en ese pequeño espacio de tiempo el escaparate debe lograr impactar a la persona que lo está observando de forma que en su mente se forme una imagen positiva:
  - La atracción visual inmediata corresponde a los primeros 3 segundos, en los cuales únicamente percibe los datos más destacados, como por ejemplo un precio o un producto colocado de una forma impactante. En este corto espacio de tiempo la memoria no retiene esta información, siendo desplazada por nuevas informaciones que se van percibiendo.

- El conseguir retener en la memoria a corto plazo un escaparate observado depende fundamentalmente de procesos evolutivos o estacionales de la memoria del cliente. La atracción visual ejercida en nuestra mente nos permite recordar ciertos detalles de lo observado, como puede ser un producto y un precio, aunque no definamos al 100 % la ubicación del escaparate.
- La memoria a largo plazo permite mantener la totalidad de lo observado en nuestra mente. Es el objetivo de todo escaparatista generar en el observador un impacto que logre una retención permanente.

- **La percepción y la memoria selectiva:** el proceso perceptivo en escaparatismo se produce cuando una persona memoriza aquellos estímulos que le llegan al observar un escaparate. Este proceso tiene tres momentos:
  - **Sensorial:** momento en que los cinco sentidos intervienen. El grado de percepción de un estímulo se percibe un 85 % por la vista; un 5 % por el oído y un 10 % por el resto de sentidos.
  - **Selectivo:** momento en que un determinado escenario es retenido en la memoria de aquella persona que lo observa. Cada persona reacciona ante un tipo de estímulos, el escaparatista debe realizar un estudio de su público objetivo para lograr impactar con el escenario expuesto y conseguir así la retención en la memoria de lo visualizado.
  - **Interpretativo:** momento en que la persona atribuye un significado a aquello que ha percibido y retenido en su memoria.
- **La ordenación:** en el proceso de percepción, cada individuo selecciona unos determinados estímulos, los organiza y clasifica en la mente configurando un mensaje y realiza una interpretación determinada en función de los factores internos de la persona y de su experiencia e interacción con el entorno. El observador tiende a agrupar los elementos que percibe en conjuntos significativos:
  - **Por proximidad:** cuando diferentes elementos están próximos, las personas tienden a agruparlos.
  - **Por semejanza:** juntando elementos que son similares o incluso iguales.
  - **Por continuidad:** elementos independientes que configuran series.
  - **Por simetría:** elementos independientes que configuran figuras conocidas.

Es fundamental que el escaparatista conozca el concepto de percepción para logar despertar los estímulos de su público objetivo de tal manera que se fije en el escaparate del punto de venta y acceda al establecimiento para satisfacer una necesidad creada al observarlo.

4.2.1. Grados de atracción visual

El ojo humano percibe los objetos que visualiza de forma diferente en función de la distancia a la que se encuentre, así a una distancia de 1-3 metros se perciben todos los detalles del escaparate: precios, composición, colores, iluminación y atrezo; pero conforme nos alejamos se dejan de percibir detalles hasta simplemente diferenciar volúmenes y colores.

El movimiento también influye en el grado de atracción visual, no es lo mismo visualizar un escaparate parándote delante de él que visualizarlo en movimiento o montado en un coche. El escaparatista tiene que estudiar los diferentes puntos de visión que afectan a su escaparate destacando aquellos elementos que, por tamaño y tiempo, se puedan percibir.

Los escaparatistas deben seguir unos principios básicos que les ayudarán a captar la atención del público:

- **Punto focal:** lugar del escaparate en el que recae instintivamente la vista de aquellas personas que lo visualizan. Un escaparate puede contar con más de un punto focal. La ubicación del mismo se debe considerar a la altura de los ojos y teniendo presente el flujo de circulación de los peatones. Por ejemplo, un escaparate alto y con el flujo de circulación por la derecha, debería ubicar el punto focal un poco por debajo de la altura de los ojos y orientado ligeramente a la derecha.

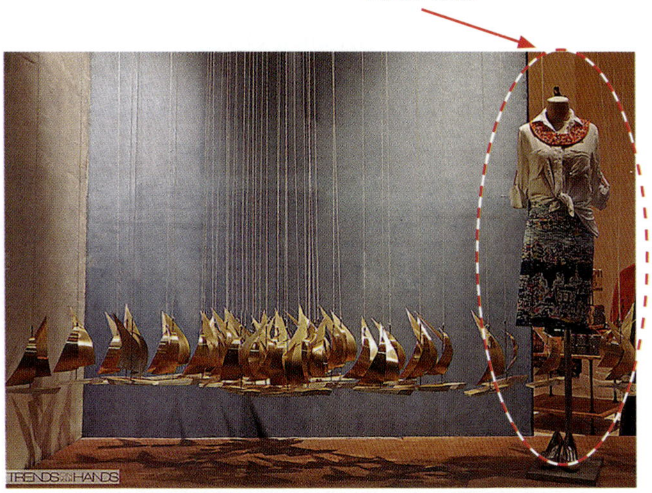

Figura 4.1. El escaparate de Anthropologie está orientado hacia la derecha, porque el flujo de circulación del escaparate está orientado hacia la derecha.

- **Equilibrio óptico:** para un escaparatista, la composición del escaparate se relaciona con la forma con que se equilibra estéticamente un producto.

Equilibrio compositivo = peso óptico equivalente

El equilibrio óptico se consigue mediante la simetría y la asimetría (desarrolladas en el Apartado 4.3.3).

- **Agrupaciones:** las diferentes formas de desarrollar composiciones permiten mostrar puntos de atracción visual; así, por ejemplo, utilizar números impares en elementos expositivos es una forma de atracción visual muy utilizada en escaparatismo.

Figura 4.2. Tres maniquís poseen más fuerza visual que si solo se muestran dos. La agrupación por repetición también potencia el efecto visual.

Actividad propuesta 4.4

Accede a Internet y visualiza el vídeo que se muestra en el siguiente enlace web:

https://www.youtube.com/watch?v=fUq-n3xQv_o

Analiza los grados de atracción visual que has apreciado en el vídeo y enumera los objetivos que se pretenden alcanzar con la animación. ¿Qué diferencias aprecias con el vídeo que se muestra en el siguiente enlace?

https://www.youtube.com/watch?v=pPmypYYjUTk?

Imagen del escaparate animado de El Corte Inglés en Navidad (2015).

Actividad propuesta 4.5

¿Consideras que es un elemento que se percibe y memoriza a largo plazo? Razona la respuesta.

4.2.2. Teoría de la percepción

La Psicología de la Gestalt es una corriente de la psicología moderna surgida en Alemania a principios del siglo XX que explica los modos de percepción de la forma de aquello que vemos. Nuestro cerebro dará significado a aquello que tenemos delante a través de la percepción y los sentidos.

Algunos de los principios de la Psicología de la Gestalt son:

- **Principio de relación figura-fondo:** desarrollado más adelante en el Apartado 4.3.1.
- **Principio de Cierre:** las formas cerradas y acabadas son más estables visualmente. Esta ley demuestra que las líneas rectas paralelas forman grupos más definidos y estables que los puntos, que delimitan peor el espacio.
  Por lo tanto, se percibe mejor un elemento, cuanto mejor esté cerrado su contorno.
  Asimismo, una iniciación correcta de puntos o formas, es suficiente para percibirla en su totalidad.
- **Principio de la Semejanza:** los elementos que son similares tienden a ser agrupados. El visual merchandiser utiliza esta ley cuando diseña agrupaciones basadas en el color consiguiendo efectos visuales de gran atracción para el consumidor.

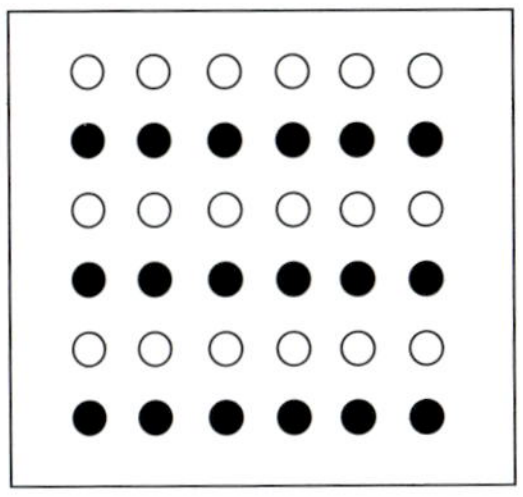

Figura 4.3. Principio de Semejanza.

- **Principio de la Proximidad:** los elementos aislados pero con cierta cercanía, tienden a ser considerados en grupo. En general, se tiende a considerar como un todo a aquellos elementos que están más próximos.

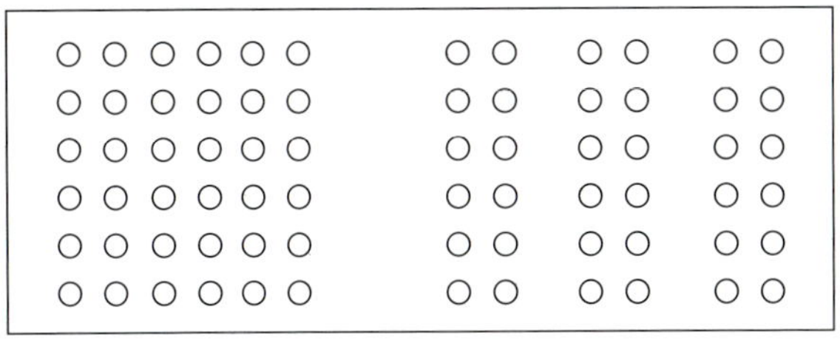

Figura 4.4. Principio de Proximidad: formas similares (círculos) se perciben de forma diferente en función de la proximidad entre las figuras.

- **Principio de Simetría:** aunque puede que solo sean similares, las imágenes son percibidas como iguales, como un único elemento en la distancia. El eje simétrico se establece en plano vertical, aunque también existe simetría horizontal.

Vocabulario

Simetría: correspondencia exacta en tamaño, forma y posición de las partes respecto al todo.

- **Principio de Continuidad:** en el campo visual, una serie continuada de puntos se percibe como una figura o elemento unificado. Este principio está relacionado con el Principio de Cierre, porque elementos independientes incompletos o inconclusos tratan de formar figuras.
- **Principio de Pregnancia:** existen figuras que tienden a percibirse primero o que se visualizan antes como, por ejemplo, las figuras geométricas básicas: cuadrado, círculo y triángulo. La Ley de Pregnancia de Gestalt hace referencia a la percepción visual de formas incompletas. La pregnancia facilita la percepción de formas que en un principio no están definidas pero si se visualizan mediante la combinación de otros elementos.

Las tres fases psicológicas que preceden a la decisión de compra son:

Es en la primera fase en la que los escaparatistas deben considerar los Principios de la Gestalt para empezar un boceto de un escaparate que logre ese objetivo. Conocer la forma en que el ser humano percibe un objeto y accede a su memoria es fundamental para influir en el receptor de los mensajes de un escaparate.

Actividad propuesta 4.6

Busca ejemplos gráficos del Principio de Simetría. ¿Los consideras una composición óptima para realzar el producto a exponer en un escaparate?

Actividad propuesta 4.7

¿Qué utilidad aporta esta ley en el diseño de escaparates? Razona la respuesta.

4.3. Imagen

El escaparate representa la imagen exterior, de la forma más atractiva posible, de un establecimiento comercial. Exterioriza la muestra más representativa de lo que el cliente potencial encontrará en el interior del punto de venta. Este objetivo del escaparate no se debe olvidar, ya que supondría una decepción para el cliente el entrar en un establecimiento comercial y no encontrar una continuación de lo que ha visualizado en el escaparate.

La imagen, en escaparatismo, es **la representación visual de uno o varios productos a partir de diferentes técnicas en el marco de un escaparate.**

Un escaparate puede transmitir diferentes tipos de imagen dependiendo de los objetivos del establecimiento comercial, diferenciando:

- **Imagen corporativa:** grupo de cualidades que los consumidores asocian con una determinada compañía. Este concepto lo utilizan las grandes empresas como signo de identidad y diferenciación, realizando esfuerzos considerables en su diseño, desarrollo e implantación.

  La imagen corporativa es un concepto subjetivo, no se debe confundir con identidad corporativa, representando cómo se percibe una compañía por parte del consumidor.
- **Imagen de marca:** es la percepción de la identidad de una marca en la mente de los consumidores por lo que engloba la totalidad de productos de la empresa. Esta imagen es la que utilizan las cadenas comerciales.
- **Imagen de producto:** es aquella que solo se centra en el producto, en resaltarlo y presentarlo del modo más atractivo posible al consumidor.

  Los empresarios transmiten al visual merchandiser la imagen que quieren proyectar en sus establecimientos, resaltando un concepto u otro en función de los objetivos marcados, tanto en el escaparate como en el interior del punto de venta.

4.3.1. Figura y fondo

Tal y como ya se ha comentado, el Principio de relación figura-fondo forma parte de la Teoría de la Percepción enunciada por los psicólogos de la Gestalt. Este principio enuncia: «muchas formas solo se constituyen como figuras definidas cuando quedan superpuestas o recortadas sobre un fondo más neutro».

En escaparatismo la figura está compuesta por el producto o productos que se pretenden resaltar en un escaparate, es el elemento que se debe potenciar para la venta en un establecimiento comercial.

Vocabulario

Figura: elemento que existe en un espacio o «campo» destacando en su interrelación con otros elementos.

Fondo: todo aquello que no es figura. Es la parte del campo que contiene elementos interrelacionados que no son centro de atención. El fondo sostiene y enmarca la figura con un contraste menor.

Actividad propuesta 4.8

¿Qué tipo de imagen transmiten los siguientes escaparates?

La atención del viandante se centra en la figura quedando en un plano de menor jerarquía el fondo. Este principio tiene que ver con la percepción visual, la retina del ojo en su zona central posee una mayor cantidad de receptores que en la zona periférica lo que ofrece un campo de mayor definición. El conjunto figura-fondo presenta un contraste y constituye una totalidad.

Para resaltar la figura sobre el fondo van a jugar un papel fundamental el diseño, la colocación, la iluminación y el color.

Rubin (1921) resume las siguientes características de la figura y el fondo:

Tabla 4.2. Características de la figura y el fondo

Figura	Fondo
Tiene forma, contorno.	Es difuso, informe.
Sobresale en primer plano.	Queda en segundo plano.
Adquiere significado.	No es significativo.
Tiene colores densos y sólidos.	Tiene colores diluidos.
Se recuerda mejor.	El recuerdo es menor.

Para realizar una buena combinación figura-fondo hay que considerar el tamaño que posee el escaparate. El fondo del escaparate se debe dividir en tres zonas o planos:

- Primer plano (25 %): no debe colocarse ningún producto, ya que su visibilidad resulta muy cercana a la luna perdiendo la ambientación del conjunto.
- Plano central (50 %): espacio principal para la colocación de productos, permite una visión de conjunto idónea para resaltar la figura respecto al fondo.
- Plano de fondo (25 %): los productos colocados en este espacio pierden perspectiva, resulta idóneo para la colocación de carteles, rótulos, elementos indirectos, etcétera.

4.3.2. Contraste y afinidad

El contraste y la afinidad de imagen son dos formas contrapuestas de llamar la atención del viandante en la ambientación de un escaparate.

El contraste es la diferencia relativa en intensidad que existe entre un punto de una imagen y su alrededor, lo que se puede conseguir mediante el tamaño, la forma, el color, la iluminación, las texturas, los materiales, etcétera.

¿Sabías que

El *humor visual* es una técnica de escaparatismo que se utiliza para crear contrastes en una escena.

En un escaparate se utiliza el contraste para llamar la atención, realizando combinaciones visuales basadas en contraposiciones: blanco-negro, grande-pequeño, oscuro-claro, simple-complejo, ambientes diferentes, etcétera. **El contraste dota a los escaparates de dinamicidad.**

Figura 4.5. El escaparate está lleno de dinamicidad gracias al contraste que se realiza con el color y la iluminación. *Bergdorf Goodman (Nueva York).*

Por el contrario, **por afinidad entendemos la semejanza y el equilibrio** en la ambientación de un escaparate.

En un escaparate se utiliza la afinidad para llamar la atención del viandante graduando su recorrido visual mediante situaciones reflexivas, como por ejemplo composiciones de mayor a menor tamaño.

Figura 4.6. Escaparate con elementos que representan afinidad entre sí: mismos productos en diferentes tamaños y colores, con combinaciones que guardan un equilibrio.

Por tanto, contraste y afinidad suponen dos caras contrapuestas de ambientación visual en un escaparate.

Actividad propuesta 4.9

Completa la tabla:

Concepto	Término opuesto
Contraste	
	Asimetría
Simplicidad	
Equilibrio	
Unidad	
Acento	

4.3.3. Asimetría y simetría

Una composición asimétrica resulta atractiva y dinámica siempre que los diferentes volúmenes se combinen de forma adecuada, consiguiendo una escena equilibrada. El equilibrio se consigue mediante los siguientes tres conceptos:

- **Peso:** concepto subjetivo que hace referencia al punto de mayor influencia visual del escaparate. La ley del equilibrio requiere que un escaparate no pese más de un lado que del otro, consiguiendo un peso óptico equivalente.
  Un escaparate puede contener uno o varios puntos focales.
  Las principales técnicas para resaltar un producto son:
  - Tamaño: el producto o productos principales, si tienen mayor tamaño que el resto de elementos que conforman el escaparate, tendrán mayor peso en el escaparate.
  - Altura: colocarlo a una altura mayor que el resto de unidades del escaparate.
  - Aislamiento: aislar provoca una mayor atención sobre un punto focal.
  - Color e iluminación: elegir colores cálidos e iluminar el producto; si se utiliza un maniquí, la iluminación debe ir al pecho.
  - Nivel de los ojos: situarlo por debajo del nivel de los ojos, un poco descentrado.
  - Ubicación: colocarlo siempre en la pared cen-

tral, nunca en las laterales, y orientarlo hacia el interior.

- Flujo de circulación de los transeúntes: si la dirección del paso del transeúnte es a la derecha se debe situar ligeramente a la derecha del escaparate; si es a la izquierda, se debe situar ligeramente a la izquierda de la parte central del escaparate. Es conveniente que los puntos focales se orienten en la dirección del recorrido visual.

- **Recorrido visual:** es la línea que siguen los ojos como tendencia natural, fijándose primero en un punto concreto para visualizar posteriormente el resto del escenario.

Figura 4.7. El punto focal lo representa el maniquí, situado ligeramente a la izquierda, debido a que la dirección de paso de los transeúntes es hacia la izquierda.

- **Ritmo:** es el resultado de la repetición de formas, líneas, volúmenes y colores. El ritmo puede crear diferentes composiciones, compuestas por repeticiones homogéneas, de unidades a intervalos, secuencias, etc. en las que cobra gran protagonismo el color.

4.4. Forma y materia

La forma es el conjunto de líneas y superficies que determinan la planta, el contorno o el volumen de una cosa, en contraposición a la materia de la que está compuesto. Es el conjunto estético que adquieren los productos.

La materia siempre existe en conjunción con la forma que la caracteriza, no puede existir por sí sola, es un elemento de todos los cuerpos.

La forma puede ser total o parcialmente modificada en función de la materia con la que esté constituido el cuerpo. El ejemplo más significativo lo encontramos en la forma que adquiere la materia textil: una camisa puede adquirir la forma del busto de una mujer, mediante un maniquí, o simplemente mostrar su color o diseño ya sea doblada o extendida en un soporte determinado.

Todo lo que observamos se basa en la percepción que tenemos de las cosas. Cuanto más simples sean y menos información contengan los estímulos, la percepción resultante será más aproximada al hecho real. Esta afirmación es relevante a la hora de dar forma a la materia del producto a exponer.

La forma, principal elemento de una composición, se compone de diferentes elementos básicos que veremos a continuación.

4.4.1. Punto y línea

El **punto** es un ente abstracto que representa la máxima concentración de un dibujo. Es considerado como la unidad más pequeña de la que se desprende toda la expresión gráfica. En escaparatismo representa un punto de atracción, considerado como un centro de atención natural.

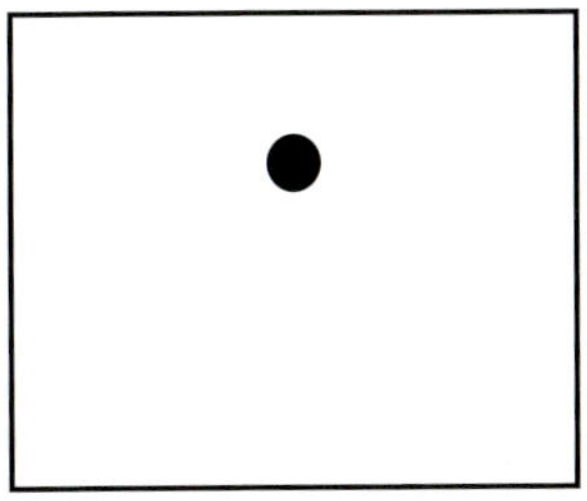

Figura 4.8. Un punto, con un fondo blanco de fondo, consigue atraer la mirada en ese punto único.

Cuando mayor sea el punto, mayor será su capacidad para llamar la atención de aquella persona que lo visualice. Asimismo, el color y la posición en el espacio se pueden utilizar para aumentar el efecto.

El punto es un elemento estático, pero en el momento en que se combina con más puntos realizando diferentes composiciones, pasa a ser un elemento dinámico; representando el origen de la línea y, por tanto, del plano y la forma.

La **línea** es un ente abstracto formado por un conjunto de puntos; conforma el medio gráfico básico para realizar el boceto de un escaparate. La línea contiene gran expresividad gráfica: movimiento.

Figura 4.9. Escaparate basado en líneas horizontales.

Los diferentes tipos de línea son la base de las diferentes composiciones a la hora de diseñar un escaparate. Cada tipo de línea va a aportar un significado psicológico diferente en función de su dirección y movimiento:

a) **Línea discontinua:** produce una sensación de movimiento interrumpido. Se utilización no es la mejor opción en escaparatismo, ya que provoca una sensación de inquietud.
b) **Zigzag:** serie de líneas que forman alternativamente ángulos entrantes y salientes. Representa energía, movimiento.
c) **Ondas:** curvas que se producen, de forma natural o artificial, en ciertos objetos que gozan de flexibilidad. Expresan movimiento continuo.
d) **Curva:** línea cuyos puntos sucesivos cambian continuamente de dirección sin formar ángulo. Expresa dinamismo, está relacionada con las formas femeninas.
e) **Arcos concéntricos:** los objetos concéntricos comparten el mismo centro, eje u origen. Tienen un gran impacto visual en escaparatismo.
f) **Línea vertical, horizontal y paralelas:** la línea vertical expresa elevación, elegancia, seguridad; se utiliza cuando el escaparate es bajo y ancho.
La línea horizontal expresa equilibrio, calma, bienestar; se utiliza cuando un escaparate es alto y estrecho.
Cuando se trazan varias líneas verticales u horizontales aparecen las líneas paralelas, las cuales expresan sensación de apoyo, dirección. La dirección será más acentuada cuantas más líneas paralelas haya.
g) **Línea oblicua ascendente y descendente:** es aquella que no es ni paralela, ni perpendicular, alcanzando múltiples ángulos. En sentido ascendente transmite esfuerzo, logro, y en sentido descendente se traduce como deterioro, disminución.
h) **Ángulo:** figura formada por dos elementos unidos por un extremo. Significa ruptura, provocación.

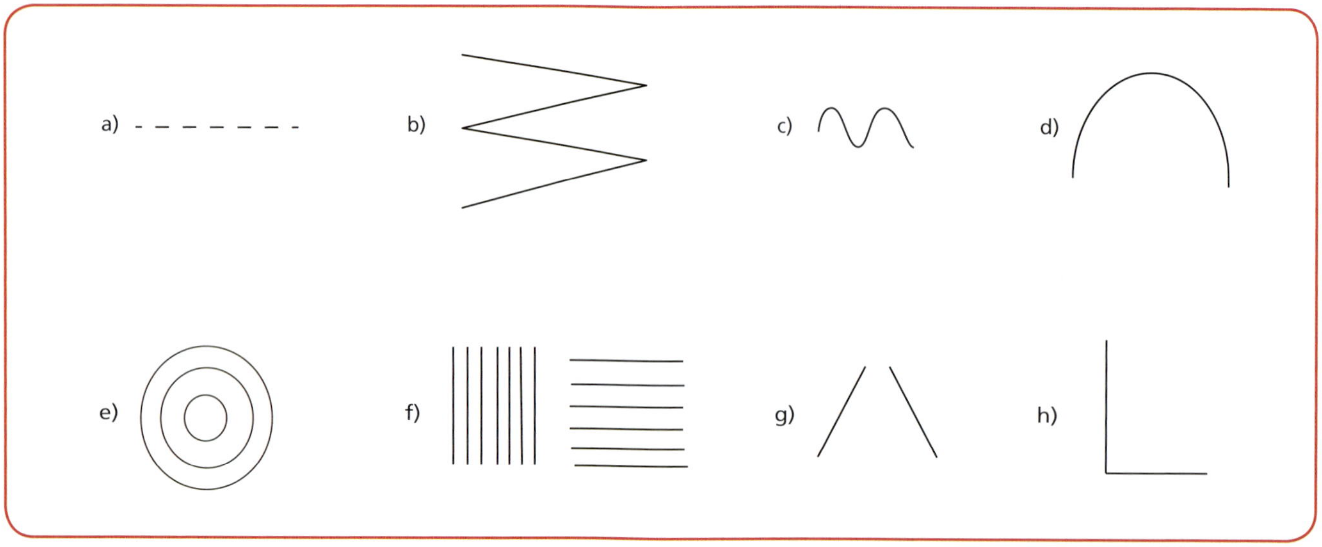

Figura 4.10. Formas básicas.

Actividad propuesta 4.10

Relaciona cada tipo de línea con la sensación que produce:

Línea	Significado
1. Línea.	a) Ruptura.
2. Curva.	b) Dinamismo.
3. Ondas.	c) Esfuerzo.
4. Línea oblicua ascendente.	d) Movimiento.
5. El ángulo.	e) Movimiento continuo.

4.4.2. Formas geométricas

Las formas geométricas están compuestas por un conjunto de puntos que forman áreas cerradas en el espacio. Las diferentes composiciones geométricas van a transmitir diferentes significados psicológicos al observarlas.

Hablamos de contorno cuando el trazo de línea se une en un mismo punto. El contorno será estático o dinámico dependiendo del uso que se les dé a las líneas o de las direcciones que adopten.

Las formas definen la geometría en el espacio. Dentro de las diferentes formas geométricas destacan las siguientes:

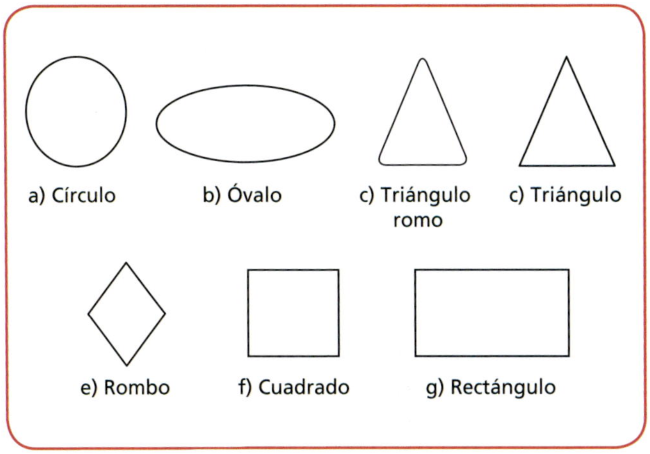

Figura 4.11. Formas geométricas básicas.

a) **Círculo:** curva cerrada cuyos puntos equidistan del centro. Expresa perfección, gran poder de atracción. Su centro es muy utilizado como punto focal en escaparatismo.
b) **Óvalo:** figura geométrica de forma parecida a la de la elipse, con dos ejes de simetría perpendiculares, compuesta de varios arcos de circunferencia tangentes entre sí. Expresa tranquilidad y su utilización es similar a la del círculo en escaparatismo.
c) **Triángulo romo:** es un tipo de triángulo con la peculiaridad de que tiene las esquinas redondeadas. Expresa equilibrio, transmite sensación de espacios sugestivos y agradables.
d) **Triángulo:** figura geométrica de tres lados y tres ángulos que expresa efectividad, provocación e irritación.
e) **Rombo:** figura geométrica de cuatro lados iguales que no forman ángulos rectos. Expresa masculinidad, denota cierto grado de agresividad.
f) **Cuadrado:** figura geométrica de cuatro lados iguales que forman ángulos rectos. Expresa estabilidad, fuerza, permanencia.
g) **Rectángulo:** figura geométrica de cuatro lados de dos longitudes distintas que forman cuatro ángulos rectos. Expresa, en posición vertical, elegancia y, en posición horizontal, estabilidad.
h) **Otras formas geométricas:** existen múltiples formas geométricas irregulares, las cuales expresan inestabilidad e inseguridad.

Figura 4.12. Escaparate basado en formas triangulares. *Mercería La Palma (Cuenca).*

Cada una de las formas básicas tiene asociada una dirección visual. Las combinaciones horizontales y verticales expresan equilibrio, así como las diagonales, inestabilidad. Las diferentes formas geométricas se utilizan en escaparatismo para realizar diferentes composiciones que realcen el artículo transmitiendo diferentes sensaciones con el objetivo de que sean percibidas por el viandante y retenidas en su memoria.

Actividad propuesta 4.11

Relaciona cada forma geométrica básica con la sensación que produce:

Forma básica	Significado
1. Rombo.	a) Tranquilidad.
2. Óvalo.	b) Agresividad.
3. Triángulo.	c) Fuerza.
4. Cuadrado.	d) Irritación.
5. Rectángulo vertical.	e) Elegancia.

4.5. Eficacia del escaparate

Un escaparate eficaz se traduce en unas dimensiones adecuadas, una relación de elementos expuestos de forma coherente, con un atrezo que resalta el producto o productos principales, una perfecta composición y utilización del color, una correcta ubicación y temperatura y un proyecto de iluminación acorde al mensaje que transmite; dando lugar a un escaparate original, creativo y que llame la atención de las personas que lo visualicen. Si todo este proceso se traduce en un aumento de las ventas, podemos decir que la estrategia de Escaparatismo del punto de venta funciona eficazmente.

Periódicamente, el punto de venta debe realizar una ficha de evaluación del escaparate con los apartados que se muestran en la Figura 4.14.

La ficha de evaluación de un escaparate es un instrumento útil, pero para confirmar que el escaparate es el responsable directo de ese aumento de las ventas hay que realizar un estudio más minucioso observando y registrando el número de clientes que se paran ante el escaparate y, de ese segmento poblacional, cuántos entran al mismo y, a su vez, de ese número de personas, cuántos realizan una compra.

Los registros que se deben realizar son de todas las personas que pasan por delante del escaparate, se paran, entran al punto de venta y compran.

Para que las mediciones sean correctas se deben realizar de forma sistemática y cada vez que se renueva el escaparate. En el registro de datos se debe tener en cuenta:

- Horario comercial.
- Segmento poblacional.
- Muestra representativa: se deben tomas los datos varias veces al día y con un número suficiente para obtener resultados representativos.

Figura 4.13. Los maniquís exponen diferentes prendas con una misma gama de colores, mediante una composición dinámica y equilibrada.

Punto de venta: ....

Ubicación: ....

Dimensiones	
Tipo de escaparate	
Época del año	
Mensaje	
Imagen	
Artículo principal	
Atrezo	
Observaciones	

Figura-Fondo	Primer plano (%)	Plano central (%)	Plano de fondo (%)

	Peso	Recorrido visual	Ritmo
Simetría			
Asimetría			

- Uso de líneas: ....
- Formas geométricas: ....
- Temperatura de la composición:

- Armonía del color y la iluminación: ....
  ....
- Otros aspectos a destacar: ....
  ....
- Observaciones: ....
  ....

Figura 4.14. Ficha de evaluación de un escaparate.

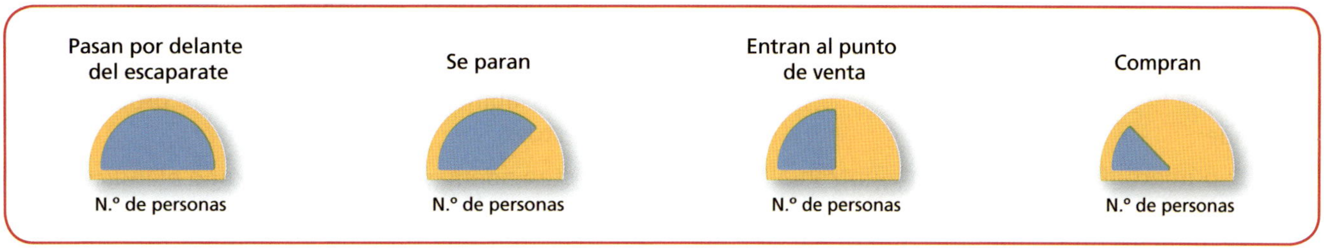

Figura 4.15. Registro del número de personas que pasan ante un escaparate, se paran, entran al punto de venta y compran.

La hoja de registro debe contener los siguientes datos:

Punto de venta:					**Día:**		**Hora:**		
	Hombres (edad)				**Mujeres (edad)**				**Niños**
	15-30	**30-45**	**45-60**	**+60**	**15-30**	**30-45**	**45-60**	**+60**	
Pasan									
Paran									
Entran									
Compran									

Los datos observados formarán parte de una muestra representativa con la que se podrá realizar un estudio estadístico mediante diferentes ratios de control de eficacia del escaparate, se podrán realizar comparaciones y sacar conclusiones objetivas.

Actividad propuesta 4.12

Realiza la ficha de evaluación del escaparate que aparece en la Figura 4.13.

4.5.1. Cálculo de ratios de control de la eficacia del escaparate

Los ratios de control de la eficacia del escaparate permiten obtener una valoración objetiva y cuantitativa de la efectividad de un escaparate.

Los principales ratios de control de un escaparate son:

1. **Índice de atracción** = *M*/*P*

   Donde:

   - *M*: número de transeúntes que se paran a mirar el escaparate.
   - *P*: número de transeúntes que pasan por delante del escaparate.

   El índice muestra el número de transeúntes que se paran a mirar el escaparate respecto al número de transeúntes que pasan por delante de él. Se considera un resultado óptimo a partir de un 33 %. Cuanto mayor sea este índice, mayor será el éxito del escaparate expuesto (%).

2. **Índice de motivación** = *E*/*M*

   Donde:

   - *E*: número de transeúntes que entran al punto de venta.
   - *M*: número de transeúntes que se paran a mirar el escaparate.

   El índice muestra el número de transeúntes que entran al punto de venta respecto al número de transeúntes que se paran a mirar el escaparate. Cuánto mayor porcentaje adquiera este índice, más motivador será el escaparate.

3. **Índice de circulación** = *E*/*P*

   Donde:

   - *E*: número de transeúntes que entran al punto de venta.
   - *P*: número de transeúntes que pasan por delante del escaparate.

   El índice muestra el número de transeúntes que entran al punto de venta respecto al número de transeúntes que pasan por delante de él. Un resultado óptimo será producto del trabajo del visual merchandiser en su totalidad, ya que el transeúnte no se para en el escaparate; es decir, que directamente entra en el punto de venta, bien porque es un cliente habitual, o bien por el conjunto del punto de venta.

4. **Índice de compra** = *C*/*M*

   Donde:

   - *C*: número de clientes que realizan una compra.
   - *M*: número de transeúntes que se paran a mirar el escaparate.

   El índice muestra el número de clientes que realizan una compra respecto al número de transeúntes que se paran a mirar el escaparate. Este índice está directamente relacionado con la influencia que ejerce el escaparate en relación a las ventas del punto de venta. Así, el comerciante puede saber la influencia que ha ejercido el escaparate en sus clientes y si las ventas aumentan en relación a los productos expuestos.

Existen además otros índices, como el índice de interés que muestra el tiempo total de parada ante el escaparate (suma total de los tiempos de cada transeúnte que observa el escaparate).

Caso práctico 4.1

Los resultados obtenidos en la observación de un escaparate de lunes a sábado son los siguientes:

	P	*M*	*E*	*C*
Lunes	100	80	50	40
Martes	120	110	80	60
Miércoles	110	98	65	30
Jueves	115	100	85	50
Viernes	150	118	97	78
Sábado	200	175	105	93

Realiza un estudio de la eficacia del escaparate con los principales ratios de control y comenta los resultados.

Solución:

	P	*M*	*E*	*C*	Índice de atracción	Índice de motivación	Índice de circulación	Índice de compra
Lunes	100	80	50	40	80/100	50/80	50/100	40/80
Martes	120	110	80	60	110/120	80/110	80/120	60/110
Miércoles	110	98	65	30	98/110	65/98	65/110	30/98
Jueves	115	100	85	50	100/115	85/100	85/115	50/100
Viernes	150	118	97	78	118/150	97/118	97/150	78/118
Sábado	200	175	105	93	175/200	105/175	105/200	93/175
Total					0,857	0,715	0,61	0,5

1. Índice de atracción:
   - Calculamos el índice de atracción (*M*/*P*), de cada día y el total de la semana: 5,145.
   - Dividimos el total entre el número de días de observación: 5,145/6 = 0,857.
   - Este dato nos indica que cada 100 personas que pasan por delante del escaparate, 86 paran y miran el escaparate.
2. Índice de motivación:
   - Calculamos el índice de motivación (*E*/*M*), de cada día y el total de la semana: 4,29.
   - Dividimos el total entre el número de días de observación: 4,29/6= 0,715.
   - Este dato nos indica que de cada 100 personas que miran el escaparate, 72 entran al punto de venta.
3. Índice de circulación:
   - Calculamos el índice de circulación (*E*/*P*), de cada día y el total de la semana: 3,675.
   - Dividimos el total entre el número de días de observación: 3,675/6 = 0,61.
   - Este dato nos indica que de cada 100 personas que pasan por delante del escaparate, 62 entran al punto de venta.
4. Índice de compra:
   - Calculamos el índice de compra (*C*/*M*), de cada día y el total de la semana: 3,03.
   - Dividimos el total entre el número de días de observación: 3,03/6 = 0,5.
   - Este dato nos indica que de cada 100 personas que paran delante del escaparate, 50 entran al punto de venta y realizan una compra.

Actividad propuesta 4.13

El punto de venta, cuyo escaparate se muestra a continuación, ha conseguido muy buenos resultados de ventas:

a) Realiza una ficha de observación.

b) Si los resultados obtenidos de la observación de lunes a sábado en distinta franja horaria son los siguientes:

	P	*M*	*E*	*C*
Lunes	50	45	33	18
Martes	44	40	22	21
Miércoles	73	70	44	43
Jueves	87	80	55	50
Viernes	130	120	99	81
Sábado	145	130	111	82

- Calcula los ratios de control de la eficacia del escaparate.
- ¿Consideras que los buenos resultados del punto de venta están relacionados con el diseño y producto expuesto en el escaparate?

Actividad propuesta 4.14

Los resultados obtenidos en la observación de un escaparate de lunes a sábado son los siguientes:

	P	*M*	*E*	*C*
Lunes	60	30	10	5
Martes	78	32	14	7
Miércoles	88	34	15	9
Jueves	93	35	16	11
Viernes	99	38	20	13
Sábado	120	40	31	15

a) Realiza un estudio de la eficacia del escaparate con los principales ratios de control y comenta los resultados.

b) Según los resultados obtenidos, ¿consideras que el escaparate atrae a aquellas personas que pasan por delante de él? Razona la respuesta.

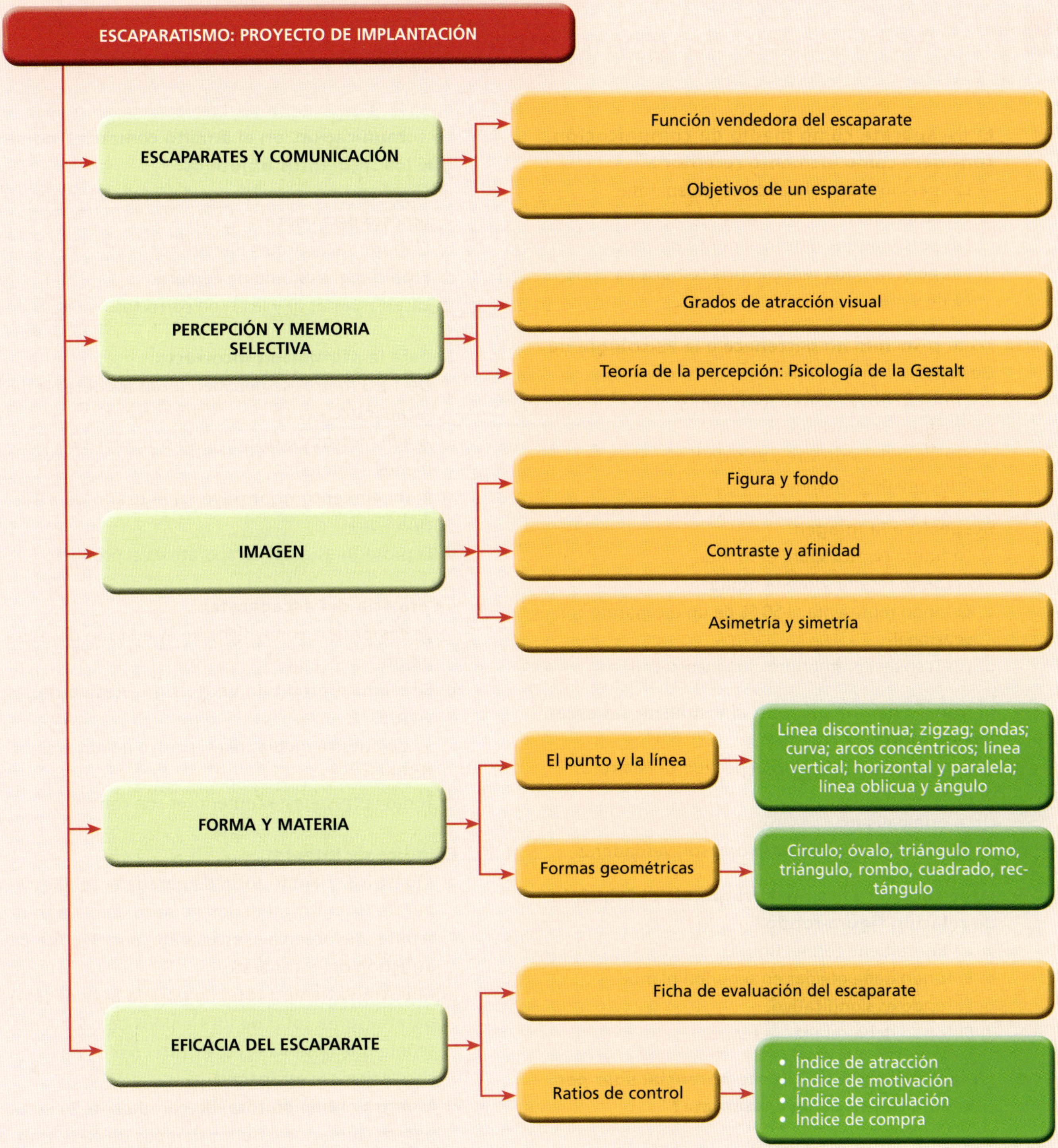
ESCAPARATISMO: PROYECTO DE IMPLANTACIÓN
ESCAPARATES Y COMUNICACIÓN
Función vendedora del escaparate
Objetivos de un esparate
PERCEPCIÓN Y MEMORIA SELECTIVA
Grados de atracción visual
Teoría de la percepción: Psicología de la Gestalt
IMAGEN
Figura y fondo
Contraste y afinidad
Asimetría y simetría
FORMA Y MATERIA
El punto y la línea
Línea discontinua; zigzag; ondas; curva; arcos concéntricos; línea vertical; horizontal y paralela; línea oblicua y ángulo
Formas geométricas
Círculo; óvalo, triángulo romo, triángulo, rombo, cuadrado, rectángulo
EFICACIA DEL ESCAPARATE
Ficha de evaluación del escaparate
Ratios de control
• Índice de atracción
• Índice de motivación
• Índice de circulación
• Índice de compra

Actividades de comprobación

4.1. El escaparate como medio de comunicación, considera como elemento receptor a:

a) Las personas que visualicen el escaparate.
b) El consumidor.
c) Las personas que entran al punto de venta.
d) Las personas que realizan una compra en el punto de venta.

4.2. ¿Qué principio no pertenece a la Psicología de Gestalt?

a) Principio de relación figura-fondo.
b) Principio de Proximidad.
c) Principio de contraste y afinidad.
d) Principio de Simetría.

4.3. Respecto a la imagen:

a) La figura resalta sobre el fondo.
b) El fondo resalta sobre la figura.
c) El fondo representa el 50 % de un escaparate convencional.
d) Las respuestas anteriores son incorrectas.

4.4. El interés de una persona al visualizar un escaparate aumenta con:

a) El grado de aislamiento al percibir un artículo.
b) La creatividad.
c) La originalidad.
d) Todas las respuestas anteriores son verdaderas.

4.5. ¿Qué característica no corresponde al Principio de relación figura-fondo?

a) La figura tiene forma, figura.
b) El fondo debe quedar en segundo plano.
c) El fondo es significativo.
d) El fondo debe resaltar la figura.

4.6. ¿A qué distancia un cliente potencial solo percibe volúmenes de un escaparate?

a) A 1 metro.
b) A 2 metros.
c) A 3 metros.
d) A 40 metros.

4.7. La comunicación, en el ámbito comercial, persigue los siguientes objetivos:

a) Satisfacer las necesidades del consumidor en su proceso de compra.
b) Elaborar escaparates llamativos.
c) Propiciar el estímulo de compra.
d) Las respuestas a) y la c) son correctas.

4.8. Señala la afirmación incorrecta:

a) De 1 a 3 metros se perciben todos los detalles del escaparate.
b) A 400 metros de distancia solo se perciben volúmenes y colores.
c) El movimiento no influye en el grado de atracción visual.
d) El protagonista del escaparate es el producto.

4.9. La eficacia del escaparate:

a) Se comprueba con la ficha de evaluación del escaparate.
b) Se traduce en un aumento significativo de las ventas.
c) Se demuestra mediante el registro de datos significativos.
d) Todas las respuestas anteriores son correctas.

4.10. El índice de interés:

a) Muestra el tiempo total de parada ante el escaparate (suma total de los tiempos de cada transeúnte que observa el escaparate) por el índice de atracción del escaparate.
b) Muestra el tiempo total de parada ante el escaparate (suma total de los tiempos de cada transeúnte que observa el escaparate) por el índice de circulación del escaparate.
c) Muestra el tiempo total de parada ante el escaparate (suma total de los tiempos de cada transeúnte que observa el escaparate) por el índice de compra del escaparate.
d) Todas las respuestas anteriores son correctas.

Actividades de aplicación

4.11. Realiza un análisis de los elementos de comunicación del siguiente escaparate.

4.12. ¿Qué diferencia existe entre estímulo y percepción?

4.13. Clasifica los siguientes escaparates en función del tipo de imagen que el establecimiento comercial quiere transmitir.

4.14. ¿Por qué la percepción es subjetiva, selectiva y temporal? Razona la respuesta.

4.15. ¿Qué diferencias existen entre imagen corporativa y la imagen de marca?

4.16. Analiza el equilibrio compositivo del siguiente escaparate.

4.17. Analiza la simetría o asimetría de los siguientes escaparates.

4.18. Observa detenidamente el siguiente escaparate y elabora la ficha de evaluación.

4.19. Realiza la ficha de evaluación de la imagen de la portada de la unidad, que mostramos a continuación.

4.20. El punto de venta cierra el ejercicio con unos ingresos netos que ascienden a 25 000 euros. Se comprueba que el 60 % de los ingresos corresponde a artículos expuestos en el escaparate. Asimismo, de los datos extraídos por el grupo de analistas, el índice de atracción del escaparate asciende al 50 %. ¿Ha cumplido el escaparate con sus principales funciones y objetivos? Razona la respuesta.

Actividades de ampliación

4.21. Lee el siguiente artículo de Marta Fernández Melgarejo, directora general de T-Cuento - (Abantia Retail Solutions) y contesta a las preguntas.

Indicadores clave para el éxito de un *retail*

Las herramientas de RI (*Retail Intelligence*) recogen información acerca de cuántas personas pasan por delante de una tienda, cuántas entran, qué tiempo permanecen y a qué horas. Con estos datos se podrán tomar las decisiones estratégicas más acertadas para optimizar las ventas.

Para evaluar la gestión de nuestros negocios, lo hacemos siempre en función de ciertos indicadores de rendimiento de resultados. Estos, llamados KPI (*Key Performance Indicator*) o KRI (*Key Results Indicator*), son el conjunto de métricas específicas que cada negocio utiliza para cuantificar la consecución de sus objetivos. Al examinar la gestión de tiendas, casi siempre hablamos de cinco indicadores clave:

- Los valores totales de venta por hora.
- Los valores promedio de ventas por cliente (o importe del tique medio).
- Los ítems por tique/venta.
- Las ventas por vendedor.
- Las ventas por metro cuadrado.

Estos datos, absolutamente útiles y necesarios, solo muestran una parte de la realidad: la que se relaciona con los cierres de ventas. Se trata, pues, de KRI, indicadores de resultados. Su característica más común es que son el resultado de muchas acciones: dan una idea clara de si la empresa está tomando el camino adecuado y de si se alcanzan los objetivos. Sin embargo, no comunican al personal ni a los directivos sobre qué hacer para lograr los efectos deseados. Esto solo lo pueden hacer los KPI.

Indicador estratégico

Todo KPI tiene un efecto crítico sobre la mayoría de las restantes métricas, ya que influye en el desarrollo de la estrategia, lo que origina acciones positivas sobre la totalidad de la empresa. Hablamos de un indicador de medición estratégico, útil para la gestión de la estrategia. Las particularidades que los distinguen de los KRI son:

✓ **Métricas no financieras.** Las métricas monetarias expresan resultados, pero sus inductores son otras acciones relacionadas con estrategias concretas (marketing, operaciones, productos, servicios, etc.), que son las que terminan en resultados. Debemos encontrar aquellas métricas que nos ayuden a medir el rendimiento de las estrategias utilizadas, que es lo que realmente puede impulsar el cambio. Y estas métricas no pueden expresarse en cifras monetarias.

✓ **De alta frecuencia.** Los KPI más importantes deben ser monitorizados de forma constante.

Si seleccionamos uno de frecuencia mensual, probablemente sea un indicador de resultados en lugar de un inductor de acciones. Los KPI son generalmente métricas de acción hacia el futuro, en contraposición con las que expresan el resultado ya pasado, histórico. Un error muy común al diseñar un BSC (*Balance Score Card* o modelo de administración) es seleccionar indicadores que expresan datos históricos. Esos no son KPI ni lo serán nunca. Por ejemplo, el indicador Satisfacción de Cliente, que toma datos sobre encuestas tomadas a los clientes durante los últimos seis meses, no es un KPI.

✓ **Deberán estar bajo supervisión directa del director general** o de altos directivos. Cuando una métrica es un verdadero KPI cuenta con la dedicación y atención constante de la dirección general para su seguimiento.

✓ **Los empleados tienen que estar informados y ser conscientes de la importancia de la métrica** y de las acciones correctivas que requiere, y la responsabilidad va ligada directamente a los encargados individuales o a equipos. Un buen KPI dice enseguida qué acciones deben ejecutarse de inmediato. Por ejemplo, un KPI de impuntualidad en una compañía aérea es una manera de transmitir a todo individuo involucrado en el proceso que habría que hacer algo rápido para solucionar el problema. Desde operarios de limpieza, *catering*, azafatas y tripulantes hasta pilotos y oficiales de tráfico deben trabajar en equipo y producir soluciones mágicas para ahorrar un minuto aquí y otro allá sin menoscabar la calidad del servicio, o incluso aumentarlo. El hecho de separar los KPI del resto de métricas tiene un profundo impacto en la forma en que se monitoriza el rendimiento. Están relacionados con la estrategia básica de la empresa, mientras que el resto de las métricas lo está más con aspectos de *management*.

Los directivos solo necesitan conocer cómo están yendo las ventas, los resultados. Los gerentes ejecutivos precisan saber la información que les ayude a medir el rendimiento de las estrategias utilizadas en la gestión de tiendas, que son lo que realmente puede impulsar el cambio, generando acciones correctivas inmediatas sobre ellas. Es decir, ¿cuántos clientes potenciales pasan cada día frente a la tienda y cuántos entran en ella?, ¿cuántos compran y cuántos están de paso?, ¿cómo puede el establecimiento aprovechar esas visitas para incrementar sus ventas? Cuando se trata de una tienda *online*, lo tenemos claro: los clientes potenciales que pasan cada día frente a ella y los que entran son el número de visitantes que «aterrizan» en la *home* y el número de los que navegan por las páginas del *site*. Por tanto, varios indicadores clave sobre el rendimiento de esta *e-commerce* son:

- La tasa de abandono (porcentaje de visitantes que llegan a la *home* y la abandonan sin navegar por sus páginas).
- La tasa de conversión (porcentaje que acaba en compra).
- El tiempo de permanencia en el sitio.
- El horario y día de la semana de preferencia de entradas (en previsión al horario de lanzamiento de ofertas).

Todos estos indicadores del comercio electrónico los monitorizamos fácilmente gracias a herramientas de analítica web como Google Analytics. Las respuestas a esas preguntas, en el mundo *offline*, nos las da el *Retail Intelligence*.

Con estas herramientas conoceremos el número de clientes potenciales que pasan cada día frente a los comercios y el número que entra en las tiendas. A partir de estos datos obtendremos los KPI de la tasa de penetración (porcentajes de los que pasan frente a la tienda y los que entran en ella) y de la conversión (visitantes que realizan una compra).

También sabremos el aforo de la tienda en cada momento, el tiempo medio de permanencia de los clientes, la duración del acto de venta, y el horario y día de la semana de preferencia de entradas. Con todos estos datos, se podrán tomar medidas correctoras o de previsión en función del lanzamiento de ofertas, la disposición de *stocks*, la distribución de personal, etc. No importa si se vende ropa, muebles, electrónica, perfumes, zapatos o cualquier otro producto. El director de marketing, el de expansión y, evidentemente, el gerente de una cadena de *retail* necesitan conocer cómo se comporta el tráfico de clientes en su negocio para poder implementar mejoras operativas.

¿Merece la pena ampliar los horarios?

Otro tema de actualidad, en constante discusión en el sector *retail*, es la definición de los horarios de apertura. Con un lector de tráfico exterior podemos saber el paso de personas frente al negocio las veinticuatro horas del día y por franjas horarias.

Con el contador de tráfico entrante, conoceremos si una tienda tiene tendencia a recibir clientes más temprano o más tarde.

¿Son efectivas mis campañas de marketing?

Tradicionalmente se utilizan las ventas como medición del éxito o fracaso de una campaña de marketing, pero, como hemos comentado, esta no es la correcta valoración.

El objetivo de una campaña de marketing es incrementar el tráfico a la tienda en un momento específico.

El incremento de ventas, en cambio, será el resultado de muchas otras condiciones como, por ejemplo, el servicio y la atención al cliente, el inventario y la presentación del producto, etcétera.

¿Es atractivo mi escaparate?

¿Somos capaces de diseñar un escaparate suficientemente atractivo como para generar un incremento en la tasa de penetración (conversión de tráfico externo a entradas en el establecimiento)? ¿Disponemos de un *merchandising* en la tienda que atraiga a los clientes, que cree y desplace zonas calientes?

La azafata que hemos dispuesto en la entrada para que dé muestras de producto, ¿es capaz de captar tráfico al interior de la tienda? De nuevo, todas estas preguntas las responde el *Retail Intelligence*.

Virgin Megastore ha reportado incrementos en ventas hasta de un 20 % al aplicar tecnologías de conteo de personas, así como 15 puntos diferenciales en tasas de conversión entre tiendas propias (tasa de conversión superior e inferior de sus tiendas). Otro *retailer*, Marks & Spencer, aumentó sus niveles de ventas y volumen de compra por cliente al realizar pequeños cambios en sus estrategias de administración de personal, inventarios de productos y calidad en el servicio.

Ambas compañías, que lo consiguieron a raíz del análisis del tráfico peatonal en tienda, son claros ejemplos de que lo más importante es saber que lo que no se mide, no se puede mejorar.

Invertir en tecnología es hoy invertir en *Retail Intelligence*, la mejor manera de disponer de una visión global de lo que sucede en todos sus puntos de venta, con la que identificar oportunidades de mejora y aumentar así la rentabilidad de su negocio.

FUENTE: Extraído de: FERNÁNDEZ MELGAREJO, M. Indicadores clave para el éxito en retail. *Marketing+Ventas*, n.º 273, 2011.

a) ¿Qué son el KPI (*Key Performance Indicator*) y el KRI (*Key Results Indicator*)?
b) ¿Qué diferencias representan ambos indicadores?
c) ¿Se pueden utilizar para una tienda *online*? Explica las diferencias.
d) ¿Qué es *Retail Intelligence*?
e) ¿Son útiles para escaparatismo los indicadores de los que habla el artículo?
f) ¿Qué otras utilidades ofrece el lector de tráfico exterior?

Enlaces web de interés

Escaparates de Nueva York
http://historiasdenuevayork.es/tag/escaparates-navidenos-en-nueva-york/

Tendencias mundiales en visual merchandising
https://tendenciasvisual.wordpress.com/

Una navidad a través del escaparate
http://www.vogue.mx/moda/estilo-vogue/galerias/escaparates-en-navidad/3784/image/1234298

TC Group Solutions (empresa especializada en la obtención y el análisis de datos dentro y fuera del punto de venta)
http://www.t-cuento.com/es/index.php

Agencia Estatal Boletín Oficial del Estado
www.boe.es

Congreso de los Diputados
www.congreso.es

Senado
www.senado.es

Banco de España
www.bde.es

Revista: Marketing+Ventas
revistas.laley.es

5

Diseño del escaparate

CONTENIDOS

OBJETIVOS

- Estudiar la importancia del color a la hora de diseñar un escaparate.
- Identificar los diferentes tipos de luz que potencian el producto en un escaparate.
- Conocer los elementos de animación de un escaparate.
- Analizar aspectos esenciales del escaparate.
- Valorar el reciclaje de materiales en escaparatismo.
- Elaborar bocetos y maquetas de escaparates.
- Valorar el uso de programas informáticos de diseño y distribución de espacios.

INTRODUCCIÓN

Un buen escaparate se presenta incompleto si no se ha realizado un estudio de color e iluminación adecuados para resaltar el género expuesto. El escenario se completa con un atrezo original que convierte el escaparate en una auténtica obra de arte. Para un trabajo perfecto es necesario realizar previamente uno o varios bocetos, así como la elaboración de una maqueta, con medios tradicionales o con las últimas innovaciones tecnológicas, para detallar al máximo el diseño que posteriormente se materializará en el escaparate.

En la presente unidad se van a desarrollar todos estos conceptos: el estudio de la luz y la iluminación; el análisis de todos los elementos que pueden servir de atrezo en un escaparate, valorando la posibilidad de reutilizar materiales ya existentes tanto en el punto de venta como en escaparates anteriores; el estudio de la creación de un boceto así como diferentes programas informáticos de diseño y distribución de espacios.

5.1. Color

El color es un elemento capaz de provocar sensaciones que ejercen una considerable influencia sobre el comportamiento del consumidor. En escaparatismo es un importante componente que influye notablemente en los resultados del escaparate.

El color no tiene materia, es una sensación producida por la acción de la luz sobre el órgano de la visión. El estudio del color en escaparatismo se centra en la teoría de la pigmentación y de la luz así como en el significado psicológico que se les atribuye.

5.1.1. Concepto y características

La teoría de la pigmentación nos demuestra cómo, partiendo de tres colores primarios (azul, rojo y amarillo), se establece toda la gama cromática que conocemos. Es importante definir los siguientes conceptos:

- **Matiz:** es el nombre del color. Para que un color cambie de matiz, se le añade otro.
- **Tono:** es el grado de oscuridad o luminosidad de un color. Añadiendo negro a un matiz, este se oscurece gradualmente y las distintas gradaciones reciben el nombre de sombras. Las gradaciones hacia la luminosidad se obtienen añadiendo blanco.
- **Intensidad:** es el grado de brillantez del color. Un matiz de intensidad fuerte tiene un aspecto vivo y saturado, mientras que un matiz de intensidad débil resulta apagado. Por ejemplo el amarillo es un color de alta intensidad y el violeta es todo lo contrario.
- **Colores secundarios:** se obtienen mezclando los colores primarios: el naranja es una mezcla de rojo y amarillo; el verde, de amarillo y azul, y el violeta, de rojo y azul.

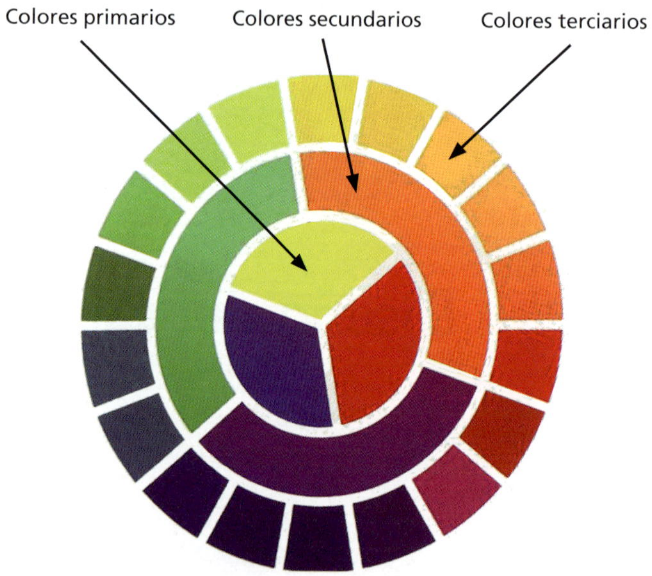

Figura 5.1. Círculo cromático.

- **Colores complementarios:** el círculo cromático permite distinguir a simple vista cuál es el complementario: diametralmente el opuesto de cada color. Cada color primario tienen en posición opuesta a otro primario.
- **Colores terciarios:** el rojo-naranja, el amarillo-verde y el azul-violeta se obtienen mezclando un color primario y uno secundario.
- **Temperatura:** algunos colores parecen cálidos, otros fríos. Los colores cálidos llaman la atención: son colores fuertes y estimulantes; los colores fríos son opuestos a los cálidos y producen sensación de calma, tranquilidad.

Si se divide el círculo cromático en dos partes, seccionando el amarillo por arriba y el violeta por debajo, se verá que los rojos y los naranjas del lado izquierdo son cálidos y vibrantes y los azules del lado derecho son fríos y reposados. La sección amarilla del lado naranja es de un amarillo cálido, mientras que la del lado verde es un amarillo frío. Lo mismo sucede con el violeta; el más cálido se sitúa cerca del rojo y el más frío cerca del azul.

Figura 5.2. Temperatura del color.

- **Colores de tendencia similar:** son los que ocupan una posición contigua en el círculo cromático. Comparten una misma base cromática común. Por ejemplo: el amarillo-naranja y el rojo-naranja tienen en común el color naranja.
- **Armonía cromática:** conjunto de técnicas que se aplican a la creación de un color para lograr cierto equilibrio en los colores que lo componen. Existe armonía cromática cuando utilizamos dos colores y uno de ellos contiene al otro.
- **Contraste:** técnica cromática que consiste en unir dos colores de diferente intensidad. El efecto de contraste se consigue entre los colores puros, con el blanco y el negro, con colores cálidos y colores fríos, o de diferente luminosidad.
- **Reflexión de la luz sobre el color:** fenómeno óptico que se produce cuando la trayectoria de la luz entra en contacto con una superficie o cuerpo.

  Por ejemplo, cuando un objeto se ve rojo es porque recibe todos los colores básicos del espectro (rojo, verde y azul), absorbe el verde y el azul y únicamente devuelve reflejado el rojo. El negro, absorbe todas las radiaciones electromagnéticas y no devuelve ninguna.

  El color influye en la capacidad de reflexión de la luz que reciben, así, según el color, la capacidad de reflexión variará.

  Los porcentajes de reflexión sobre el color son:

  - Blanco: 70 %.
  - Amarillo: 55 %.
  - Verde claro: 48 %.
  - Azul claro: 45 %.
  - Ocre: 25 %.
  - Rojo: 23 %.
  - Azul marino: 10 %.
  - Verde oscuro: 15 %.
  - Negro: 3 %.

Caso práctico 5.1

Analiza el siguiente escaparate en función de los colores empleados.

Solución:

- Maniquí: de color blanco que permite armonizar con cualquier color, destaca el producto al ser este un vestido negro (contraste). El blanco y el negro son colores acromáticos: el blanco es un color blando que permite realzar el resto de colores y, en el presente caso práctico, el producto a exponer.
- Atrezo: color primario y cálido (rojo) que aporta fuerza al escaparate para destacar el color del maniquí y el vestido.
- El objetivo último del uso del color es realzar el producto a exponer, lo cual se consigue en esta exposición.

5.1.2. Psicología y fisiología del color

El color influye en las sensaciones de las personas, por tanto, es fundamental tenerlo en cuenta a la hora de llamar la atención del viandante mediante un escaparate.

La forma en que las personas perciben un elemento está compuesta por percepciones objetivas y subjetivas; en la Tabla 5.1 se muestran los principales significados que se atribuyen a los colores.

Tabla 5.1. Significado de los colores

Color	Significado
Rojo	Pasión, amor, atracción, emoción, alegría, fuerza y dinamismo, opulencia.
Azul	Serenidad, descanso, frialdad, lejanía, amistad, afecto, madurez.
Amarillo	Luz, esplendor, riqueza, celos, odio, envidia, modernidad.
Verde	Firmeza, frescura, esperanza, naturaleza, juventud, equilibrio, reposo.
Naranja	Calidez, fiesta, placer, sol, felicidad, juventud.
Violeta	Tristeza, profundidad, distancia, misterio, calma, dignidad.
Blanco	Pureza, limpieza, paz, calma, armonía, bondad.
Negro	Elegancia, luto, vacío, seriedad, muerte, nobleza.
Gris	Aburrimiento, vejez, tristeza, desánimo.

Recuerda que

El significado de un color puede variar de un país a otro. Por ejemplo, el blanco es el color de luto en China y el negro en España.

La elección de un color determinado define el ambiente de un establecimiento comercial e influye en la percepción del escaparate. Por tanto, el escaparatista utiliza la fisiología y psicología del color para influir en el comportamiento de compra del consumidor en el proceso: estímulo, sensación, percepción y comportamiento.

Análisis de los colores primarios en el montaje de un escaparate

- **Rojo:** es un color cálido y oscuro, que da sensación de opulencia y esplendor. Se puede usar como un fondo fuerte principal o como complemento de otro color. Se trata de un color rico y vibrante, cuya aplicación exige valor pero puede resultar gratificante. Aclarar el rojo aporta profundidad. Los rojos armonizan con el verde, el dorado, el azul, el blanco o el gris.
- **Azul:** color primario que presenta la gama de contrastes más amplia. Puede ser vigoroso y masculino, como el azul marino, o suave, como el lavanda. Es un color frío y armoniza con ocres cálidos, grises, rosas, algunos verdes, el blanco o el rojo anaranjado.
- **Amarillo:** irradia calor, mezclado con púrpura gana en profundidad. Con los amarillos hay que tener un especial cuidado porque cambian con la luz artificial. Dan la sensación de aumentar los espacios por lo que es un color a considerar en escaparates pequeños. El amarillo armoniza con verdes y naranjas, creando ambientes cálidos y vivos.

Vocabulario

Armonizar: coordinar los diferentes valores que el color adquiere en una composición, es decir, cuando en una composición todos los colores poseen una parte común al resto de los colores componentes.

Recuerda que

En la retina existen dos tipos de células fotorreceptoras: bastones y conos. Los bastones se encargan de la visión escotópica y los conos se encargan de la visión fotópica y, gracias a ellos, vemos el color.

Reglas generales a considerar

- Los colores claros dan sensación de amplitud y movimiento, mientras que los oscuros disminuyen el espacio. Se recomienda utilizar los tonos más claros para fondos y los más oscuros para los complementos.
- No deben saturar el espacio, la prudencia debe dominar a la hora de utilizar muchos colores.
- Los colores no son los protagonistas del escaparate, sino los elementos que deben realzar el producto a exponer. En el sector textil es relevante que realcen el color del producto a exponer.
- Los dorados y plateados son colores muy utilizados en festividades y en marcas de prestigio. Su riqueza recomienda utilizarlos como único color jugando con la iluminación y la forma para darle movimiento.
- Los colores disminuyen al aumentar la iluminación, por lo que hay que tener en cuenta para su elección el diseño de la iluminación establecido.
- Los colores de un escaparate se deben decidir en función de los productos y complementos a exponer.

Actividad propuesta 5.1

Determina qué colores emplearías en un escaparate para expresar:

a) Alegría.
b) Tristeza.
c) Elegancia.
d) Amor.

Actividad propuesta 5.2

¿Qué colores utilizarías según las diferentes estaciones del año? Razona la respuesta.

Actividad propuesta 5.3

Un escaparate de una joyería del centro de tu municipio quiere exponer artículos destinados a un segmento poblacional joven (de 18 a 30 años) y de materiales con un coste bajo. Atendiendo al producto expuesto, ¿qué colores serían los más adecuados para el escaparate? Razona la respuesta.

5.2. Iluminación

El proyecto de iluminación de un escaparate es un componente esencial, sin el cual no se podrían visualizar los artículos expuestos. Un escaparatista debe tomar importantes decisiones en un proyecto luminotécnico en función del espacio: la elección del tipo de luz, las lámparas idóneas para resaltar los objetos a la venta, etc., para lograr dar vida a los artículos expuestos y atraer a clientes potenciales.

Mediante la luz, podemos conseguir el protagonismo de un artículo en detrimento de otro, resaltar promociones, disimular defectos, etc.; es decir, potenciar el escenario de visualización de un escaparate.

5.2.1. Concepto y características

La iluminación del escaparate ayuda a proporcionar el escenario perfecto para resaltar ofertas y promociones y destacar la exposición de productos. Transforma los escaparates en tarjetas de presentación

Figura 5.3. En un centro comercial cerrado la luz del escaparate es artificial, condicionada por la propia iluminación del centro comercial.

para la tienda, proporciona una presencia atractiva durante 365 días al año y hace que la gente desee entrar en el punto de venta para interesarse sobre los productos expuestos. Sin iluminación, un escaparate no es visible 24 horas al día.

Al hablar de iluminación, es importante estudiar los siguientes conceptos:

- **Consumo:** actualmente existe una amplia gama de luces y lámparas de bajo consumo y con encendido y apagado automático garantizando el mínimo coste de consumo eléctrico.
- **Temperatura de la luz:** a la hora de elegir la iluminación del escaparate, especialmente la iluminación de acento, es importante que cuente con filtros adecuados para la protección de los artículos expuestos. La temperatura de la luz debe ser acorde con la ventilación del espacio.
- **Enfoque y orientación:** la concentración y la dispersión de la luz, así como la orientación de los focos dotarán al escaparate de diferentes «puntos protagonistas».
- **Tono:** los productos oscuros absorben más luz, lo que implica que precisarán de mayor iluminación.
- **Seguridad:** es importante tener en cuenta toda la normativa de Prevención de Riesgos Laborales (PRL), así como las normas técnicas de instalaciones eléctricas.
- **Accesibilidad:** debe ser facilitado el acceso a la instalación eléctrica dentro del escaparate para su mantenimiento.

Los **cinco principios básicos de iluminación** de un escaparate son los siguientes:

1. Un punto de luz artificial no puede deslumbrar al cliente potencial. La luz debe direccionarse al interior del escaparate, NUNCA a las personas que lo observan.
2. La luz natural condiciona el diseño de iluminación de cada escaparate. Los escaparates ubicados en espacios abiertos deben realizar un estudio minucioso del efecto de la luz natural en cada hora del día y en las diferentes estaciones del año. A partir de los resultados obtenidos, se diseñará la iluminación artificial del escaparate.
3. El producto es el protagonista a resaltar en todo escaparate.
4. Es fundamental tener en cuenta el color de los artículos a exponer. Por ejemplo, el tono oscuro necesita más iluminación; el color marrón requiere una luz cálida; mientras que los verdes, violetas y azules necesitan una luz más fría.
5. La iluminación no debe NUNCA estropear los artículos a exponer en un escaparate. Los catálogos de los principales proveedores de iluminación de los establecimientos comerciales incluyen entre sus elementos una serie de filtros ópticos aplicables a diferentes focos y proyectores protegiendo el estado de los productos a iluminar y sus colores originales.

Los escaparates exteriores que cuentan con luz natural tienen horas del día en las cuales se queda sin efecto la luz artificial, pero, conforme pasa el día, esta empieza a tomar protagonismo.

Los **principales niveles de iluminación artificial** son los siguientes:

1. **Iluminación general:** ilumina de manera uniforme todo el escaparate, evitando el deslumbramiento y proyectando un buen rendimiento visual. Su colocación se ubica en el techo, mediante iluminarias fijas.
2. **Iluminación secundaria o localizada:** se utiliza para resaltar un artículo y para matizar las sombras duras provocadas por la iluminación general. Se divide en:
   a) **Iluminación de acento:** la luz de acento es la que se centra en el producto o productos. Para realzar el producto se utilizan diferentes técnicas, como por ejemplo, lámparas proyectadas hacia abajo.
   b) **Iluminación decorativa o de ambiente:** se utiliza para realzar la decoración del escaparate con elementos decorativos luminosos, como por ejemplo, una lámpara de pie.

Figura 5.4. En el escaparate destaca la iluminación decorativa compuesta por tres originales lámparas que cuelgan del techo: elementos decorativos luminosos.

Los **sistemas de iluminación** permiten crear una atmósfera adecuada según los objetivos del escaparatista. Entre los principales tipos, en función de su dispersión, destacan:

- **Iluminación directa:** se concentra en un único punto, con un grado de concentración del 80 % y un 20 % de dispersión de la luz.
- **Iluminación semidirecta:** se concentra en un único punto, con un grado de concentración del 60 % y un 40 % de dispersión de la luz.
- **Iluminación semiindirecta:** tienen un grado de concentración entre el 40 % y el 60 %, al igual que su dispersión.
- **Iluminación indirecta:** su grado de concentración es nulo, tiene un 100 % de dispersión de luz.

¿Sabías que

La sombra es la intercepción de la luz por un objeto opaco. Es un elemento clave a la hora de generar volúmenes.

La iluminación general diluye las sombras y la secundaria la resalta.

Asimismo también es importante el efecto de luces y sombras que se produce en un escaparate según el **tipo de luz** utilizada:

- **Luz dura:** provoca sombras con bordes marcados. El ángulo será mayor o menor dependiendo de la colocación del objeto, por ejemplo, un maniquí respecto al fondo del escaparate.
- **Luz suave:** provoca sombras desdibujadas.
- **Luz difusa:** no provoca sombras.

La **dirección de la luz** da lugar a la siguiente clasificación que se refleja en la Tabla 5.2:

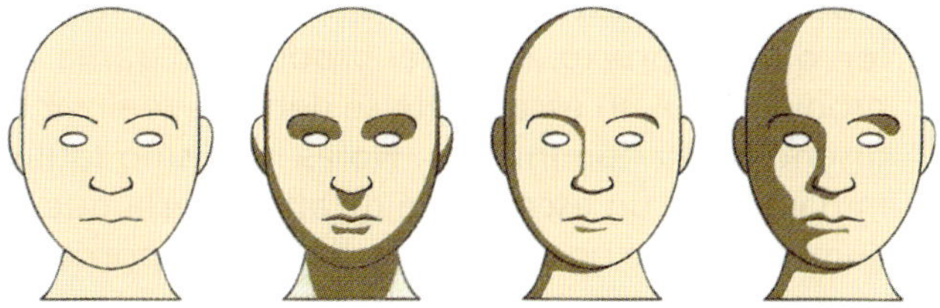

Figura 5.5. Luz frontal, cenital y lateral a 45 y 60 grados, respectivamente.

5.2.2. Potencia de luz en un escaparate

La elección de la potencia de luz se debe realizar en función del espacio que tiene el escaparate. Cuanto mayor sea el escaparate, más conveniente es contratar a personal especializado para tomar una decisión tan importante.

A la hora de seleccionar la potencia de luz de un escaparate, debemos tener en cuenta:

- **Profundidad del escaparate:** a mayor profundidad, mayor iluminación.
- **Luz natural:** escaparates exteriores que cuentan con muchas horas de luz natural, necesitarán menos horas de luz artificial.
- **Entorno:** las características del espacio comercial que rodea a un punto de venta son un condicionante a la hora de contratar el diseño lumínico del escaparate. Por ejemplo, si al lado de nuestro establecimiento contamos con una tienda insignia con una alta inversión en diseño lumínico, nuestro escaparate no se puede quedar «invisible» ante la competencia.

Tabla 5.2. Clasificación según la dirección de la luz

Cenital	Ubicada en el techo, es muy intensa, aumentando la simetría del objeto.
Lateral	Ubicada en los laterales del escaparate, provoca un grado de incidencia sobre el objeto de 45 a 60 grados, destacando la forma de los objetos y profundizando sombras y volúmenes.
Cruzada	Es una iluminación óptima en escaparatismo al combinar diferentes luces sobre el mismo objetivo provenientes de diferentes direcciones; es decir, combinaciones desde ubicaciones superiores y laterales.
Frontal	Su posición se ubica delante del objeto, provoca un efecto de disminución del volumen, resaltando el colorido del producto.
Contraluz	La iluminación procede de la parte de atrás del objeto. No es la iluminación más adecuada para escaparatismo porque deja al objeto sin sombra y puede deslumbrar al espectador.
Nadir	La iluminación procede de la parte inferior del objeto. Proyecta sombras en el techo, el fondo y la pared del escaparate. La sensación que provoca es de grandiosidad y misterio.
Picada	Iluminación lateral de la parte superior.
Contrapicada	Iluminación lateral de la parte inferior.

- **Producto expuesto:** dependiendo del tamaño, color, diseño, precio, etc., del producto o gama de productos de un escaparate se debe de realizar el diseño de su iluminación. No es lo mismo la iluminación de un escaparate de alta joyería que la iluminación de un escaparate de ropa deportiva.

La unidad de medida que indica el nivel de cantidad de luz se denomina **lux**. En términos generales:

- Si el escaparate cuenta con luz incandescente, el escaparate debería tener 200 vatios por metro cuadrado.
- Escaparates pequeños: se deben utilizar de 500 a 1 000 lux en iluminación general y entre 3 000 y 5 000 lux para luces de acento.
- Escaparates grandes: se deben utilizar de 1 000 a 2 000 lux en iluminación general y entre 5 000 y 10 000 lux en luces de acento.

Recuerda que

El lux es la unidad derivada del Sistema Internacional de Unidades para la iluminancia o nivel de iluminación. Equivale a un lumen/m².

Para tomar una decisión acertada al respecto, también hay que considerar si el escaparate es exterior o interior:

- Un escaparate interior cuenta con toda la iluminación existente, por ejemplo, en un centro comercial y, por tanto, la luz del escaparate debe ser superior a la de los pasillos del centro comercial, ya que de no ser así no resaltarán los artículos expuestos.
- Un escaparate exterior, sin embargo, por el día debe considerar la iluminación natural y por la noche el alumbrado de la vía pública.

Sabías que

La unidad de temperatura en el Sistema Internacional de Unidades se denomina kelvin (K), este parámetro incide directamente en la percepción de los colores por parte del receptor

Asimismo hay que tener en cuenta la temperatura en relación a la percepción de los colores:

- Cuando un cuerpo negro es calentado, emite una luz de diferente color según la temperatura a la que se encuentra. De este modo, cada color se puede asociar a la temperatura a la que debería estar un cuerpo negro para emitir en ese color.
- Una tonalidad neutra tiene un valor aproximado a 3 000 K. Los valores por encima de 3 000 K representan una tonalidad de color fría y los valores por debajo de 3 000 K representan una tonalidad de color cálida, como por ejemplo los colores rojizos.
- Una tonalidad por encima de 5 000 K sería una luz muy azulada y crearía un ambiente de palidez e inquietud, mientras que por debajo de los 2 700 K sería una luz muy amarillenta que genera ambientes tristes y melancólicos.

Recuerda que

La temperatura medida en grados Kelvin (K) no es comparable a la temperatura considerada en grados centígrados (°C).

En el siguiente enlace: http://www.metric-conversions.org/es/temperatura/kelvin-a-celsius.htm se pueden convertir los grados Kelvin a grados centígrados.

5.2.3. Tipos de lámparas

Existen multitud de tipos de lámparas y bombillas para iluminar un escaparate, entre otras, destacan las mostradas en la Figura 5.6.

En esta figura se representan los tipos de iluminación más actuales, pero las opciones de iluminación son muy variadas y se puede contar con una gran diversidad de bombillas. Los principales tipos de bombillas se muestran en la Tabla 5.3.

Actividad propuesta 5.4

Accede al siguiente enlace web: http://www.tendenciaseniluminacion.philips.es/ investiga y realiza un resumen con las tendencias actuales que existen en la actualidad para iluminar un escaparate.

Actividad propuesta 5.5

Investiga si en tu municipio, barrio o zona los escaparates siguen las tendencias actuales de iluminación. Realiza, mediante un grupo de trabajo, una exposición que incluya al menos 10 diapositivas con la información obtenida.

Luminarias led: son fáciles de montar y están listas para utilizarlas inmediatamente. Su tecnología de última generación garantiza un bajo consumo eléctrico y una baja carga térmica. Su larga vida útil, bajo coste de mantenimiento y buena reproducción cromática las convierten en una opción muy atractiva para la iluminación de escaparates de todo tipo. Las instalaciones fijas led también ofrecen una iluminación blanca y coloreada dinámica como un extra opcional.

Sistemas de control de iluminación: los sistemas de control de luz inteligentes están estableciendo nuevos estándares en el ahorro de energía en tiendas y centros comerciales. Integrar la luz natural en el concepto del espacio instalando controles de iluminación dependientes de la luz natural significa que es posible ahorrar en luz artificial logrando una eficiencia máxima. Los sensores de presencia miden y regulan constantemente la cantidad requerida de luz.

Módulos led: gracias a su excelente rendimiento, los módulos led cumplen perfectamente con los requisitos de la iluminación general de escaparates. Con su reproducción cromática de buena a excelente exhiben la mercancía y su entorno bajo la luz adecuada. Destaca su alta eficiencia, larga vida útil, calidad y bajo coste.

Lámparas: las lámparas reflectoras led son la elección adecuada para una iluminación extremadamente económica para escaparates. Su excelente calidad de luz, su eficiencia energética por encima de la media, su larga vida útil y su diseño innovador las convierten en la solución preferida.

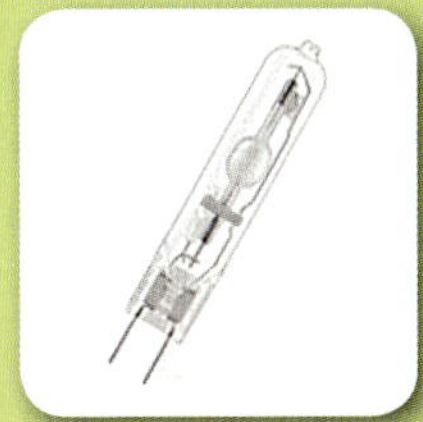

Figura 5.6. Diferentes tipos de lámparas y bombillas. *Cortesía de OSRAM.*

Tabla 5.3. Principales tipos de bombillas

Bombilla	Ubicación	Características
Fluorescente	Generalmente se ubica en el techo.	Utilizada para espacios abiertos, no permite orientación por lo que se emplea para iluminación general.
Incandescente	Iluminación especializada: estantes, paredes, expositores.	Desprenden bastante calor, iluminación direccional y secundaria.
Halógena	Iluminación general de escaparates.	Luz más blanca, permite graduar la intensidad; iluminación direccional, general y focal.
Fibra óptica	Pequeñas vitrinas.	Utilizada en espacios pequeños, iluminación de acento de baja intensidad.
Led	Luz fría para iluminar objetos cercanos.	Utilizada en espacios pequeños, iluminación de acento y baja intensidad. Se presenta en diferentes colores.
Neón	Rótulos exteriores e iluminación de acento.	Coste elevado.

5.3. Elementos para la animación del escaparate

Un buen escaparate con una iluminación adecuada y un buen producto estará incompleto si no se adereza con una buena idea. Llamar la atención, sorprender o mostrar algo con ingenio forma parte del arte del escaparatismo, para ello se necesita recurrir al mundo ilimitado de los objetos de atrezo.

Los elementos de animación en un escaparate son **todas aquellas técnicas que dinamizan y resaltan el producto** que se exhibe en un escaparate: módulos, carteles, señalización, etcétera.

A veces no es necesario recurrir a complicados montajes, una buena idea y materiales sencillos pueden dar lugar a perfectas combinaciones recurriendo a materiales reciclados, objetos domésticos, *collages* multicolor, macrofotos o elementos naturales como flores o frutos.

Vocabulario

Atrezo: conjunto de objetos y accesorios que acompañan al producto que aparece en un escaparate con el objetivo de destacarlo y mostrar una escena llamativa para toda aquella persona que lo visualice.

Recuerda que

Las reglas de oro del escaparate son:

1. Menos es más.
2. Unidad.
3. Visibilidad.
4. Limpieza y mantenimiento.
5. Seguridad.

Recuerda que

Pueden ser elementos de ambientación:

- *Banderas y fondos:* facilitan la colocación de la publicidad telemática y ayudan a resaltar las características de los productos.
- *Demos:* espacios de demostraciones que presentan las características de diferentes productos expuestos.
- *Pantallas:* la tecnología inunda últimamente los escaparates con imágenes de prendas de la colección.

Entre los elementos más importantes de ambientación se encuentran:

a) Módulos, señalizadores, maniquís, *display* y expositores

Los diferentes elementos utilizados para animar un escaparate son amplios y variados, destacando los siguientes:

Figura 5.7. Escaparate cuyo atrezo está compuesto por materiales recuperados (neumáticos). En la imagen aparece una idea muy original para exponer el producto compuesta por neumáticos verdes los cuales han dejado una huella tras llegar al escaparate después de haber sido recién pintados (marca de pared).

» Módulos

Son estructuras independientes que pueden ser utilizadas de forma aislada o bien formar una única estructura. A la hora de seleccionar un módulo para introducirlo en el escaparate, hay que tener en cuenta que las estructuras modulares nunca pueden quitarle el protagonismo al producto, justo al contrario, su misión es ensalzarlo sirviendo de apoyo en su exposición.

Podemos distinguir:

- **Módulos apilables:** estructuras geométricas que permiten establecer diferencias entre productos en función de su altura o simbología. A partir de diferentes formas geométricas se pueden realizar infinitas composiciones, combinando diferentes colores y formas dando lugar a ideas creativas y originales para exponer los productos.

Figura 5.8. Formas geométricas básicas, a partir de las cuales se pueden generar diferentes composiciones en un escaparate.

Las combinaciones entre módulos deben tener siempre un punto de fuga que permita orientar la vista hacia el producto expuesto.

Vocabulario

Punto de fuga: es el lugar en el que convergen dos o más líneas paralelas (reales o imaginarias) hacia el infinito en una imagen.

Figura 5.9. Diferentes módulos apilables de mayor a menor tamaño, dirigiendo el punto focal de abajo a arriba, lugar donde se expone el producto.

Los puntos de fuga son elementos compositivos con gran fuerza visual. A través de las líneas que convergen en un punto se dirige la mirada del espectador al escaparate. Es una forma de guiar el camino de la vista, a la vez que el escenario gana en profundidad.

Cualquier elemento situado en un punto de fuga o de «camino a», resaltará de forma natural atrayendo la mirada hacia él.

- **Módulos de integración:** actualmente contamos con los tipos de módulos de integración que aparecen en la siguiente figura.

Diseño aditivo: se compone de unidades independientes que van incorporando accesorios hasta formar un conjunto.

Diseño integrativo: el conjunto viene agrupado, pero sus componentes forman estructuras que sobresalen y son diferenciadas.

Diseño integral: todos los elementos forman un conjunto integrado.

Figura 5.10. Tipos de módulos de integración.

» Señalizadores

Son flechas o círculos cuya función es crear un punto de atención al viandante ante el producto expuesto en el escaparate.

Muchas veces los señalizadores se utilizan para modificar el recorrido natural de la vista, pero hay que tener cuidado en su utilización ya que un uso incorrecto anularía el protagonismo de los productos expuestos.

» Maniquís

Son figuras de un cuerpo humano utilizadas por los establecimientos para exhibir sus productos, generalmente ropa, bien en el escaparate o en el interior del punto de venta.

Recuerda que

El maniquí sobrio y blanco permite que las prendas sean las que verdaderamente destaquen en el escaparate.

Vocabulario

Maniquí: figura de fibra de vidrio (material más empleado) basada en personas reales, que muestra las tendencias de moda, principalmente en un escaparate.

Existen multitud de tipos de maniquís, 500 diferentes en catálogo, presentándose en diferentes formatos y medidas: con cabeza, sin cabeza, rígidos, en movimiento, señora, niño, etc. El maniquí representa una persona, pero su color está compuesto por colores vivos o matices neutros, blanco, negro o incluso dorado. La elección del tipo de maniquí dependerá del tipo de establecimiento; por ejemplo, una tienda de golf elegirá para sus escaparates maniquís en colores neutros en movimiento.

Algunos de los maniquís más utilizados son los que se muestran en la Tabla 5.4.

Tabla 5.4. Tipos de maniquís

Tipos		Imagen
Maniquís de cuerpo entero: pueden ser femeninos, masculinos, adultos y de niños. Pueden ir con peluca o sin ella, Pueden ser desmontables o fijos y de los siguientes materiales: fibra de vidrio, polipropileno, PVC, etcétera. Los maniquís de señora son los más demandados en el punto de venta.	Maniquís de cuerpo entero femenino.	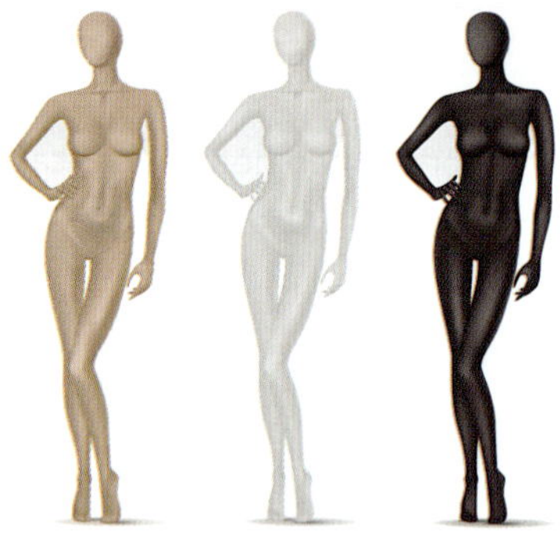
	Maniquís de cuerpo entero masculino.	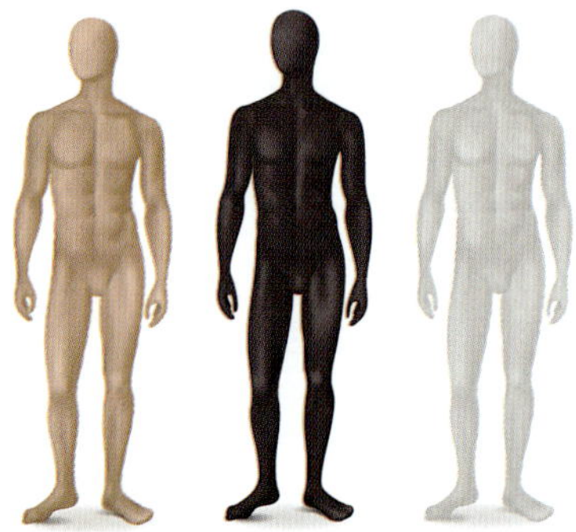
	Maniquís de cuerpo entero de niño.	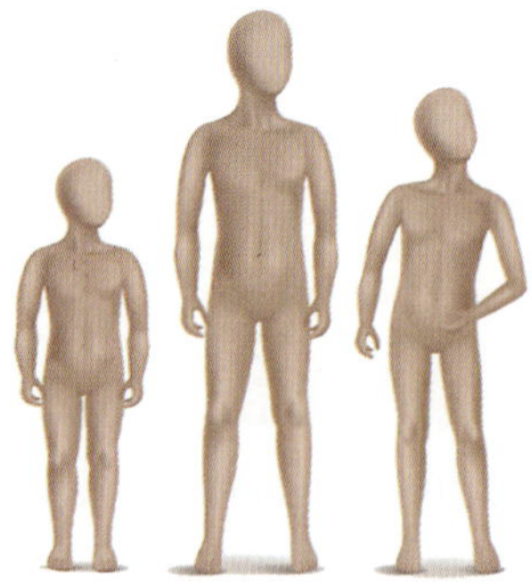

Tipos		Imagen
Bustos: pueden ser de sobremesa, con fijación (múltiples materiales), con brazos, sin brazos, con percha, solo de caderas, con forro de algodón, masculino, femenino, de niño, etcétera.	Maniquí busto masculino.	
	Maniquí busto femenino.	
Otros maniquís: de piernas, cabezas, etcétera.	Maniquí de cabeza con peluca.	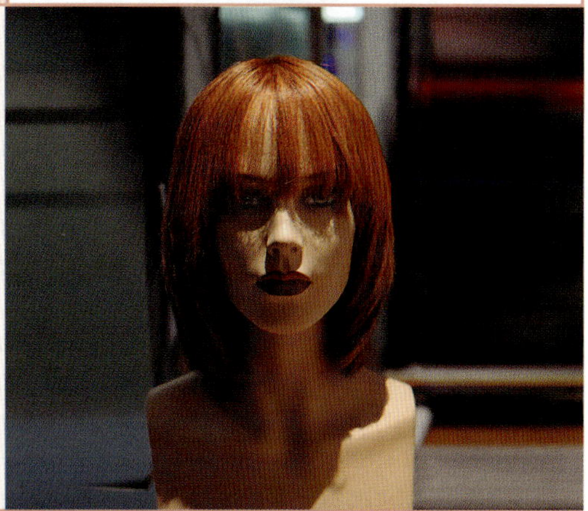
	Maniquís de piernas exponiendo medias.	
	Maniquís de manos exponiendo guantes.	

Recuerda que

Los pies de los maniquís femeninos poseen empeine lo que implica que su fijación se debe realizar teniendo en cuenta el apoyo del mismo para garantizar su estabilidad.

Para conseguir un buen efecto, es necesario seguir las siguientes indicaciones:

- La ropa debe estar en perfecto estado, sin arrugas y con movimiento.
- El vestuario debe estar completamente adaptado al maniquí, mediante alfileres colocados en la parte posterior y preferiblemente cogidos por el interior de la ropa. No se deben visualizar alfileres, hilos, etcétera.
- El maniquí se viste por partes: la parte inferior se debe componer empezando por los pies, con las piernas colocadas hacia arriba, en primer lugar se colocan los calcetines o las medias, posteriormente pantalón o falda y, por último, el calzado. Una vez vestidos, las piernas se incorporan al torso. Las prendas superiores se colocan por la cabeza, las mangas de las camisas han de introducirse dentro de la chaqueta antes de vestir al maniquí (siempre sobresaliendo la camisa en el caso de ser un traje de caballero), se desmontan las manos y poco a poco se va introduciendo la ropa en los brazos para posteriormente fijar las manos con la postura que se quiere mostrar. Añadir al final los complementos necesarios: corbata, pañuelos, bisutería, etcétera.

La ropa de dos piezas se debe colocar conforme al diseño planteado y con una unión cuidadosa. Siempre hay que comprobar el resultado final.

- Se debe sujetar el maniquí correctamente para su perfecta exposición: perno de pie, perno de pierna o barra trasera.
- Cuando se realizan agrupaciones de maniquís, tienen que estar conectados de tal forma que representen una escena armoniosa.
- Se deben cambiar los maniquís de posición con regularidad y deben estar en perfecto estado de limpieza.

Los diseños más actuales se realizan mezclando materiales y formatos, las composiciones variadas consiguen espacios de gran dinamismo, sin necesidad de destinar grandes presupuestos.

» Display

Soporte o expositor de productos que se coloca en los escaparates con fines publicitarios y promocionales. Generalmente está fabricado en cartón ondulado e impreso en *offset* con acabados de alta calidad (barniz ultravioleta, *stampings*, relieves, etc.). En la parte posterior, lleva un pie o unas alas desplegables sobre las que se apoya.

A la hora de utilizar un *display* en un escaparate hay que considerar:

- La dimensión del escaparate: el tamaño del *display* debe ser coherente con el tamaño del escaparate.
- La tonalidad de los colores: el *display* debe llamar la atención y a su vez ser acorde con el producto expuesto.
- Los brillos del material.
- La consistencia del soporte.

Figura 5.11. Maniquís de fibra de vidrio, con cabeza y movimiento en color blanco plateado.

Figura 5.12. Modelos de *displays* o expositores de productos.

» Expositor

Son muebles que se sitúan en el punto de venta para exhibir y promocionar determinados productos. Consisten en varias baldas o estantes combinados con imágenes y carteles publicitarios y tienen por finalidad provocar la venta de un producto o informar sobre algún aspecto relacionado con la promoción de la venta. Su utilización en el escaparate es habitual, incluso algunos establecimientos permiten a sus clientes adquirir los muebles expositores expuestos en sus escaparates, así como el resto de decoración.

La tipología de expositores es extensa: portafolletos, con baldas, etc. Las empresas proveedoras envían anualmente los diferentes modelos a los diferentes espacios comerciales, actualizándolos con múltiples innovaciones cada año.

Figura 5.13. Expositor óptimo para utilizar en un escaparate. El expositor de la imagen representa una promoción de una perfumería realizada en el módulo de EDEC del CFGS de Gestión de Ventas y Espacios Comerciales del IES Alfonso VIII de Cuenca.

b) Cartelería

En escaparatismo son muy utilizados los carteles y los rótulos. Sus funciones principales son atraer, decorar, informar y vender.

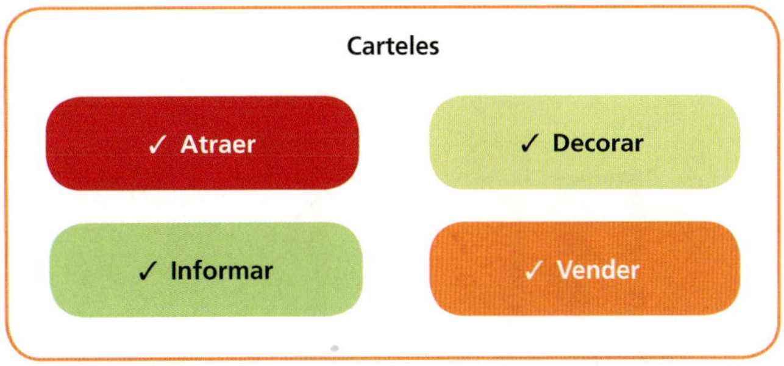

Figura 5.14. Funciones de los carteles.

La cartelería es un elemento muy relevante en escaparatismo, por tanto su diseño, su contenido (imágenes, texto, etc.) y su ubicación conllevan un estudio minucioso. Antes de poner un cartel en un escaparate hay que considerar los siguientes aspectos:

- **Distancia y ubicación para su correcta visualización:** el cartel es un elemento de fondo muy utilizado en escaparatismo, su ubicación no debe ser ni muy alta ni muy baja, con un tamaño que atraiga al espectador y le permita visualizar todo su contenido. El área de visión directa del viandante los sitúa habitualmente a la altura de los ojos. Cuando el cartel está directamente relacionado con el producto expuesto será colocado junto a él en una posición destacada; en caso contrario, se suele colocar en la parte superior izquierda o derecha del escaparate.
- **Fondos y colores adecuados** con el escaparate y, en general, con el punto de venta. Por ejemplo, para un cartel con un fondo rojo, el color de las letras óptimo sería el blanco. También es muy habitual utilizar de fondo en las cadenas comerciales un cartel con el nombre del establecimiento o con la fotografía de un modelo o una modelo.
- **Tipología de las letras:** según el mensaje que se quiera transmitir, se utilizará un tipo y tamaño de letra u otro. Por ejemplo, en rebajas se utiliza una tipología de letras clara, grande y en mayúsculas, generalmente.
- **Cuidar la ortografía y la gramática:** las palabras no pueden contener faltas de ortografía y su texto debe estar escrito de forma coherente y correcta. Las frases deben ser cortas y precisas (eslogan publicitario).
- **Contrastes de palabras, forma y simbología:** un eslogan publicitario es, en ocasiones, el texto del cartel. Si el establecimiento cuenta con logotipo, debe aparecer en la cartelería.
- **Posicionamiento del producto:** el cartel debe colocarse respetando el posicionamiento del producto, es un elemento que debe reforzar la venta, nunca obstaculizar la visión del producto expuesto.

Figura 5.15. La cartelería es un elemento muy utilizado en la época de rebajas. Su visualización en el escaparate es la forma de comunicación más efectiva con el cliente. La colocación del cartel en este escaparate ocupa un lugar protagonista, situado en el centro, reforzando el posicionamiento del producto y con una altura similar a la altura del escaparate. Serigrafía a gran tamaño, llamando la atención en que todo el producto está al 50 %, con un fondo rojo llamativo y unas letras adecuadamente pintadas en blanco.

En ocasiones la cartelería la pone a disposición del punto de venta el fabricante, con una marca concreta o una promoción determinada. El comercio es el que debe decidir la idoneidad de estos carteles en el escaparate, ya que en algunas ocasiones pueden romper con la estética del mismo.

c) Otros elementos de animación

También son considerados elementos de ambientación los siguientes:

» Platós

Espacio diseñado específicamente para exhibir un artículo. Es un elemento muy utilizado en marcas exclusivas para exponer su artículo estrella. La composición es variada: telas, espejos o incluso papel. La iluminación y el color juegan un papel fundamental mostrando el artículo de la forma más impactante posible.

» Elementos con movimiento

El movimiento dentro de un escaparate atrae de forma inmediata el interés del viandante. Existen múltiples fórmulas para crear movimiento dentro de un escaparate:

- **Elementos decorativos en movimiento,** muy utilizados en épocas navideñas.

Figura 5.16. Escaparate temático de Snoopy en Nueva York. En Navidad los escaparates se convierten en un auténtico reclamo turístico, cuyo interés reúne a millones de personas visitantes, lo que se traduce directamente en un aumento significativo de las ventas.

Figura 5.17. Plató que muestra un artículo que destaca en un punto de venta, situándolo como único en el escaparate.

Figura 5.18. Escaparate de una perfumería, cuyos personajes (alumnado del ciclo formativo) muestran un escenario muy atractivo al personalizar la promoción de los productos de la perfumería mediante una escenografía de época.

- **Escaparates vivientes:** representados por personas humanas en sustitución de los maniquís. Varias marcas, así como diferentes prácticas de aula, han realizado durante uno o varios días una sustitución de los maniquís en los escaparates por personas humanas, en ocasiones representadas por el modelo que promociona la firma, provocando un gran impacto y admiración en las personas que visualizan el escaparate.
- **Estructuras mecánicas:** las pantallas digitales permiten emitir las imágenes más impactantes del punto de venta. Actualmente son muy utilizadas en los escaparates de cadenas comerciales, por ejemplo, Mango. A partir de las directrices de la marca se desarrollan los vídeos que se exponen continuamente en el escaparate mostrando el lanzamiento de productos, novedades, colecciones, etc. Normalmente, las pantallas están conectadas a un mismo software que emite los contenidos en todos los puntos de venta. Asimismo si alguna pantalla carece de conexión se visualizan los mismos contenidos mediante un DVD, emitiéndose en diversos formatos e idiomas.

» Plantas y elementos florales

Las flores y plantas, naturales y artificiales, suponen un atrezo muy atractivo en los escaparates. Son muy utilizadas cuando queremos que la estación del año se refleje en el escaparate. En primavera-verano, épocas de gran colorido, la utilización de flores, césped, etc. aporta frescura y espontaneidad al escaparate. En otoño, se utilizan con frecuencia hojas y composiciones florales en tonos marrones y amarillos que representan perfectamente la época otoñal.

Actividad propuesta 5.6

Identifica y analiza el atrezo de los escaparates que se muestran a continuación.

Actividad propuesta 5.7

¿Consideras adecuado el atrezo de los escaparates de la Actividad propuesta 5.6? Si no es así ¿qué elementos añadirías?

Actividad propuesta 5.8

Valora el color e iluminación de los escaparates de la Actividad propuesta 5.6.

Recuerda que

El atrezo puede estar formado por cualquier elemento que suponga una idea original, dotando al escaparate de un escenario perfecto para resaltar sus productos.

5.4. Aspectos esenciales del escaparate

Al diseñar y realizar el montaje de un escaparate, la exposición en un principio debe ser perfecta, pero para su mantenimiento y continua renovación tienen una importancia vital los siguientes aspectos:

1. **Colocación:** la colocación del producto se debe realizar manteniendo el diseño creado en el boceto definitivo. Pequeñas modificaciones pueden realizarse, por ejemplo, para ocultar un pequeño defecto, pero siempre respetando la composición del diseño y sin modificar las características del producto. Habitualmente se realizan diferentes pruebas para resaltar el mejor ángulo del producto o elegir los colores, siempre teniendo en cuenta que es un elemento de atracción del cliente.
2. **Limpieza:** que el escaparate aparezca en perfecto estado es esencial y para conseguirlo la limpieza es un elemento fundamental, no solo del producto que se va a exponer, sino de todo el escaparate: desde el suelo hasta las paredes y el fondo; sin olvidar una parte esencial: las lunas, cuyo material es propicio a tener huellas y polvo acumulado, por lo que su limpieza y mantenimiento tiene que ser periódico.

   Asimismo, cuando hablamos de limpieza del escaparate también hay que tener en cuenta su significado más subjetivo, el que hace referencia a la limpieza de la composición; la cual se consigue cuando la persona que visualiza el escaparate es capaz de percibir el mensaje que transmite.
3. **Rotación:** los escaparates deben renovarse con frecuencia, mínimo dos escaparates por temporada, así como épocas de ventas especiales, como por ejemplo Navidad, San Valentín o Halloween. Cada cambio de escaparate emite la renovación del interior del punto de venta. La rotación del escaparate no tiene que significar un cambio en el diseño del mismo, muchas veces se utiliza el mismo escenario y lo que se modifica son los elementos expuestos. También los cambios se pueden realizar modificando las composiciones o utilizando el material de escaparates anteriores.
4. **Precios:** la normativa actual exige a los diferentes establecimientos comerciales mostrar el precio de los artículos expuestos en el escaparate:
   - «Se incluirá el precio de venta en todos los artículos expuestos en el escaparate».
   - «En cualquier caso el comprador estará en condiciones de conocer el precio de los artículos expuestos en el escaparate sin necesidad de entrar en el establecimiento comercial y de conocer el precio de los artículos expuestos en anaqueles o armarios del interior sin precisar aclaración alguna al respecto por parte del vendedor».

Figura 5.19. El escaparate muestra una composición en la que la colocación del producto se realiza en función del color.

Figura 5.20. El escaparate expone los productos con su precio correspondiente.

– «Para aquellos supuestos en que no sea posible la fijación de la etiqueta a que se refiere el artículo anterior, el precio de venta al público deberá exhibirse de tal modo que su conocimiento sea fácil para el comprador, sin que necesite realizar ningún esfuerzo para su comprobación».

¿Sabías que

La normativa que regula la exposición del precio en un escaparate es la siguiente:

- Real Decreto 3423/2000, de 15 de diciembre, por el que se regula la indicación de los precios de los productos ofrecidos a los consumidores y usuarios.
- Decreto 2807/1972, de 15 de septiembre, por el que se regula el marcado de precios en la venta al público de artículos al por menor.

Algunos escaparates no exponen el precio de los artículos en los escaparates. El consumidor ante tal hecho puede reclamar la exposición de los mismos. A la hora de colocar el precio es importante cuidar el diseño, tamaño, color y tipo de letra de los indicadores, siendo estos acordes con el proyecto del escaparate.

5. **Promociones:** campaña publicitaria que se realiza de un determinado producto o servicio durante un tiempo limitado mediante una oferta atractiva.

   Para informar a los consumidores de una promoción uno de los elementos más empleados es el escaparate. Las promociones más efectivas son las que implican una reducción del precio de venta.

   Es importante no confundir una promoción con la época de rebajas, las cuales vienen reguladas por la Ley de Comercio, que detalla cómo debe realizarse todo el proceso.

6. **Información:** no se debe olvidar que la función del escaparate es informar a todas las personas que lo visualicen de lo que pueden encontrar en el interior del punto de venta. Cuando se represente una escenografía en un escaparate, no se debe olvidar este aspecto, ya que la singularidad de algunos escaparates a veces confunde al consumidor sin saber muy bien qué productos son los que vende el establecimiento comercial. Y, consecuentemente, el cliente potencial dudará si entrar o no al punto de venta. Nunca se debe olvidar que el producto es el protagonista de todo escaparate y que su exposición debe proporcionar información al cliente respecto al mismo: modelo, color, precio, etcétera.

7. **Ambientación:** son todos los elementos que acompañan al producto en un escaparate. Es fundamental para resaltar el producto o servicio que se quiere mostrar, atrayendo las miradas y el interés de las personas que visualizan el escaparate. Los artículos complementarios nunca deben resaltar más que el artículo principal, ya que en este caso quitarían protagonismo al objeto que se quiere vender. Es muy difícil conseguir un equilibrio en los elementos de ambientación: espacios muy recargados provocan la sensación de «caos» y espacios vacíos no llaman la atención, ni resaltan el producto.

En la presente unidad se han analizado los principales elementos de ambientación: maniquís, módulos, *display*, carteles, y un largo etcétera pero recuerda que cualquier elemento puede servir para ambientar un escaparate; «todo sirve» siempre que se realice una composición adecuada que realce el artículo de venta.

Actividad propuesta 5.9

Relaciona las siguientes características con los aspectos esenciales de un escaparate.

Aspectos esenciales del escaparate	Características
1. Información. 2. Ambientación. 3. Precios. 4. Limpieza. 5. Rotación. 6. Promociones. 7. Colocación.	a) Son los elementos que acompañan al producto en un escaparate. b) Se deben incluir en el escaparate, según la normativa vigente. c) Proporciona un perfecto estado del escaparate. d) Se debe realizar manteniendo el diseño del boceto definitivo. e) Una de las funciones principales de un escaparate. f) Los escaparates deben renovarse con frecuencia. g) Las más efectivas son las que implican una reducción del precio de venta.

5.5. Principios de utilización y reutilización de materiales de campañas de escaparates

Todos los elementos que conforman un escaparate se deben presupuestar con antelación, de tal forma que el establecimiento cuente con las partidas anuales de gasto destinadas a la realización de los diferentes escaparates del año. **La reutilización de materiales permite un gran ahorro** en esta partida presupuestaria. Es un concepto que deben tener presente todos los puntos de venta y, en especial, los pequeños establecimientos.

¿Sabías que

Reutilizar materiales consiste en darles de nuevo utilidad con un mismo fin u otro diferente. La originalidad y creatividad permiten, con un mismo material, realizar escenarios completamente diferentes.

Los principios de reutilización de materiales en un escaparate se consiguen mediante:

1. **Utilización de un equipamiento modular:** la utilización de módulos independientes para realizar una composición (vertical, horizontal, ascendente, etc.) permite combinaciones originales diferentes para cada diseño de un escaparate. Con un mismo material de base, se pueden representar múltiples escenarios modificando la ambientación en función del tipo de escaparate y las diferentes estaciones del año.
2. **Empleo de elementos multifuncionales:** el poder dar diferentes utilidades a un mismo elemento permite un gran ahorro y, con la creatividad adecuada, el montaje de escaparates llamativos. Por ejemplo: unas viejas maletas que se pretenden desechar pueden convertirse en un original escenario para exhibir un producto.
3. **Uso de materiales reutilizables:** cualquier objeto puede resultar un complemento de ambientación original. Las telas en un escaparate pueden ser el fondo y en un montaje diferente se pueden utilizar sobre cajas para simular una escalera ascendente de soporte de diferentes artículos. Un mismo elemento puede tener diferentes usos de composición siempre intentando conseguir una estética profesional acorde con la personalidad del punto de venta.

Figura 5.21. Existen múltiples elementos que permiten su reutilización en diferentes escaparates. En la imagen se muestran dos ejemplos: los artículos de decoración navideña y las telas.

Las ventajas de reutilizar materiales son:

- Se produce un menor gasto que afecta directamente a los beneficios del establecimiento comercial.
- Se generan menos desechos contribuyendo a la protección medioambiental.
- Se crea una nueva conciencia más ecológica, constituyendo una nueva forma de organización comercial.

Actividad propuesta 5.10

Realiza una clasificación en función de su grado de reutilización de los siguientes materiales: bombillas, papel de pared, cartel de lanzamiento de un artículo con precio de promoción, cartel de rebajas, cartel de Friday, maniquí, un perfume (perfumería), una estantería de pared, tela de raso y unas gafas de sol (óptica).

Actividad propuesta 5.11

De los materiales reutilizables anteriores, enumera tres opciones de uso de cada uno.

5.6. Bocetos de escaparates

El boceto de un escaparate consiste en un primer esquema en papel sobre el que se empezarán a plasmar las ideas iniciales. No existe un boceto único, se realizan diferentes pruebas hasta llegar al resultado final óptimo.

Vocabulario

Boceto: es un conjunto de ideas previas hechas a mano alzada y plasmadas físicamente en el papel de tal manera que son apreciadas visualmente por los demás.

El boceto representa las ideas del escaparatista en papel, terminando el trabajo con el boceto definitivo que será el que sirva de base para el montaje del escaparate. La reproducción no tiene por qué ser fiel, al realizar el montaje definitivo se pueden modificar pequeños detalles no previstos sobre el papel.

Los bocetos se pueden realizar con las medidas exactas o mediante una aproximación, es decir, a escala. Por tanto, es importante tener unas nociones básicas de cómo trabajar a escala para poder realizar los bocetos correctamente.

La representación de objetos a tamaño natural no es posible cuando estos son muy grandes o cuando son muy pequeños. En el primer caso, porque sería muy complicado trabajar con dimensiones de gran volumen y, en el segundo, porque faltaría claridad en la definición de los mismos.

Este problema lo resuelve la escala, aplicando la ampliación o reducción necesarias en cada caso para que los objetos queden claramente representados en el plano del dibujo.

Si el numerador de esta fracción es mayor que el denominador, se trata de una escala de ampliación, y, en caso contrario, será de reducción. La escala 1:1 corresponde a un objeto dibujado a su tamaño real (escala natural).

Tabla 5.5. Diferentes escalas

Tipo	Escalas
Reducción	1:5 1:10 1:20 1:50 1:100 1:200 1:500 1:1 000
Natural	1:1
Ampliación	2:1 5:1 10:1

Vocabulario

Escala: relación entre la dimensión dibujada respecto a su dimensión real.

E = dibujo/realidad

Aunque en teoría sea posible aplicar cualquier valor de escala, en la práctica se recomienda el uso de ciertos valores normalizados con objeto de facilitar la lectura de dimensiones mediante el uso de reglas o escalímetros.

Estos valores son:

- Ampliación: 2:1, 5:1, 10:1, 20:1, 50:1...
- Reducción: 1:2, 1:5, 1:10, 1:50...

Para determinar la proporción que debe utilizarse, han de tenerse en cuenta las siguientes condiciones:

- Tamaño del papel.
- Tamaño del escaparate a dibujar.
- La claridad del dibujo reducido en relación con su cantidad de detalles.

Seguimos los siguientes pasos para elegir la escala:

1. Tomamos la longitud mayor del objeto a representar.
2. Tomamos la longitud mayor del soporte (papel) sobre el que dibujar.
3. Dividimos ambos términos para obtener el factor mínimo por el que hay que reducir.

Los pasos que se deben seguir a la hora de realizar un boceto son los siguientes:

1. Realizar el esquema del boceto con las medidas reales o a escala.

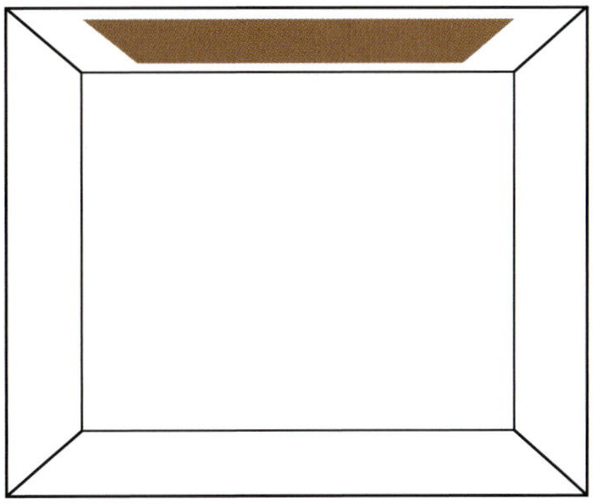

2. Tener presente los elementos que se van a exponer: considerando tamaño real, color y posición en que se quieren exponer. Elaboración de un *focus*

point de forma real, considerando diferentes composiciones para plasmarlas en el boceto.

3. Seleccionar tanto el material como el color de los materiales de fondo, suelo y laterales del boceto. Siempre se puede considerar dejar el boceto con los materiales del escaparate anterior o simplemente realizar pequeñas modificaciones de color o diseño. Por ejemplo, si los laterales del escaparate son de espejo, es posible que para el nuevo diseño se mantenga ese elemento.
4. Seleccionar todos los elementos de ambientación: mobiliario, cartelería, etc. acordes con todas las decisiones tomadas hasta el momento.
5. Señalar los focos de luz, para considerar los efectos de luces y sombras que se establecerán.
6. Empezar a esbozar las primeras composiciones. Fundamentalmente existen cuatro composiciones:
   a) Geométrica: los artículos se exponen siguiendo cualquiera de las formas geométricas existentes. Pueden tener una posición horizontal o vertical, frontal y oblicua.
   b) Lineal: los artículos se exponen siguiendo una línea, la cual puede ser horizontal o vertical.
   c) Circular: los artículos se exponen formando un círculo.
   d) Piramidal: los artículos se exponen en una posición triangular. Esta representación puede ser horizontal, cuando el artículo se expone en la cara frontal, y vertical cuando el artículo se expone en los laterales de la estructura piramidal.

Encuadre y encaje

Es importante tomar notas junto al boceto con las diferentes ideas o posibles modificaciones que se vayan planteando a la hora de su elaboración para, en un momento posterior, poder transformar una idea inicial.

Una vez realizado un boceto se puede pasar al montaje del escaparate directamente o, para ver una prueba más similar al resultado final, realizar una **maqueta**.

La maqueta es una representación del boceto realizada mediante una visualización en tres dimensiones. Actualmente el uso de maquetas se está viendo sustituido por los programas informáticos de diseño y

Figura 5.22. Maquetas realizadas por el alumnado de CFGS de Gestión de Ventas y Espacios Comerciales del IES Alfonso VIII de Cuenca.

distribución de espacio, pero en la realidad estas dos herramientas pueden ser complementarias.

El material más utilizado para la realización de maquetas es el cartón en sus diferentes versiones (cartón ondulado, cartón pluma, etc.). También se pueden utilizar otros materiales más resistentes como la madera o los metales, pero su manipulación resulta menos flexible.

Las herramientas que se emplean para poder realizar la maqueta serán colas de diferentes tipos, tijeras, cúter, reglas, pinturas (de espray, plásticas), revestimientos, etc. La maqueta también permite realizar una pequeña instalación eléctrica para diseñar la iluminación más idónea para el escaparate.

Actividad propuesta 5.12

Busca en Internet ejemplos de bocetos y maquetas de escaparates.

Actividad propuesta 5.13

¿Qué diferencia existe entre un boceto y una maqueta?

5.7. Programas informáticos de diseño y distribución de espacios

El uso de las nuevas tecnologías permite realizar bocetos mediante programas informáticos que facilitan el trabajo de diseño de un escaparatista.

Los principales programas informáticos se encuentran en la Tabla 5.6.

5.7.1. SketchUp

Es un programa de diseño de Google, fácil de usar y de software libre que permite crear, compartir y presentar modelos en 3D. El programa posee complementos que se pueden descargar para aumentar sus funcionalidades.

Características del programa

- Permite levantar volúmenes en 3D.
- Permite incorporar elementos como zapatos, perfumes, etcétera.
- Permite al usuario desarrollar su creatividad y sus potencialidades creativas.
- Permita la interacción con otros programas de Google.

El primer paso para empezar a utilizar SketchUp es elegir la plantilla:

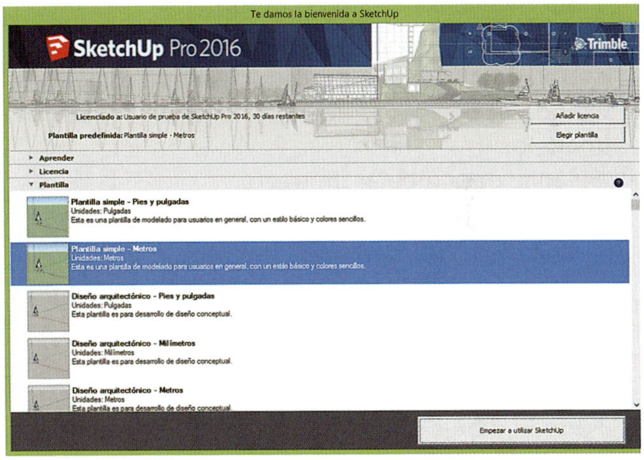

Figura 5.23. Pantalla de bienvenida del SketchUp, donde podemos seleccionar una plantilla predefinida.

Tabla 5.6. Principales programas informáticos de diseño y distribución de espacios

Programa	Características
Adobe Illustrator	Esta aplicación de Adobe es utilizada por los diseñadores para crear composiciones a través de gráficos vectoriales, utilizando herramientas de dibujo. También permite realizar el dibujo en perspectiva.
Adobe InDesign	Es una herramienta de Adobe para la composición digital de páginas. Está dirigida a diseñadores gráficos y maquetadores profesionales. Las publicaciones pueden ser en papel o de forma digital.
Adobe Photoshop	Es un editor gráfico de Adobe para hacer diseños 3D, ilustraciones o fotomontajes. Permite editar, crear y retocar imágenes.
SketchUp	Es un programa de *software* libre de diseño vectorial y modelado tridimensional. Su uso es sencillo, permite construir y manipular todo tipo de modelos 3D de forma rápida..

Una vez instalado el programa, su interfaz se divide en los siguientes elementos:

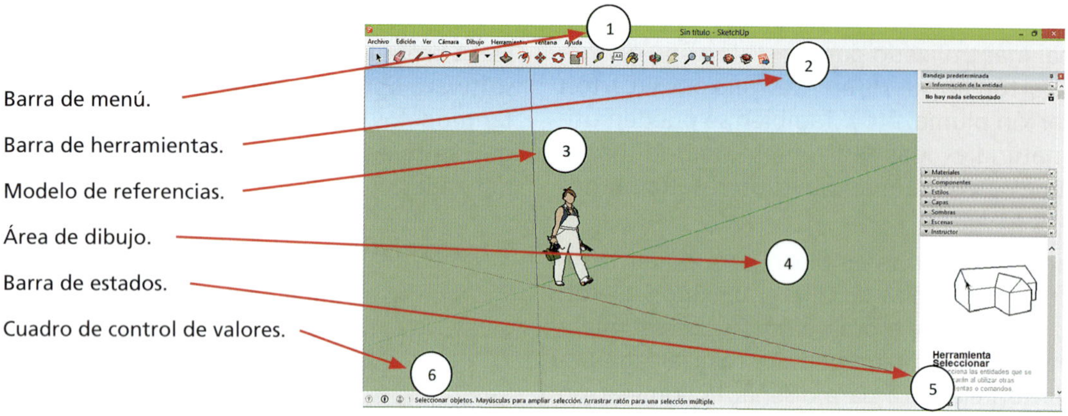

Figura 5.24. Interfaz de usuario del programa SketchUp.

Una vez descargado el programa SketchUp muestra por defecto las herramientas «primeros pasos». Para disponer de todos los comandos (en la parte superior o izquierda) se accede a la barra *Menú > Ver > Barra de herramientas > Conjunto grande de herramientas.*

Las principales herramientas son:

- La flecha, seleccionar: selecciona las entidades que se van a modificar con otras herramientas o comandos.
- La goma: borra, suaviza o alisa las entidades del modelo.
- El lápiz: para dibujar un trazo:
  - Herramienta línea: dibuja aristas o entidades de línea.
  - Mano alzada: dibuja entidades de curva o polilíneas 3D irregulares dibujadas a mano.
- El arco: dibuja entidades de arco de 2 puntos, de 3 puntos y circular.
- Formas: dibuja entidades de rectángulo, rectángulo rotado, círculo y polígono.
- Empujar/tirar: empuja entidades de cara o tira de ellas para esculpir modelos tridimensionales.
- Equidistancia: crea paralelas de las aristas seleccionadas en el plano.
- Mover: mueve, alarga y copia las entidades seleccionadas.
- Rotar: mueve, alarga, copia y agrupa las entidades seleccionadas alrededor de un eje.
- Escala: ajusta la escala y alarga las entidades seleccionadas.
- Medir: indicará la medida de aquello que necesitemos saber.
- Texto: una vez seleccionado este comando, y situándonos en un punto del espacio papel, podremos escribir.
- Pintar: aplica color y materiales a las entidades del modelo.
- Orbitar: permite movernos en el espacio y situarnos respecto a los objetos de la manera que mejor nos convenga, para ver nuestra figura creada.
- Desplazar: desplaza el punto de vista de la cámara vertical u horizontalmente.
- Zoom: acerca o aleja la vista de la cámara.
- Ver modelo centrado: la última lupa con las flechas a cada lado nos ayudará a volver a ver nuestros dibujos centrados en el espacio papel.
- Crear componente: consiste en unificar la superficie y aristas de un volumen que hayamos creado anteriormente, haciendo que forme una pieza única.

El programa SketchUp ofrece vídeos tutoriales para ir familiarizándote con el uso del programa y conocer las múltiples funcionalidades que ofrece.

¿Sabías que

En los siguientes enlaces puedes encontrar unos tutoriales del programa SketchUp:

https://www.youtube.com/watch?v=0Ca-xm1bP18
https://www.youtube.com/watch?v=sNPEzOiY4ds

Actividad propuesta 5.14

Descarga e instala el programa SketchUp desde el siguiente enlace: https://www.sketchup.com/es/download y prueba a familiarizarte con las herramientas.

Actividad propuesta 5.15

Accede a la siguiente página web: http://sketchup.google.com/3dwarehouse y trabaja en la galería de objetos 3D con aquellos que consideres que necesitas para realizar un boceto.

DISEÑO DEL ESCAPARATE

- **COLOR**
  - Concepto y características
  - La psicología y fisiología del color
- **ILUMINACIÓN**
  - Concepto y características
  - La potencia de luz en un escaparate
  - Tipos de lámparas
- **ELEMENTOS PARA LA ANIMACIÓN DEL ESCAPARATE**
  - Módulos, señalizadores, maniquís, *display* y expositores
  - Cartelería
  - Otros elementos de animación: platós, elementos con movimiento, plantas y elementos florales
- **ASPECTOS ESENCIALES DEL ESCAPARATE**
  - Colocación
  - Promociones
  - Limpieza
  - Información
  - Rotación
  - Ambientación
  - Precios
- **REUTILIZACIÓN DE MATERIALES**
  - Equipamiento modular
  - Material multifuncional
  - Uso de materiales reutilizables
- **BOCETOS DE ESCAPARATES**
  - Boceto
  - Maqueta
- **PROGRAMAS INFORMÁTICOS DE DISEÑO**
  - Adobe Ilustrator
  - Adobe InDesign
  - Adobe Photoshop
  - SketchUp

Actividades de comprobación

5.1. ¿Cuál de las siguientes afirmaciones es correcta?
a) El color no afecta a la percepción del consumidor.
b) Los colores que contrastan se enfatizan.
c) El matiz es el grado de luminosidad de un color.
d) Todas las respuestas anteriores son correctas.

5.2. La reflexión de la luz en el color blanco es:
a) 70 %.
b) 55 %
c) 48 %
d) 45 %

5.3. El azul es:
a) Un color primario.
b) El complemento junto al color verde para formar el amarillo.
c) Es un color frío.
d) Todas las respuestas anteriores son correctas.

5.4. Señala la afirmación incorrecta:
a) En un escaparate se deben utilizar luminarias de bajo consumo.
b) La iluminación de ambiente realza la decoración del escaparate.
c) Las lámparas led no son adecuadas para un escaparate.
d) La luz difusa no provoca sombras en el escaparate.

5.5. ¿Cuál de las siguientes características corresponde a una bombilla led?
a) Luz fría para iluminar objetos cercanos.
b) Luz cálida para iluminar objetos cercanos.
c) Se utiliza para iluminar grandes espacios.
d) Todas las respuestas anteriores son incorrectas.

5.6. ¿Qué elementos se utilizan en la animación de un escaparate?
a) Expositores.
b) Plantas y motivos florales.
c) Pantallas digitales.
d) Todas las respuestas anteriores son correctas.

5.7. Los maniquís:
a) Pueden interactuar entre ellos.
b) Un gran número de ellos favorece la exposición en el escaparate.
c) Su estado debe ser impecable.
d) Las respuestas la a) y la c) son correctas.

5.8. ¿Qué rotación es la más adecuada para un escaparate?
a) Mensual.
b) Anual.
c) Mínimo, dos por temporada y épocas especiales.
d) Trimestral.

5.9. El boceto y la maqueta:
a) Son elementos independientes.
b) Son elementos complementarios.
c) Son elementos innecesarios en la elaboración de un escaparate.
d) Sin ellos no se puede realizar un escaparate.

5.10. ¿Qué programa informático no es de diseño?
a) Adobe Photoshop.
b) SketchUp.
c) Microsoft Office.
d) Adobe Illustrator.

Actividades de aplicación

5.11. ¿Qué diferencias existen entre tono y matiz?

5.12. Realiza el círculo cromático utilizando únicamente los colores primarios.

5.13. Determina la temperatura e iluminación de los siguientes escaparates.

5.14. Describe el tipo de iluminación del siguiente escaparate.

5.15. Realiza una clasificación, con imagen incluida, de los principales tipos de maniquís.

5.16. ¿Es lo mismo una promoción que las rebajas? Razona la respuesta e investiga la regulación normativa.

5.17. Accede a Internet y visualiza el vídeo que aparece en el siguiente enlace web:
https://www.youtube.com/watch?v=rKNwJ4XX35I
Analiza los distintos elementos de ambientación que aparecen y realiza un resumen de los que más te hayan llamado la atención.

5.18. Relaciona los elementos de animación que colocarías para la realización de un escaparate de una perfumería en el que se exponen los siguientes productos principales: 10 perfumes y dos cestas montadas con productos de baño.

5.19. Realiza el boceto en papel del escaparate de la actividad anterior.

5.20. Elabora ahora la maqueta:
- En cartón pluma.
- Mediante el programa informático SketchUp.

Actividades de ampliación

5.21. Lee el siguiente artículo de Gabriela Salinas Fabbri, *Global Brand Manager* en Deloitte y responde a las preguntas.

¿Un futuro negro para las suelas rojas?
La importancia del color para las marcas

Más allá de cuestiones legales de protección del color de la marca, es fundamental «apropiarse» de él en el ámbito emocional para que genere valor de marca.

Probablemente uno de los últimos «visionarios modernos» que no reconoció la importancia del color para la identidad visual de las marcas fue Henry Ford, para quien *«cualquier cliente podía pintar su coche en el color que quisiese siempre y cuando fuese negro»*. Desde entonces, hemos recorrido un largo camino en términos de reconocer la importancia del color como una herramienta para generar valor de marca.

En 2008, Steve Jobs llamó al vicepresidente de Ingeniería de Google para explicarle que el tono del color amarillo correspondiente a la segunda «O» del logotipo de la marca en el iPhone no era el correcto. Esta historia ilustra la importancia que la gestión del color ha adquirido en nuestros días.

En la actualidad, los expertos en marketing reconocen que los colores tienen el poder no solo de generar emociones en el cliente, sino de influir en su comportamiento de compra. Un estudio realizado en 2007 por la Universidad de Loyola, en Maryland (Estados Unidos), encontró que su uso consistente para manifestar mensajes clave de marca podría aumentar su reconocimiento hasta un 80 %.

Otros estudios han demostrado que el color es aún más memorable que una forma o un nombre. Piense en el rojo, ¿cuál es la primer marca que le viene a la cabeza? Si usted es como la mayoría de los mortales, probablemente su respuesta será Coca Cola. Este ejemplo ilustra cómo el uso consistente de ciertos colores es una forma muy eficaz de construir valor de marca, ya que proporciona una asociación y reconocimiento instantáneos. Este tipo de asociaciones es cada vez más importante en un entorno donde la competencia es más dura, las diferencias funcionales entre productos se estrechan y cada vez es más difícil encontrar una ventaja distintiva.

En este contexto, la protección jurídica del color juega un papel clave en la consecución de esa diferenciación. Su aceptación ha crecido debido a ciertos fallos en Europa y Estados Unidos, que han reconocido la posibilidad de protegerlos como marcas. Cadbury, Tiffany's, UPS, Heinz, T-Mobile, Orange y BP han intentado registrar sus colores corporativos en distintas jurisdicciones. Sin embargo, el reciente fallo negativo en el caso de Louboutin, marca de zapatos de lujo, arroja dudas sobre el futuro de la protección del color, su seguridad jurídica y la relación costo-beneficio de invertir en ella.

FUENTE: SALINAS FABBRI, Gabriela. *¿Un futuro negro para las suelas rojas? La importancia del color para las marcas.* MK Marketing+Ventas. n.º 274, 2011.

a) ¿Qué poder tiene el color según los expertos de marketing?
b) ¿Se puede registrar el color de una marca? Razona la respuesta.
c) Investiga el caso Louboutin que aparece en el texto.
d) ¿Qué opinas de la importancia del color en la identificación de una marca?
e) ¿Qué opinas de la importancia del color en escaparatismo?

Enlaces web de interés

Philips
www.phillips.com
www.lighting.philips.es

Equipamiento comercial y material profesional para la instalación de tiendas y comercios
www.mobiliariotienda.es
www.retif.es

Curso de SketchUp *online*
www.arquba.com/curso-sketchup-gratis

SketchUp
www.sketchup.com/es

Osram
www.osram.es

Revista: Marketing+Ventas
revistas.laley.es

6

Montaje del escaparate comercial

CONTENIDOS

6.1. Planificación de actividades
6.2. Materiales y medios
6.3. Cronograma de montaje
6.4. Técnicas que se utilizan habitualmente para el montaje de escaparates
6.5. Presupuesto
6.6. Programas informáticos de diseño

OBJETIVOS

- Planificar las actividades de montaje y colocación del escaparate.
- Identificar los materiales y medios más adecuados.
- Realizar el cronograma de montaje.
- Elaborar las fases del proceso de montaje del escaparate.
- Estudiar diferentes presupuestos para la elección de un escaparatista.
- Calcular los costes de montaje.
- Ajustar el calendario al programa de trabajo.
- Valorar el uso de programas informáticos en la gestión de tareas y proyectos.

INTRODUCCIÓN

El montaje de un escaparate comercial es la fase final del trabajo realizado por el escaparatista. La representación iniciada en un boceto cobra vida en el escaparate pasando a ser el protagonista en el punto de venta y el lugar hacia donde se dirigen todas las miradas. La elección de los materiales va influir en todo el proceso de comunicación que establece el escaparate con el cliente potencial.

A la hora de materializar todo este proceso, un punto de venta debe realizar el estudio económico del mismo; es decir, presupuestar el coste del proyecto de escaparatismo de su establecimiento en función de los beneficios que aportará al punto de venta. Por último, es importante recordar la importancia del uso de las nuevas tecnologías, valorando la utilización de programas informáticos en la gestión de tareas y proyectos de escaparatismo.

En la presente unidad se va a desarrollar la planificación de actividades para el montaje y colocación del escaparate, especificando las fases del proceso (cronograma de montaje) e identificando los materiales y medios más adecuados para conseguir la máxima rentabilidad. Todo ello acompañado de presupuestos económicos y la posibilidad de informatizar todo el proceso.

6.1. Planificación de actividades

Los escaparates deben planificarse con suficiente antelación (mínimo un año); estar perfectamente presupuestados y establecidas sus correspondientes fechas de montaje. Como ya se ha desarrollado en unidades anteriores, un establecimiento comercial debe realizar diversos escaparates anuales, en función de las estaciones del año, los períodos de ventas especiales, la aparición de novedades del sector, etc. Una correcta planificación evitará imprevistos y costes innecesarios, teniendo siempre presente la posibilidad de tener que realizar alguna modificación no prevista.

Antes de planificar el montaje del escaparate, el escaparatista debe conocer perfectamente el punto de venta y decidir, mediante el estudio correspondiente, los siguientes elementos: el tipo de escaparate, producto a exponer, tiempo de permanencia del escaparate, medidas y estructura del mismo, el mensaje que se quiere transmitir, atrezo, presupuesto, recursos humanos, etc. El boceto y diseño final del escaparate son las acciones previas al montaje.

El personal encargado de hacer efectivo el diseño de un escaparate será en múltiples ocasiones el propio personal del punto de venta, que seguirá las instrucciones del escaparatista.

6.1.1. Actividades de planificación

Las actividades de planificación están directamente relacionadas con el éxito y el cumplimiento, en plazo y forma, del proyecto de implantación de un escaparate.

- **Objetivos** que se persiguen a la hora de montar un escaparate:
  - Llamar la atención: los escaparates tienen como objetivo principal que toda persona que lo visualice se pare a observarlo, lo retenga en su memoria y despierte en él la necesidad de adquirir los artículos expuestos, provocando así la entrada al establecimiento y posterior compra.
  - Reforzar la imagen del establecimiento comercial: si un punto de venta destaca por estar al día en las últimas novedades de *retail*, el escaparate debe exponer en todo momento los artículos estrella que llegan al establecimiento. Asimismo, siempre debe exponer la imagen de la nueva campaña del comercio, por ejemplo utilizar la imagen de una conocida top model internacional en la campaña otoño e invierno de una firma de moda.
  - Actuar de medio informativo de lo que en cada momento el cliente va a encontrar en el punto de venta: surtido, novedades, ofertas, promociones, etcétera.

Recuerda que

El cliente no adquiere un producto únicamente por sus características, sino motivado por impulsos, muchos de ellos causados por la necesidad de adquirir aquellos productos que previamente ha observado en un escaparate.

- **Situación y características del establecimiento:** el montaje de un escaparate siempre tiene que tener presente el espacio físico que ocupa, la competencia de los locales de alrededor, las características de la acera y cómo afecta la iluminación natural en las diferentes horas del día. Por ejemplo, un escaparate situado en una acera muy amplia debe considerar este aspecto para que pueda ser visualizado desde diferentes perspectivas, este efecto se consigue con una colocación adecuada de los elementos separándolos del fondo y evitando que toquen la luna del escaparate.

- **Visibilidad:** las zonas de más visibilidad de un escaparate deben contener los artículos que se quieren destacar en la composición.
- **Disposición de los productos:** no se debe olvidar nunca que el producto es el protagonista de todo escaparate y el elemento principal sobre el que gira todo el montaje. Antes del montaje se deben seleccionar los artículos que aparecerán en el mismo y comprobar su perfecto estado, revisar la composición de la exposición del producto y tener preparados y revisados todos los precios.
- **Ejecución:** es recomendable utilizar siempre el boceto previo realizado del escaparate cumpliendo los plazos de montaje establecidos. Los pasos del montaje se deben grabar o fotografiar para ir señalando el objetivo de cada elemento expuesto. Y, por último, siempre que sea posible, el escaparate se debe montar fuera del horario comercial, cubriéndolo hasta que esté totalmente terminado.
- **Evaluación del escaparate:** una vez terminado, se debe medir el efecto producido en el tiempo que el escaparate esté expuesto. Esta valoración se puede realizar de una forma cuantitativa, mediante los indicadores expuestos en la Unidad 4 o mediante una forma subjetiva, como por ejemplo la observación.

6.1.2. Montaje y colocación del escaparate

El montaje y colocación de un escaparate conlleva las siguientes fases o procesos:

1. **Desmontaje del escaparate anterior:** vaciar el escaparate. Aunque algunos elementos se vuelvan a utilizar para el siguiente montaje, es importante retirarlos todos y revisar el estado en que se encuentran por si requieren una reparación o arreglo puntual. El tener el escaparate vacío también facilita la realización de una limpieza integral necesaria, como mínimo, cada vez que se realiza un cambio de escaparate.

   Para realizar el desmontaje es aconsejable cubrir el escaparate, despertando por un tiempo limitado (debe ser reducido) la expectación del siguiente montaje. Para cubrirlo se recomienda el uso de estores o, simplemente, de una tela.

Recuerda que

Para montar y desmontar un escaparate se deben llevar zapatillas especiales de suela suave o solo calcetines. El contar con elementos que permitan guardar herramientas de montaje como alfileres, martillo, etc. facilitará el tiempo de montaje. El uso de guantes para manipular las lunas evitará que aparezcan huellas una vez finalizado el trabajo.

2. **Estructura del escaparate:** el montaje se debe comenzar por los elementos estructurales.
   - *Lunas de vidrio,* las cuales permiten que visualicemos el escaparate. Es necesario que estén en perfecto estado. Si contienen adhesivos, cartelería o pintura, es el momento de revisar y modificar aquellos elementos que no corresponden con el nuevo escaparate. Por ejemplo, un vinilo pegado en la luna del escaparate indicando «rebajas» debe quitarse, limpiar la luna y dejarla en perfecto estado para el siguiente indicador: «el otoño ya llegó».
   - Las *paredes* que conforman el lateral del escaparate deben ser resistentes (madera) y opacas. Son muy importantes ya que delimitan horizontalmente el campo visual del espectador. Este cierre visual artificial también presenta modificaciones con el cambio de un escaparate si el escaparatista así lo ha diseñado: se debe eliminar la decoración de las paredes del escaparate anterior para colocar la actual. Las paredes se pueden forrar de múltiples materiales: paneles, espejos, telas, carteles, etc. y deben permitir la utilización de clavos o tornillos. Es habitualmente que su diseño se mantenga para varios escaparates.

     Las paredes laterales son la ubicación perfecta para situar la puerta de entrada y salida de un escaparate, que siempre debe estar oculta con los diferentes elementos decorativos.
   - El *fondo* del escaparate puede ser cerrado, abierto o semiabierto. Los escaparates cerrados facilitan el montaje, pero los abiertos pueden ser un problema a la hora de resaltar la composición realizada por el escaparatista, exceptuando aquellas cuya exposición se ha diseñado para ser una prolongación visual del punto de venta. Los materiales más utilizados para realizar el cerramiento de un escaparate son:

  - Tabiques decorativos, cuyo montaje se realiza clavándolos, pegándolos sobre la pared o empotrándolos sobre estructuras de plástico o metal.
  - Paneles de contrachapado.
  - Paneles de aglomerado.
- El *suelo* del escaparate puede tener una base permanente, compuesta por materiales resistentes como pueden ser la madera o el gres, o una base eventual compuesta por materiales que se van modificando cada cierto tiempo, que no tienen que coincidir siempre con un montaje de escaparate, como por ejemplo: moquetas, elementos naturales, placas, etcétera.
- El *techo* habitualmente contiene el proyecto de iluminación del escaparate. Es importante su limpieza y buen funcionamiento. En cada cambio de escaparate se deben comprobar las bombillas e introducir aquellos cambios y enfoques que el escaparatista haya diseñado.

Todos los elementos estructurales deben guardar una misma línea enfocada a resaltar el producto expuesto, estar en perfecto estado y con una limpieza impecable. El orden de montaje debe empezar por el fondo y los laterales, seguidos del techo y, en último lugar, el suelo; siempre empezando por el lado contrario de acceso al escaparate. Las lunas siempre son el último elemento en destapar y montar, ya que su manipulación exterior se realiza con el escaparate descubierto y con el montaje interior realizado.

3. **Decoración:** es el momento de colocar todo el atrezo que no esté incorporado en los elementos estructurales del escaparate. Si la composición necesita el uso de maniquís, estos deben revisarse para comprobar su perfecto estado y colocación. La ropa y los complementos que acompañan al maniquí deben estar limpios, planchados y debidamente ajustados a la estructura. En muchas ocasiones los maniquís representan una escena, mostrando una comunicación que transmite un mensaje directo a los observadores del conjunto. Es importante revisar cada detalle para que la composición represente fielmente el diseño elaborado por el escaparatista.
4. **Colocación de los precios:** siempre que sea posible, se deben colocar productos de toda la gama de precios del punto de venta. El escaparate debe mostrar artículos de precio elevado junto con los artículos con un precio más reducido. Los precios deben de ser visibles y estar colocados adecuadamente acompañando al artículo expuesto.

   Cuando un punto de venta no muestra los precios en el escaparate da a entender que el punto de venta representa un surtido que tiene principalmente precios elevados.

   Que los artículos vayan acompañados de su precio es un derecho del consumidor. Los escaparates que exponen de forma visible el precio de sus artículos expresan claridad, seriedad y que cumplen con los derechos del consumidor.
5. **Iluminación:** el proyecto de iluminación diseñado es fundamental en el montaje de un escaparate, de tal forma que la iluminación esté orientada a aquellos productos que se quieren resaltar.
6. **Revisión del resultado final:** una vez realizado el montaje, es importante comprobar el resultado final para evitar pequeños fallos que puedan provocar un mal efecto (por ejemplo: una herramienta olvidada) y, por supuesto, la representación tiene que tener una limpieza absoluta.

Actividad propuesta 6.1

Visualiza el vídeo sobre la impresión y decoración de escaparates con vinilos para Yves Saint Laurent, en Barcelona. Podrás encontrarlo en el siguiente enlace web: https://www.youtube.com/watch?v=z6HyFv6JMng

A continuación, analiza y describe los pasos que se ha seguido en el montaje del escaparate. ¿Qué opinas del resultado final?

Actividad propuesta 6.2

Visualiza el vídeo sobre cómo se fabrica y monta un escaparate en El Corte Inglés para Ralph Lauren. Podrás encontrarlo en el siguiente enlace web: https://www.youtube.com/watch?v=9NNZODsJMBc

A continuación, enumera las fases del montaje del escaparate. Expresa también tu opinión sobre el resultado final.

6.2. Materiales y medios

Para empezar el montaje del escaparate comercial se debe tener el diseño junto con todos los materiales y herramientas necesarios para empezar a trabajar. Muchos escaparates no requieren cambios estructurales, siendo más sencillo su renovación, pero tanto en escaparates que requieren un gran montaje como en escaparates que simplemente se modifican los maniquís hay que tener preparado todo el conjunto a exponer junto con los materiales y medios necesarios antes de iniciar el cambio de escaparate.

6.2.1. Materiales estructurales

Existe una gran variedad de materiales para utilizar en el montaje de un escaparate (desarrollados en la Unidad 3). Entre los principales, enumeramos a modo recordatorio los siguientes:

- **Madera:** material que ofrece una gran resistencia y bajo peso. Por su textura y color, permite gran variedad de tintes y barnices, ofreciendo múltiples acabados que transmiten elegancia y calidez. La madera es un material sostenible, termoaislante, asegura una óptima protección contra el frío en invierno y el calor en verano. Su comportamiento en caso de incendio es seguro y predecible, y superior al que ofrece cualquier otro material estructural en igualdad de condiciones.

  Además de su uso estructural, es un perfecto atrezo en los escaparates y un importante elemento de reciclaje.

Figura 6.1. Escaparate con estructura de madera. *Viena Capellanes (Madrid).*

Sabías que

En la siguiente página web: http://www.areatecnologia.com/videos/AGLOMERADO.htm puedes visualizar el proceso de fabricación de muebles aglomerados.

Figura 6.2. Atrezo de madera realizado con un palé en desuso por el alumnado del CFGS de la familia profesional de Comercio y Marketing.

- **Aglomerado:** material que consiste en planchas compuestas por trozos de madera prensados y endurecidos. Se suele vender en tableros y su coste es menor que el de la madera.

  Hay diferentes tipos de aglomerado: tableros de densidad media (DM), aglomerado plastificado y aglomerado chapado.
- **Acero:** el acero inoxidable es un material muy utilizado en escaparatismo, tanto como material estructural en los marcos de los escaparates, como formando parte del diseño de los accesorios o mobiliario. También es muy usado en rótulos o como revestimiento decorativo.

Figura 6.3. Ejemplo de diferentes texturas de acero. Los marcos de acero inoxidable se utilizan habitualmente en escaparatismo.

- **Poliestireno:** material fácil de trabajar de diferentes grosores. Para su manipulación se utilizan cortadoras térmicas de porexpán y se pinta con pinturas con base en agua, como las acrílicas o pinturas de látex.

Figura 6.4. Planchas de poliestireno.

- **Cerámica:** es un material muy resistente y económico. Los principales proveedores de cerámicas ofrecen una gran variedad de acabados. Puede utilizarse como revestimiento de suelos y paredes o en forma de mosaico. Es un material impermeable, con acabado mate o brillante.
- **Productos para la construcción:** mármol, granito, hormigón, terrazo, etc. se utilizan para los suelos y para enchapar pero también a veces como revestimiento de muros. Los principales proveedores ofertan una gran gama de materiales con diferentes resistencias, materiales y colores.

Figura 6.5. Ejemplos de diferentes texturas de granito. Su uso principal es en fachadas, formando parte de la imagen exterior del establecimiento y como marco del escaparate.

Figura 6.6. Textura de pizarra. Su principal uso en escaparatismo es en suelos y paredes diseñados a la medida de cada cliente.

- **Cristales y bloques de vidrio:** el cristal permite una gran variedad: crudo, templado, laminado y de alta seguridad. Los bloques de vidrio pueden ser de diferentes colores.

Figura 6.7. Composición con bloques de vidrio de distintos colores.

6.2.2. Materiales de revestimiento

Los materiales de revestimiento ofrecen al escaparate un aspecto más atractivo, dotándolo de diferentes texturas y colores que llenan el espacio de vida y movimiento.

Existe una amplia gama de materiales de revestimiento, entre ellos, enumeramos los siguientes:

- **Tejido:** los escaparates se pueden revestir con cualquier tipo de tejido: algodón, lino, seda, etc. El tejido también se emplea como elemento decorativo o de ambientación.

  Un ejemplo muy utilizado son las lonas para el revestimiento de fondos de escaparates, entre las que podemos encontrar: lonas sin reflejos a la claridad interior, lonas certificadas «sin rizado», lonas ignífugas, lonas caladas o macizas, opacas, ecológicas, etc. Las lonas son flexibles y ligeras, fáciles de manejar e instalar, permiten confecciones de grandes dimensiones y son excelentes para imprimir.

  Las fibras de las que se componen los tejidos son las que determinan las características de los mismos. Las fibras pueden ser:

  - Naturales: proceden de plantas y animales, como por ejemplo el algodón.
  - Sintéticas: proceden de una transformación de elementos químicos, como por ejemplo el poliéster.

  En un escaparate se deben usar telas resistentes con múltiple funcionalidad y de fácil limpieza. Su utilización principal se realiza en fondos, como atrezo y elemento decorativo.

Figura 6.8. El escaparate utiliza como fondo dos velos que se unen en un cartel promocional para resaltar los artículos de moda íntima de novia. *Escaparate La Palma (Cuenca).*

  La elección de la tela adecuada para un escaparate se realizará en función de su color, textura, composición y diseño para lograr originales contrastes y calidez.

- **Plástico:** revestimiento compuesto por una base sobre la que se aplica una capa de cloruro de polivinilo. Sirve para decorar fondos o paredes en los escaparates y como atrezo. Existe una gran variedad de colores y terminaciones de diferentes texturas. Las ventajas que ofrece el revestimiento plástico es que es un buen aislante térmico, acústico y de fácil limpieza.
- **Papel pintado:** es un revestimiento muy utilizado sobre todo en escaparates cerrados. Existe una variedad muy extensa: rollos de papel pintado, con impresión digital, etcétera. Se adhieren a múltiples superficies (paneles, objetos, etc.) y su colocación es sencilla.

Figura 6.9. Varios diseños de papel pintado. El papel pintado es muy utilizado para el revestimiento de paredes y fondos en un escaparate, aportando creatividad y originalidad a la composición.

- **Adhesivos:** existe un gran abanico de posibilidades, estilos y colores que se adaptan a las necesidades del diseño del escaparate. Pueden imitar cualquier tipo de material: madera, metal o cerámica, entre otros. Son revestimientos de fácil colocación y con poder aislante, tanto térmico como acústico.

  Existen revestimientos adhesivos de dos clases:

  - **PVC:** se instala por machihembrado. Este sistema consiste en encajar las lamas entre ellas. Para ello debes colocar la parte hembra siempre en el sentido en el que avanza el montaje. Para pegar el revestimiento a la pared puedes usar adhesivo de montaje, adhesivo de doble cara o masilla.
  - **Vinilo:** se instala con el autoadhesivo de la parte trasera de la propia lama. Es necesario añadir a la base autoadhesiva más puntos de adherencia aplicando adhesivo en los agujeros de la lámina que cubre la loseta para mejorar la fijación. Se retira con cuidado la lámina protectora y se procede a pegar el revestimiento.

Figura 6.10. El vinilo permite la creación de múltiples diseños.

- **Alfombras y tapicería:** revestir un escaparate con alfombras o tapicería proporciona resistencia a los elementos. Las alfombras se utilizan principalmente para cubrir el suelo del escaparate, aunque también resultan un cerramiento de fondo original. El tejido puede ser de lana, sintético, de pelo largo, de pelo corto, etc.; hay una gran variedad de estampados y colores.

  El jacquard es la tela de tapizado más tradicional. Ofrece gran resistencia y variedad de estampados.

Figura 6.11. Diferentes estampados de tapizado jacquard.

- **Pinturas:** la pintura permite personalizar el escaparate. Es un revestimiento económico, fácil de aplicar y con una gran variedad de colores y texturas. Existen pinturas acrílicas, acuarelas, témperas, lacas, barnices, etcétera.

Figura 6.12. Gama cromática de pintura para decorar escaparates.

6.2.3. Herramientas

Las herramientas que se deben utilizar para realizar el montaje de un escaparate son:

- Utensilios o herramientas propiamente dichas: rotuladores, cortaalambres, alicates, martillo, tenazas, cúter, tijeras, papel de patronaje, taladro.
- Materiales de sujeción: hilo de nailon, cinta adhesiva de doble cara, alambres, silicona, clavos, chinchetas, alfileres, alcayatas.

Vestuario: guantes, zapatos adecuados y de suela lisa o incluso únicamente calcetines.

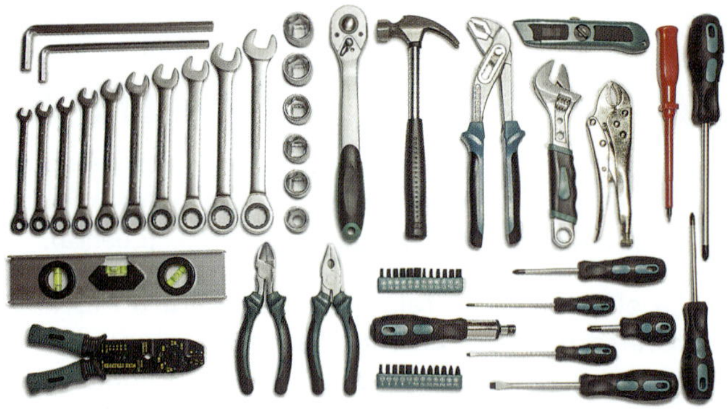

Figura 6.13. Herramientas y útiles para el montaje y desmontaje de escaparates.

6.3. Cronograma del montaje

Un cronograma es un calendario en el que se especifican los cambios de escaparate que se deben realizar durante un período temporal, habitualmente un año.

El cronograma debe contener fechas, presupuesto y fases de ejecución. Como ya hemos visto, se puede presentar mediante un diagrama, como es el diagrama de Gantt (véase la Unidad 3).

GanttProject es una aplicación que permite organizar y planificar proyectos a través de diagramas de Gantt, así como la carga horaria de los integrantes dentro del mismo. Es una aplicación fácil de usar, de descarga gratuita y multiplataforma para entornos Windows y MacOsx.

La descarga del programa está disponible en el siguiente enlace web:

http://www.ganttproject.biz/download

Para que el escaparate tenga efecto se tiene que anticipar a las fechas señaladas mostrando al cliente potencial unas necesidades creadas para un futuro inmediato. De ahí la importancia de que la temporalización del mismo sea correcta. La fecha de montaje y exposición de un escaparate se fija en el contrato previo con el escaparatista para lograr el efecto deseado en el punto de venta en la fecha acordada.

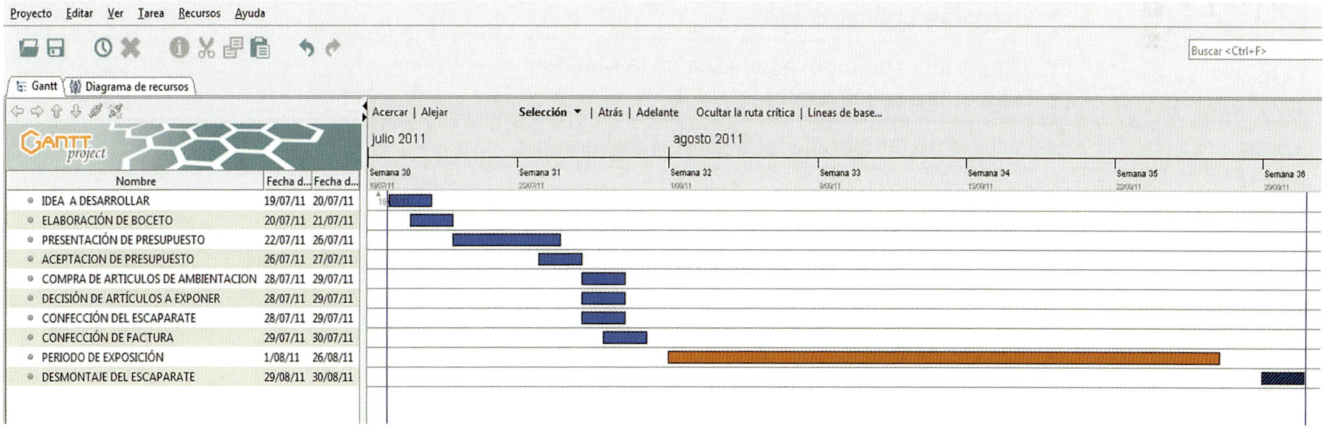

Figura 6.14. Representación de un gráfico con el programa GanttProyect.

Actividad propuesta 6.3

Realiza de forma manual, como hemos aprendido en la Unidad 3, el diagrama de Gantt del siguiente proyecto de escaparatismo de una perfumería:

Actividad	Fecha de inicio	Duración (días)
Tarea 1	01/01/2017	60
Tarea 2	01/03/2017	20
Tarea 3	21/3/2017	41
Tarea 4	01/5/2017	61
Tarea 5	01/7/2017	62
Tarea 6	01/9/2017	15
Tarea 7	16/9/2017	50
Tarea 8	7/11/2017	23
Tarea 9	1/12/2017	31

Actividad propuesta 6.4

Realiza el mismo proyecto mediante la aplicación *GanttProject*.

Actividad propuesta 6.5

¿Qué temática consideras que tendrá cada uno de los escaparates de la Actividad propuesta 6.3?

Actividad propuesta 6.6

Teniendo en cuenta la respuesta anterior, realiza un boceto del escaparate que consideres más significativo.

Caso práctico 6.1

Cada época del año condiciona la temática de los escaparates. Elabora una programación mensual de escaparates de un punto de venta en función de las diferentes festividades, estaciones del año o cualquier motivo que se traduzca en un aumento de las ventas.

Solución:

Mes	Temática
Enero	• Escaparates navideños. • Comienzo de las rebajas.
Febrero	• Segundas rebajas. • San Valentín.
Marzo	• Iniciales de temporada: escaparates de primavera. • Escaparates con motivo del «Día del Padre». • Escaparates de Semana Santa (en función del año).
Abril	• Escaparates de Semana Santa (en función del año). • Escaparates primaverales.
Mayo	• Escaparates con motivo del «Día de la Madre». • Escaparates primaverales.
Junio	• Iniciales de temporada: escaparates de verano.
Julio	• Escaparates vacacionales. • Inicio de las rebajas.
Agosto	• Escaparates vacacionales. • Inicio de las segundas rebajas.
Septiembre	• Iniciales de temporada: escaparates de otoño. • Escaparates con motivo de «la vuelta al cole».
Octubre	• Escaparates relacionados con actividades deportivas. • Escaparates de Halloween.
Noviembre	• Escaparates de Halloween.
Diciembre	• Escaparates de Navidad. • Escaparates Black Friday • Iniciales de temporada: escaparates de invierno.

6.4. Técnicas que se utilizan habitualmente para el montaje de un escaparate

Las principales técnicas para el montaje de un escaparate varían en función del tipo de escaparate que se debe de realizar. Por ejemplo, no es lo mismo un escaparate tradicional que montar un escaparate interactivo que precisa de una instalación realizada por personal cualificado.

A nivel general, todos los escaparatistas que utilicen las novedades tecnológicas del sector, deben elaborar un plan de ejecución del escaparate que debe comprender las siguientes fases:

1. Desmontar el escaparate anterior y dejarlo en perfecto estado: limpio para el nuevo escenario.
2. Cerrar el escaparate: cubrir el cristal para trabajar correctamente y a la vez crear expectativa al espectador sobre el nuevo diseño.
3. Instalar la iluminación: es el primer paso que se debe realizar, ya que habitualmente parte de esta

instalación está en el techo y el suelo y los instaladores necesitan un espacio libre de obstáculos para poder trabajar tranquilamente.

4. Instalar las innovaciones tecnológicas que se hayan diseñado: por ejemplo, un *escaparate interactivo de retroproyección* que logre atraer al público objetivo mediante la interacción del escaparate con la persona que se para delante de él. La visibilidad de las marcas, productos o servicios expuestos aumenta de manera espectacular. Para un correcto montaje se deben dimensionar correctamente todos los elementos: pantalla en lámina adhesiva o en policarbonato suspendido, videoproyector profesional, soporte, ordenador compacto y aplicación software interactiva o gestor de contenidos; y realizar una correcta instalación.
5. Decorar paredes y ubicar elementos decorativos, siempre en el caso de escaparates cerrados y semiabiertos.
6. Colocar el producto principal y el atrezo: en este proceso se utilizan diferentes técnicas de montaje en función de las cómo se exhiben los productos que se van a exponer: por ejemplo, en un establecimiento *retail* no se realizará el mismo montaje para una exposición mediante maniquís que para una exposición de escaparates en vivo.

   En el caso de usar maniquís se debe realizar una perfecta exposición. Deben ser seleccionadas con antelación las prendas que se van a exponer, quitarles los precios, plancharlas y vestir los maniquís antes de su utilización. Los accesorios que acompañan al maniquí también tienen que estar preparados para facilitar su colocación y ahorrar tiempo.
7. Aplicar accesorios y ser muy cuidadosos en la colocación de los precios: asegurarse de que su colocación está marcando el producto adecuado, para no crear confusión, ubicando los letreros con los precios en su lugar correspondiente según el boceto creado. Cualquier superficie que se emplee en el escaparate tiene que estar limpia y, si se utilizan telas para cubrirlas, planchadas y en perfecto estado.
8. Eliminar manchas o residuos del montaje.
9. Inspeccionar la exhibición.

El tiempo máximo que se debe emplear para montar un escaparate debe ser un día, como máximo dos si se trata de un escaparate especialmente complicado.

Figura 6.15. El escaparate de Tintoretto muestra su producto principal (ropa) mediante la escena de dos alumnas del CFGM de Actividades Comerciales. Las alumnas, antes de formar parte del escaparate, realizaron una preparación de escenografía, maquillaje, peluquería y perfecta colocación de la ropa que iban a exhibir para potenciar al máximo el producto expuesto.

Actividad propuesta 6.7

Accede al siguiente enlace web https://www.youtube.com/watch?v=BsDmwJAa0N8 y visualiza el vídeo práctico donde se muestra el proceso de montaje de un sencillo escaparate.

¿Sigue todas las fases enumeradas en la teoría? Razona la respuesta.

6.5. Presupuesto

Un presupuesto es la previsión de ingresos y gastos para una determinada actividad económica por un período de tiempo, habitualmente un año. Debe ser equilibrado o presentar superávit, es decir, que los ingresos sean iguales o superiores a los gastos.

El punto de venta debe contar con todos los profesionales necesarios para elaborar un escaparate así como las diferentes técnicas de merchandising del interior del punto de venta. Hay que elaborar un listado de los profesionales del sector que se adapte a las necesidades del establecimiento.

Los pasos a seguir son los siguientes:

1. Determinar las necesidades de nuestro establecimiento comercial.

   Un buen profesional debe tener estas tres características:

   - Profesionalidad.
   - Una buena oferta; es decir, los precios que oferten al establecimiento comercial deben ser iguales o inferiores a los de la competencia.
   - Compromiso con los plazos y condiciones de entrega.

2. Búsqueda de fuentes de información.
3. Solicitud de información y presupuestos.

   Una vez que se obtiene una lista de escaparatistas o visual merchandiser, se debe contactar con ellos para solicitar presupuestos y empezar la negociación. El presupuesto debe contener:

   - Información económica: precio unitario, descuentos, formas de pago y plazos, servicio prestados, número de escaparates, pago de servicios como transporte, seguro, plazo de entrega, etcétera.
   - Información técnica: bocetos, fechas, diseños, atrezo, especificaciones técnicas, período de prueba y garantía, formación, repuestos, servicio posventa.
   - Información de servicio y otras condiciones: período de validez de la oferta, causas de rescisión del contrato, revisiones de precio, plazo de montaje, ofertas, instalación y puesta en marcha, cualquier otra información relevante.

Sabías que

Hay diferentes tipos de descuento:

- Descuento comercial: rebaja aplicada al producto o cliente.
- Rappel: por volumen de compra.
- Descuento por pronto pago: por pagar al contado o antes del plazo pactado.

Para ponernos en contacto con el profesional hay dos alternativas:

a) Oralmente: mediante conversación telefónica o incluso realizando una visita personalmente.

b) Por escrito: el medio más utilizado habitualmente es el correo electrónico, aunque también se pueden utilizar medios tradicionales como el correo postal o el fax.

4. Evaluación y selección. Para ello se procederá de la siguiente manera:

   - Registrar la oferta.
   - Analizar cada oferta.
   - Negociar con las ofertas seleccionadas.
   - Realizar el pedido en firme.

Figura 6.16. Evaluación y selección de escaparatistas.

Distinguimos los siguientes tipos de presupuestos:

Según la flexibilidad	• Rígido, estático o asignado: estimaciones de un proyecto que no permite cambios. • Flexible o variable: se elaboran para diferentes niveles de actividad y se pueden adaptar a las circunstancias cambiantes del entorno.
Según el período de cobro	• Corto plazo: son los que se elaboran para una planificación anual. • Largo plazo: son los que se elaboran para una planificación superior al año.
Según el campo de aplicación de la empresa	• Presupuesto maestro: engloba todas las áreas de la empresa. • Presupuesto de inversiones: determina la composición e importe de las inversiones a realizar en el período presupuestado. • Presupuesto operativo: se elabora en función de la demanda actual y futura. • Presupuesto de producción: son presupuestos de venta.

Figura 6.17. Tipos de presupuestos.

Las fases de elaboración de un presupuesto son:

Elaboración → Aprobación → Ejecución → Seguimiento

Recuerda que

Un presupuesto debe ser:

- Completo.
- Claro.
- Conciso.

Como ya hemos visto en la Unidad 3, la estructura básica de un presupuesto debe tener al menos los siguientes apartados:

1. **Datos identificativos de la empresa:** nombre o razón social, NIF o CIF, domicilio fiscal completo (calle, número y letra, código postal, provincia y municipio), teléfono, correo electrónico o fax.
2. **Descripción del proyecto:** primero se hará una breve explicación de los objetivos que persigue el punto de venta y la propuesta para conseguirlo por parte del escaparatista. La descripción será más o menos extensa dependiendo principalmente del tipo de proyecto. Un proyecto de una firma de lujo será más extenso que un proyecto de un pequeño establecimiento comercial.

   La descripción del proyecto debe contener los detalles pormenorizados de los siguientes conceptos:

   a) Elementos estructurales: cualquier modificación necesaria de los elementos que constituyen la estructura del escaparate.
   b) Iluminación: el sistema de iluminación que se pretende utilizar, así como el tipo de lámparas, bombillas, etcétera.
   c) Elementos decorativos: detallar la ambientación de cada uno de los escaparates presupuestados.
   d) Exhibidores de *display*: maniquís, soportes, etcétera.
   e) Publicidad y cartelería.

   Cada partida presupuestaria debe estar desglosada correctamente con su importe correspondiente. Cada una de las partidas tiene que aportar toda la información relevante para el comerciante: las referencias (en su caso), descripción detallada, unidades, precio unitario e importe parcial y total, descuentos y gastos, especificando si el precio incluye el IVA o no.
3. **Metodología de trabajo:** explicación de cómo se va a desarrollar el trabajo y los medios necesarios para desarrollarlo.
4. **Tiempos de ejecución:** fecha de inicio del proyecto y fecha de finalización, así como períodos intermedios de entrega de material. Los tiempos de ejecución hay que cumplirlos y se deben especificar las repercusiones en caso de incumplimiento o retraso del trabajo contratado.

5. **Proveedores:** empresas externas que van a participar en el proyecto.
6. **Formas de pago:** las formas de pago son principalmente dos: pago al contado o aplazado. El pago al contado puede ofrecer diferentes descuentos y el pago aplazado debe especificar las condiciones del mismo.
7. **Aceptación:** la firma del presupuesto por parte del punto de venta, supone la aceptación del trabajo con las condicionas pactadas en el mismo.
8. **Fecha de vigencia del presupuesto:** período de tiempo en que se mantienen las condiciones especificadas en el presupuesto.
9. **Incumplimiento:** en caso de incumplimiento en lo pactado en un presupuesto el cliente tiene a su disposición diferentes vías de reclamación.

Todos los usuarios tenemos derecho a una factura detallada del trabajo o servicio realizado, con desglose de los materiales utilizados y sus precios y de la mano de obra. Si hubo presupuesto previo, el contenido e importe de la factura será igual al presupuesto realizado y se ajustará a lo efectivamente ejecutado.

Actividad propuesta 6.8

Investiga qué tipo de presupuesto es el más utilizado en escaparatismo. Pon un ejemplo.

6.5.1. Métodos de cálculo de presupuestos

El gasto realizado en escaparatismo, debe ser considerado como una inversión, ya que está demostrado el beneficio que reporta un escaparate, siempre que se cuente con un profesional eficiente.

Los presupuestos se pueden establecer:

1. **Por criterios económicos anuales:** incluyendo el coste de todos los escaparates que se han realizado, dividiéndose entre el número de ellos para poder hallar así el coste para cada escaparate según la siguiente fórmula:

$$\text{Coste por escaparate} = \frac{\text{Coste total anual}}{\text{N° de escaparates al año}}$$

2. **Por escaparate:** solicitar a un escaparatista un presupuesto por cada escaparate que realice.

Comparativamente, el método de cálculo por sistema de imputación por cada escaparate presenta las siguientes ventajas:

- Ayuda a un control del gasto mayor, tanto en unidades monetarias, como en desviación acumulada en tanto por ciento y, por tanto, a un criterio de gasto más ajustado.
- Permite un análisis más exhaustivo de tendencia de las partidas que producen mayores desviaciones.
- Establece los niveles de impacto de los diferentes escaparates.
- Facilita implantar un sistema de incentivos al personal del punto de venta implicado en el trabajo de escaparatismo.
- Da información más exhaustiva sobre la inversión y el gasto en escaparatismo.

Habitualmente, el presupuesto realizado en escaparatismo se incluye dentro del presupuesto realizado en promoción y publicidad.

Otros métodos de cálculo de presupuestos de escaparatismo serían:

1. **Inversión directa a las ventas:** es un método empleado por el pequeño comerciante y pymes del sector. El gasto realizado en escaparatismo está directamente relacionado con los ingresos por ventas del punto de venta. Por ejemplo, si una campaña publicitaria va a contribuir a las ventas totales en un 10 %, el porcentaje que se destinará a escaparatismo será el 10 % del total del presupuesto.
2. **Inversión indirecta a las ventas:** el gasto en escaparatismo es la mitad del porcentaje estimado de ventas en la campaña de promoción. Por ejemplo, si una campaña de promoción va a contribuir a las ventas totales en un 10 %, el porcentaje que se destinará al escaparate será el 5 % del total del presupuesto.

Las partidas presupuestarias básicas en escaparatismo son:

1. **Diseño:**
   - Gastos de personal: incluye los costes de mano de obra directa y los seguros sociales.
   - Gastos materiales: incluye los materiales de dibujo.
2. **Montaje:**
   - Gastos de personal: mano de obra y seguros sociales.
   - Material fungible: incluye todos los materiales que no han sido reutilizables.
   - Amortización de los materiales fijos y reutilizables: de cada elemento utilizado se debe asignar una cuota de amortización según la vida útil del mismo.
3. **Mantenimiento:**
   - Gastos de limpieza.
   - Gastos de electricidad.

4. **Desmontaje y mantenimiento:**
   - Coste de personal: mano de obra y seguros sociales.
   - Coste de almacenamiento de los elementos: se calcula igual que los costes de almacenamiento de stocks.

6.5.2. Cálculo de costes de montaje

Para el cálculo de costes de montaje hay que considerar las siguientes partidas:

1. **Gastos de personal: mano de obra y seguros sociales.**

   Existen diferentes situaciones que afectan a la imputación del gasto de personal en la empresa:

   - Externalizar el servicio: es decir, contratar un servicio de escaparatismo. El profesional elaborará un presupuesto que incluirá sus honorarios, forma de pago, así como todas las especificaciones necesarias. El pago se realizará por trabajo realizado.
   - Contar en la plantilla del punto de venta con un trabajador dedicado exclusivamente a las acciones de escaparatismo y de visual merchandising. El profesional contará con una nómina acorde a su categoría profesional. Las obligaciones del empresario serán pagar su nómina mensualmente y liquidar los seguros sociales correspondientes.
   - Contar en la plantilla del punto de venta con un trabajador que compatibiliza el puesto de vendedor con el de visual merchandiser. En este caso, el trabajador contará con una nómina acorde a su categoría profesional. Las obligaciones del empresario serán pagar su nómina mensualmente y liquidar los seguros sociales correspondientes, imputando el coste de tiempo atribuido a cada tarea mediante el criterio horas-persona.

2. **Material fungible:** incluye todos los materiales que no han sido reutilizables. Se consideran materiales reutilizables: maniquís, estructuras, iluminación, soportes de diferentes tamaños, etc.; es decir, todos los materiales que se pueden utilizar en múltiples ocasiones para exponer el producto final.

   El coste del material fungible dependerá de la creatividad del escaparatista, pero hay que recordar que NUNCA se debe exceder del presupuesto destinado para ello.

   El material fungible puede tener un coste elevado o más económico utilizando productos como papel, cartón, plantas, etc., con imaginación se pueden conseguir originales escenarios a bajo coste.

3. **Amortización de los materiales fijos y reutilizables:** de cada elemento utilizado se debe asignar una cuota de amortización según la vida útil del mismo. Los materiales reutilizables (maniquís, estanterías, expositores, etc.) se consideran equipamiento de comercio y se imputará a las tablas de amortización (cinco años), según el Ministerio de Hacienda para instalaciones comerciales.

Caso práctico 6.2

¿Cómo se amortizan los siguientes gastos de un escaparate?

- Luna: 2000 euros.
- Instalación eléctrica: 600 euros.
- Tarima para el suelo: 400 euros.
- Revestimiento de las paredes: 550 euros.

Solución:

El total del gasto realizado en el escaparate asciende a 3550 euros.

El importe total se divide entre cinco años: 3550 : 5 = 710 euros.

Este importe se debe dividir entre el número de escaparates que se realicen al año.

Actividad propuesta 6.9

Busca en Internet y descarga el convenio colectivo de comercio de tu comunidad autónoma para saber los derechos que tiene un trabajador del sector.

Actividad propuesta 6.10

Según el convenio colectivo de comercio, ¿cuál es el precio de las horas extraordinarias? ¿Se trabajan los días festivos? ¿Cuántos días de vacaciones corresponden? ¿Cuál es la categoría profesional de un escaparatista?

Actividad propuesta 6.11

Investiga las tablas de amortización del presente año para las instalaciones comerciales.

6.6. Programas informáticos de diseño

Los programas informáticos de diseño son múltiples y variados. Existen tanto programas de diseño gráfico libre como comerciales.

Algunos de los programas más conocidos son los que se muestran en la siguiente tabla:

Tabla 6.1. Programas informáticos de diseño y de distribución de espacios

	Software libre	Software comercial
Retoque fotográfico	*Gimp*	Photoshop
Dibujo vectorial	InkScape	Corel Draw
3D	Blender	XSI, Max, Cinema 4-d
Modelado	Wings3D	Silo, Modo
Desarrollo web	Google Site	HomeSite
Web Wyssisyg	NVU	Dreamweaver
Maquetación	Scribus	InDesign
Edición de vídeo	Cinelerra	Pinacle

6.6.1. GIMP

Gimp es un potente programa de tratamiento de imágenes, muy útil para el diseño de los bocetos de un escaparate.

Definición

Se trata de un software libre y gratuito para la creación, composición y retoque de imágenes digitales en forma de mapas de bits, tanto dibujos como fotografías. Está englobado en el proyecto GNU (*Image Manipulation Program*).

Características

- Lee y escribe la mayoría de los formatos de archivos gráficos: giff, jpg, png, pcx, tiff, svg, pdf y los del programa Adobe Photoshop.
- Los ficheros poseen su propio sistema de almacenamiento: xcf.
- Posee una multitud de herramientas, muy similares a las de Adobe Photoshop.
- Automatización de procesos mediante macros o secuencias de comandos.
- GTK+: biblioteca de controles gráficos.

Interfaz

La interfaz de usuario de GIMP está disponible en dos modos:

- Modo multiventana.
- Modo ventaja única.

Cuando GIMP se abre por primera vez, se abre en modo multiventana de manera predeterminada. Se puede activar el modo de la ventana única en:

- *Ventanas* > Modo de ventana única en la barra de menú de la imagen.

Figura 6.18. Interfaz del programa GIMP.

a) Barra menú: está compuesta por *Archivo*, *Editar*, *Seleccionar, Vista*, *Imagen*, *Capa*, *Herramientas*, *Filtros*, *Ventana* y *Ayuda*. Cada uno de los menús se despliega en una serie de opciones.

Destaca la barra menú *Capa*. Para poder visualizar aquellos empotrables que no figuran en la interfaz, se despliega en la barra Menú > Ventana.

b) Caja de herramientas: las principales herramientas son:

– Herramientas de selección:

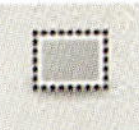
Herramienta de selección de rectángulos: selecciona una zona rectangular (R).

Herramienta de selección elíptica: selecciona una zona elíptica (E).

Herramienta de selección libre o lazo: selecciona una región dibujada a mano (F).

Herramienta de selección difusa o varita mágica: selecciona una región contigua basándose en el color (U).

Herramienta de selección por color: selecciona regiones con colores similares (mayúsculas + O).

Herramienta de tijeras de selección: selecciona formas usando un ajuste inteligente de los bordes (I).

– Herramientas de transformación:

Herramienta mover: mueve capas y selecciones y otros objetos (M).

Herramienta de recorte: qitar zonas del borde de la capa o de la imagen (mayúsculas + C).

Herramienta de rotación: rota la capa, selección o ruta (mayúscula + R).

Herramienta de escalado: escala la capa, selección o ruta (mayúscula + T).

Herramienta de inclinación: inclina la capa, selección o ruta (mayúscula + S).

Herramienta de perspectiva: cambia la perspectiva de la capa, selección o ruta (mayúscula + P).

Herramienta de volteo: voltea la capa, selección o ruta horizontalmente o verticalmente (mayúscula + F).

– Herramientas de dibujo.

Herramienta cubo de pintura: rellena con un color o patrón el área seleccionada (mayúscula + B).

Herramienta degradado: rellena con un degradado de colores (L).

Herramienta lápiz: dibuja bordes duros mediante un pincel (N).

Herramienta brocha: pinta trozos de bordes suaves mediante un pincel (P).

Herramienta borragoma: borra el color de fondo o la transparencia mediante un pincel (mayúscula + E).

Herramienta aerógrafo: pinta con presión variable mediante un pincel (A).

Herramienta bote de tinta: escribe tipo caligrafía (K).

Herramienta de clonado: copia selectivamente a partir de una imagen o diseño, usando un pincel (D).

Herramienta de saneado: sanea irregularidades de la imagen (H).

Herramienta de clonado en perspectiva: clona desde una imagen de origen tras aplicar una transformación de perspectiva.

Herramienta de enfoque y desenfoque: enfoca o desenfoca selectivamente usando un pincel (mayúscula + U).

Herramienta de emborronar: utiliza el pincel para emborronar de forma selectiva (S).

Herramienta de marcado a fuego/quemar: ilumina u oscurece selectivamente usando un pincel (mayúscula + D).

c) Capas: son como transparencias que componen la imagen y se superponen, interactuando unas con otras.

d) Área de trabajo: es el tapiz donde se desarrolla el diseño que se quiere realizar.

¿Cómo empezar a trabajar?

Para abrir el programa: *Archivo* > *Abrir* para importar una imagen ya existente o *Archivo* > *Nuevo*: para empezar a trabajar con un lienzo en blanco.

Figura 6.19. Creación de una página nueva con GIMP.

Para empezar a trabajar se deben seleccionar las herramientas y empezar a aplicarlas en el lienzo, por ejemplo:

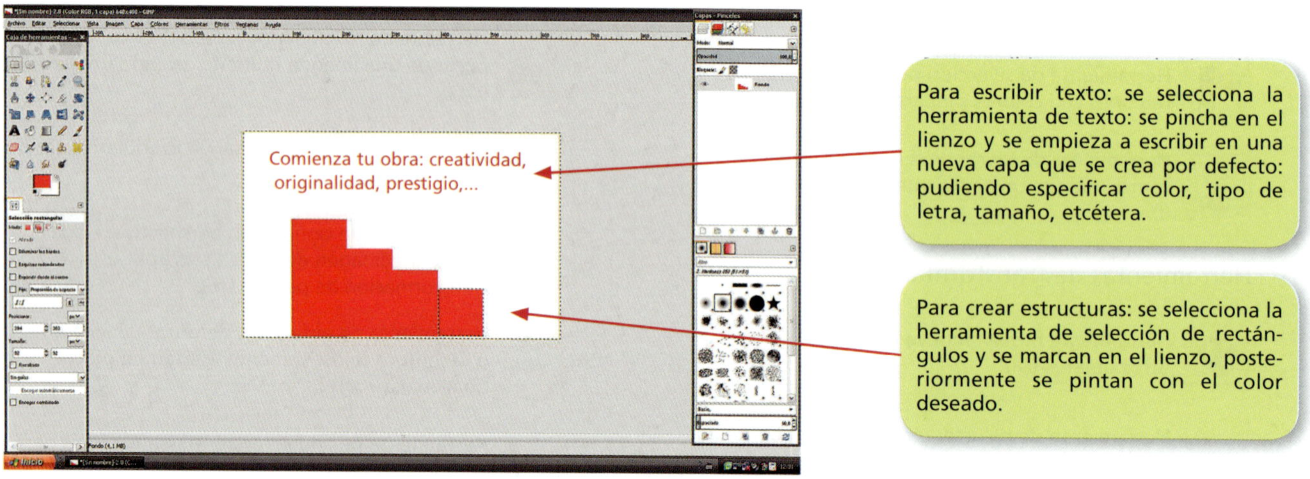

Figura 6.20. Ejemplo gráfico de creación de diferentes estructuras con un color determinado.

Usos básicos

- Imagen de fondo: el color por defecto del lienzo siempre es blanco. Para cambiar el color de fondo arrastrar «color activo».
- El programa permite tener varias imágenes abiertas. Para seleccionar la imagen con la que se quiere trabajar: *Alt* + 1; *Alt* + 2, etc. en función de la imagen que se quiere seleccionar.
- Para modificar el tamaño de la imagen: escala imagen en el barra Menú > Imagen.
- Guardar: para guardar una imagen modificada con todos los efectos deseados se selecciona «*Guardar como*» en la barra *Menú > Archivo*.
- *Filtros* y *Script-Fu:* proporciona efectos muy llamativos y creativos a las diferentes imágenes: barra *Menú > Filtros*.

¿Sabías que

En el siguiente enlace podrás descargar el programa GIMP: http://www.gimp.org.es/descargar-gimp.html

Figura 6.21. Ejemplo gráfico de cómo guardar un archivo con la imagen creada.

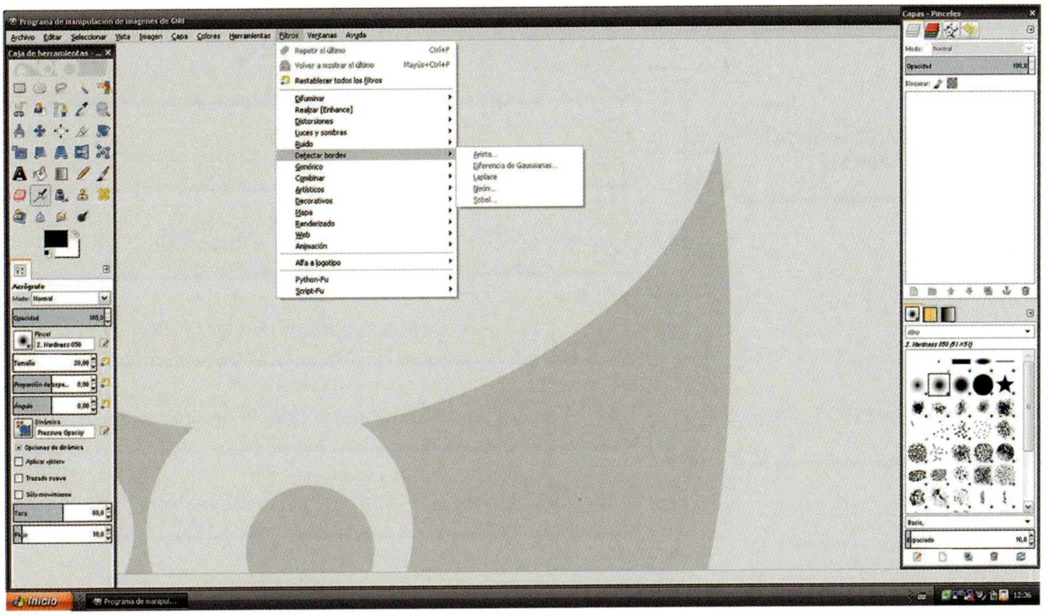

Figura 6.22. Menú *Filtros* desplegado del programa GIMP.

Actividad propuesta 6.12

Descarga el programa GIMP y elabora un lienzo que contenga las siguientes características:

- Un fondo de color.
- Una pequeña composición.
- Un texto
- Un filtro.

Guárdalo en formato jpg.

MONTAJE DEL ESCAPARATE COMERCIAL

- **PLANIFICACIÓN DE ACTIVIDADES**
  - Objetivos
    - Situación y características del establecimiento
    - Visibilidad
    - Disposición de los productos
    - Ejecución
    - Evaluación del escaparate
  - Montaje y colocación
- **MATERIALES Y MEDIOS**
  - Materiales estructurales
  - Materiales de revestimiento
  - Herramientas
- **CRONOGRAMA DEL MONTAJE**
  - GanttProject
- **TÉCNICAS PARA EL MONTAJE DE ESCAPARATE**
  - Desmontar y cerrar el escaparate
  - Instalaciones: eléctrica, tecnológica, atrezo, producto, decoración, etcétera
  - Limpieza e inspección
- **PRESUPUESTO**
  - Definición, pasos de elaboración y tipos
  - Métodos de cálculo de presupuestos
  - Cálculos de costes de montaje: personal, material fungible y amortización
- **MÉTODOS DE CÁLCULO DE PRESUPUESTOS**
  - Por escaparate
  - Por año
  - Por inversión directa a las ventas
  - Por inversión indirecta a las ventas
- **PROGRAMAS INFORMÁTICOS DE DISEÑO**
  - GIMP (Software libre)

Actividades de comprobación

6.1. ¿Cómo se puede realizar el montaje de un escaparate?
a) Con el escaparate descubierto.
b) Fuera del horario comercial.
c) Con el escaparate cubierto.
d) Todas las respuestas anteriores son correctas.

6.2. Los objetivos que se persiguen a la hora de montar un escaparate son:
a) Llamar la atención.
b) Informar al cliente potencial.
c) Reforzar la imagen del punto de venta.
d) Todas las respuestas anteriores son correctas.

6.3. ¿Qué elemento no es una herramienta en el montaje de un escaparate?
a) Pintura.
b) Martillo.
c) Alfileres.
d) Rotulador.

6.4. ¿Cuál de las siguientes definiciones coincide con el concepto de *poliestireno*?
a) Material fácil de manipular de diferentes grosores.
b) Para su manipulación se utilizan cortadoras térmicas.
c) Se pinta con pintura látex.
d) Todas las respuestas anteriores son correctas.

6.5. El tiempo máximo para montar un escaparate puede ser:
a) 1 hora.
b) 2 horas.
c) 1 día, como máximo 2 si es un escaparate complicado.
d) 1 día con su correspondiente noche, si es un escaparate complicado.

6.6. GanttProject es un programa:
a) Libre y de fácil descarga.
b) Compatible con los sistemas operativos Windows.
c) Que permite realizar cronogramas de montajes.
d) Todas las respuestas anteriores son correctas.

6.7. ¿Qué métodos se utilizan para el cálculo de presupuestos?
a) Por escaparate.
b) Anuales.
c) Por inversión directa a las ventas.
d) Todas las respuestas anteriores son correctas.

6.8. Las fases de elaboración de un presupuesto son:
a) Elaboración, preparación, ejecución y seguimiento.
b) Elaboración, aprobación, ejecución y seguimiento.
c) Elaboración, aprobación y ejecución.
d) Elaboración, preparación y seguimiento.

6.9. El cálculo de coste de montaje incluye:
a) Coste de personal.
b) Coste de los maniquís.
c) Coste de las estanterías.
d) Coste de publicidad.

6.10. Se puede decir que GIMP:
a) Es un software libre y gratuito.
b) Sirve para la creación, composición y retoque de imágenes digitales en forma de mapas de bits, tanto dibujos como fotografías.
c) Está englobado en el proyecto GNU (*Image Manipulation Program*).
d) Todas las respuestas anteriores son correctas.

6.11. Indica cuál de los siguientes factores que afectan al montaje de un escaparate son correctos:
a) Objetivos del punto de venta.
b) Presupuesto.
c) Visibilidad.
d) Todas las respuestas anteriores son incorrectas.

6.12. De los siguientes programas informáticos de diseño y distribución de espacios, ¿cuál no es un software libre?
a) *GIMP*.
b) Google Site.
c) Scribus.
d) Corel Draw.

Actividades de aplicación

6.13. Describe el proceso de montaje de la estructura de un escaparate.

6.14. ¿Cómo se ha realizado dicho proceso en los siguientes escaparates?

6.15. Identifica los materiales que se han utilizado.

6.16. ¿Qué herramientas serán necesarias para poder realizarlo?

6.17. Realiza mediante el programa GanttProject el diagrama de Gantt del siguiente proyecto de escaparatismo:

Actividad	Fecha de inicio	Duración (días)	Fecha de terminación
Tarea 1	7/05/20xx	5	
Tarea 2	8/05/20xx	10	
Tarea 3	20/06/20xx	20	
Tarea 4	1/07/20xx	7	
Tarea 5	7/07/20xx	3	
Tarea 6	10/07/20xx	20	
Tarea 7	1/07/20xx	19	

6.18. La Farmacia Rubio S. L., de tu municipio necesita el diseño de un escaparate, tamaño estándar, para promocionar una nueva línea de productos adelgazantes. Para llevar a cabo su proyecto ha convocado un concurso entre el alumnado del módulo profesional de escaparatismo y diseño de espacios comerciales del alumnado del CFGS de Gestión de Ventas y Espacios Comerciales, con las siguiente características:

a) Temática.
b) Atrezo.
c) Presupuesto.
d) Boceto del escaparate.

6.19. Realiza el cronograma de la actividad anterior.

6.20. Te han contratado como escaparatista para realizar un escaparate de Navidad en tu municipio. Enumera los pasos que debes seguir, realiza la temporalización y presenta el correspondiente presupuesto detallado.

6.21. Realiza el cronograma correspondiente a la actividad anterior.

6.22. Realiza el boceto y, si es posible, utiliza un programa informático para llevarlo a cabo.

Actividades de ampliación

6.23. Lee el siguiente artículo y contesta a las preguntas que se proponen.

Abercrombie&Fitch y el *retail entertainment*

Esta compañía ha hecho de sus puntos de venta algo que va más allá del mero local de comercio de productos: los ha convertido en «espacios» donde el público vive una experiencia especial.

Elena Alfaro García, socia fundadora de Emo Insights, Top Ten Business Experts y autora de «El ABC del Shopping Experience»

A muchos nos ha sorprendido que esta compañía que parece de origen reciente, tenga en su haber más de un siglo. Durante este tiempo ha vivido muchos éxitos, pero también ha estado a punto de desaparecer.

Fue constituida en 1893 como una tienda que vendía artículos para excursiones y armas. A principios del siglo XX era uno de los almacenes de venta de ropa más populares para las expediciones británicas de deporte de élite. La compañía era conocida por vestir a algunos de los líderes más influyentes de Estados Unidos y a celebridades en sus excursiones deportivas. Se dice que desde Theodore Roosevelt a Gerald Ford se vistieron de la marca en alguna ocasión. El presidente Roosevelt era especialmente entusiasta de su ropa y frecuentemente visitaba la tienda en la preparación de sus viajes a África. Otros famosos que pasaron por las puertas de Abercrombie&Fitch fueron Charles Lindbergh, Amelia Earhart, John Sloan, Greta Garbo, Katharine Hepburn, Clark Gable, Harpo Marx, John Steinbeck y el escritor Ernest Hemingway.

La sociedad formada por David Abercrombie y Ezra Fitch no tuvo larga duración. Abercrombie era más conservador y quería dar continuidad al negocio como estaba, vendiendo ropa profesional a gente que trabajaba al aire libre. Ezra Fitch era más visionario; creía que el futuro estaba en la expansión, se orientaba a los que trabajaban en la calle y a un público más general. A pesar del éxito, discutían con frecuencia, por lo que en 1907, Abercrombie&Fitch vendió su parte de la compañía a Fitch y volvió a fabricar artículos para exterior.

Pioneros del *retail entertainment*

Fitch continuó con otros socios y por primera vez pudo dirigir la compañía a su gusto. Dio su estilo propio al aspecto de los productos en la tienda, que distaba bastante de almacenarlos detrás del escaparate. Montó una tienda de campaña y la equipó como si estuviera en medio del bosque de Adirondack. Dentro ardía una hoguera junto a un guía experimentado que impartía información a los interesados.

Parte de la estrategia para expandir la compañía era la creación de un catálogo de venta por correo. En 1909, Abercrombie&Fitch envió más de 50 000 catálogos que incluían ropa para exterior, de camping, artículos y consejos. El coste de llevar a cabo los catálogos estuvo a punto de arruinar a la empresa, pero demostró ser un instrumento de marketing rentable.

En 1913, la tienda se trasladó a una dirección más céntrica y de fácil acceso en la Quinta Avenida de Nueva York, donde ampliaba su oferta de la ropa deportiva. Abercrombie&Fitch se convirtió en la primera tienda que proporcionaba ropa tanto de hombre como de mujer. En 1917, se volvió a trasladar a un edificio de veinte plantas en Madison Avenue, convirtiéndose en la tienda de artículos deportivos más grande del mundo.

Ya por aquel entonces, el buque insignia de la marca presentaba actividades relacionadas con el entretenimiento en tienda, lo que hoy se conoce como *retail entertainment*. En la planta de abajo disponía de una pista de tiro. En la parte del entresuelo, de equipamiento para distintos deportes como el esquí, el tiro con arco, buceo y deportes de exterior. De la segunda planta a la quinta comercializaba ropa adecuada para cualquier clima o terreno. En la sexta había una galería de arte, una librería sobre temas deportivos, una instalación de reparación de relojes y una escuela de golf con un profesional residente. La séptima incluía armería con más de setecientos tipos de pistolas y rifles. El octavo piso estaba dedicado únicamente a la pesca, el camping y la navegación, con un espacio donde un instructor de «cebo y mosca» daba lecciones en una piscina; la sección de pesca contaba con más de 48 000 moscas y más de 18 000 cebos.

Los dependientes contratados no eran vendedores profesionales, sino hombres de campo.

Hablar de sus aficiones era un placer para ellos y solo vendían a petición de los compradores. Si lo pensamos, esta estrategia de antaño recuerda a lo que ha hecho Apple con su «Genius Bar», donde quienes atienden son empleados que previamente eran fans de la marca.

A punto de la bancarrota

Treinta y cuatro años después de su fundación, en 1928, Ezra Fitch se retiró de la empresa. A pesar del cambio en la propiedad, Abercrombie&Fitch continuó en expansión. En 1939, adoptó el eslogan «La tienda de artículos deportivos más grande del mundo». En 1962, la compañía tenía tiendas en Chicago, San Francisco, una en el Hotel Broadmoor en Colorado Springs (Colorado), así como otras de temporada de invierno en Palm Beach y Sarasota (Florida) y de verano en Bay Head, Southampton (Nueva York) y Hyannis (Massachusetts). La expansión continuó en los 60 y 70, con la apertura de nuevas tiendas a gran escala en centros comerciales suburbanos en Short Hills (1963), BalHarbour (1966), Troy (1969) y OakBrook (1972).

A pesar del éxito aparente, la empresa empezó a ir mal financieramente a finales de los 60 y sufrió una bancarrota en 1977. Oshman's, un minorista de artículos deportivos, la adquirió poco tiempo después, pero continuó con dificultades.

A partir de 1990, la compañía se reinventa

En 1988, The Limited Inc. adquirió Abercrombie&Fitch y resucitó la marca. The Limited había tenido éxito al crear nuevos conceptos de tienda como Express (ropa de mujer) y Victoria's Secret (lencería y productos de belleza). Durante más de una década, Abercrombie&Fitch fue reconstruida como tienda de ropa para adolescentes por Mike Jeffries.

La compañía empezó a abrir tiendas en centros comerciales exclusivos en todo Estados Unidos a principios de los 90, con los adolescentes y estudiantes entre 18-24 años como público. La ropa era bastante consecuente con la imagen de clase alta y seguía menos las tendencias de la moda. La tienda pronto tuvo éxito y a mediados de los 90 había docenas de ellas.

La marca se posicionó como sinónimo de ropa informal y sexy. En 1996, The Limited sacó a bolsa a Abercrombie&Fitch en el New York Stock Exchange y gradualmente se retiraron de la propiedad de la compañía.

La experiencia, el eje de la estrategia

A partir del año 2000, la compañía optó por construir solo grandes tiendas, entre 700 y 2 000 m², en centros de gran volumen en las afueras de las ciudades de Estados Unidos. La firma considera la experiencia del cliente en la tienda como el principal vehículo para comunicar el espíritu de cada marca.

Lo que está llegando al *retail entertainment*

La evolución de Abercrombie y su planteamiento actual cada vez se asocia más a la palabra *entertainment* o «entretenimiento con experiencia», que se vincula a mejorar la rentabilidad en tienda.

Como un nuevo «palabro» de marketing, se habla incluso de «retailtainment» (Hoban, 1997). Si pensamos que nos enfrentamos a un mundo «comoditizado» donde una tienda es exactamente igual a otra, con todos los elementos promocionales similares, la habilidad de entretener captura los corazones, las mentes y, por tanto, las decisiones de compra. El mercado actual del *retail* es uno de los que compiten más ferozmente por la atención del comprador. Se ha demostrado que los consumidores van a comprar por razones emocionales y de entretenimiento. Las siguientes preguntas que habría que hacerse es: ¿qué es lo siguiente?, ¿hacia dónde va el futuro de las tiendas?

Hace unos días me invitaron a vivir la experiencia ofrecida por la tienda de una marca que se ha reinventado, Santa Eulalia. Situada en el Paseo de Gràcia 93 de Barcelona, una antigua sastrería con 168 años se reinventaba a sí misma al más puro estilo de la tienda Armani de la Quinta Avenida en Nueva York, planteando un concepto de futuro. Con la creencia firme de que el acto de compra debe ser una experiencia, en este local, además de la sastrería original, encontré primeras marcas como Marc Jacobs, Nicolás Guesquière de Balenciaga o Phoeve Philo de Cèline; un café que se ha convertido en punto de encuentro de la gente más «divina» de Barcelona y una *pop up store* o tienda temporal donde degusté exquisiteces. Su presidente, Luis Sans, al que es fácil encontrar allí, me comentaba que a sus empleados se les había dado la libertad para dejar su puesto de trabajo si la atención de un cliente así lo requería.

¿Conseguirá esta tendencia convertirse en moda? Todavía recuerdo cuando comenzó el fenómeno en el mundo de la hotelería de reconvertir sus bares y tejados en lo último en cuanto a lugares de copas. A día de hoy nadie que quiera estar a la última en Madrid o Barcelona deja de visitar algunos de los hoteles donde residen las terrazas más *chic* de la ciudad. En Nueva York pude ver cómo Swarovski y Armani abrían sus propios restaurantes tematizados con su marca dentro de sus tiendas. ¿Se convertirán las tiendas en punto de encuentro y entretenimiento de las ciudades? ¿Terminaremos quedando en Abercrombie?

FUENTE: Extraído de ALFARO GARCÍA, Elena. Abercrombie&Fitch y el *retail entertainment*. *Marketing+Ventas*. n.° 280, Junio 2012.

a) Abercombrie&Fitch no utiliza escaparates para sus puntos de ventas, ¿qué opinas de este hecho?
b) ¿Cómo incita la marca a los clientes potenciales que no la conocen a entrar al punto de venta?
c) ¿Qué significa el concepto: *retail entertainment*?
d) ¿Utiliza escaparates interiores?
e) Define *Customer Experience Management*.
f) ¿Qué opinas de las innovaciones de Abercombrie&Fitch?
g) ¿Conseguirá está tendencia convertirse en moda?

Enlaces web de interés

Tienda *online* especializada en telas
www.telas.es

Empresa especializada en el diseño, creación y desarrollo de escaparates
www.escaparate4.es

Escaparatismo y visual merchandising
www.bulevardeco.es

Equipamiento comercial y mobiliario para tiendas
www.retif.es

Web oficial del software libre GIMP
www.gimp.org

Agencia Estatal Boletín Oficial del Estado
www.boe.es

Revistas: Marketing + Ventas
revistas.laley.com